Im Visier

NORBERT JURETZKO mit
WILHELM DIETL

IM VISIER

Ein Ex-Agent enthüllt
die Machenschaften des BND

HEYNE ‹

Der Auszug aus der Fernsehsendung *Die Story: Russisch Roulette*
(ARD, 16. 09. 2004, Autor: Wilfried Huismann) im nebenstehenden
Eingangszitat sowie auf Seite 181 wurde abgedruckt
mit freundlicher Genehmigung des WDR.

FSC

Mix
Produktgruppe aus vorbildlich
bewirtschafteten Wäldern und
anderen kontrollierten Herkünften

Zert.-Nr. SGS-COC-1940
www.fsc.org
© 1996 Forest Stewardship Council

Verlagsgruppe Random House FSC-DEU-0100
Das für dieses Buch verwendete
FSC-zertifizierte Papier *EOS*
liefert Salzer, St. Pölten. ·

Copyright © 2006 by Wilhelm Heyne Verlag, München,
in der Verlagsgruppe Random House GmbH
Umschlagkonzept und -gestaltung:
Hauptmann und Kompanie Werbeagentur, München – Zürich
Umschlagfotos: © Artwork Hauptmann und Kompanie Werbeagentur,
München – Zürich
Redaktion: Johann Lankes, München
Satz: Leingärtner, Nabburg
Druck und Bindung: GGP Media GmbH, Pößneck
Printed in Germany 2006
ISBN-10: 3-453-12037-X
ISBN-13: 978-3-453-12037-2

www.heyne.de

Huismann: *Aber es wurden auch russische Abschirmungs-observanten beobachtet, um das Hotel »Weißer Schwan« herum, hat Juretzko die auch alle gestellt?*

Foertsch: *Also wenn ich so ein Spiel spielen würde, dann würde ich zum Studentenschnelldienst gehen und sagen, Leute kommt mal her, stellt euch mal auf, macht ein biss-chen Kragen hoch und so, das kann man doch alles stellen.*

Huismann: *Und da fällt der BND drauf rein?*

Foertsch: *Leider ja!*

»Die Story: Russisch Roulette«. ARD, 16.09.2004

Inhalt

9

Einleitung

Als ich 1984 im Oktober meine Tätigkeit beim Bundesnachrichtendienst begann, hätte ich nicht im Traum daran gedacht, in die Situation zu kommen, in der ich heute bin. Angefeindet vom BND, angeschuldigt von der Justiz und bedroht von irgendwelchen Spinnern. Aber der Reihe nach!

Etwa zwei Jahre nach meinen ersten Gehversuchen bei Deutschlands geheimster Behörde gab ich frustriert auf und wünschte mir den Wechsel in eine »vernünftige« Verwendung. Denn für die Herren aus Pullach sollte meine zukünftige Beschäftigung ausschließlich darin bestehen, in Hannover DDR-Post zu lesen, was meinen Vorstellungen aber in keiner Weise gerecht wurde. Diese mehr als dämliche Arbeit, deren Sinn- und Rechtmäßigkeit ich schon damals anzweifelte, lässt mich heute nur noch schaudern. Immerhin hatte ich – als junger Bundeswehroffizier und ehemaliger Ausbilder von Einzelkämpfern – eine andere Auffassung von meiner Tätigkeit beim BND, als die Privatpost Fremder zu durchschnüffeln. Nachdem ich in der Außenstelle Hannover meine Arbeit quasi eingestellt hatte, blieb der Personalführung in Pullach jedoch nichts anderes übrig, als mich umzubetten.

So landete ich bei der StayBehindOrganisation des BND, deren Existenz Ende der 1980er-Jahre (die Gladioaffäre des BND) öffentlich wurde und damit sogleich ihr Aus bedeutete. Immerhin hatte ich dort einige Kollegen, zumeist Soldaten, getroffen, die ich sehr zu schätzen lernte und mit

11

denen ich in die nächste Etappe meiner BND-Zeit ging. Das war der Abzug der russischen Streitkräfte aus der DDR, Anfang der 1990er-Jahre, und das Paradebeispiel für die Unfähigkeit der Abteilungs- und Unterabteilungsebene im Bundesnachrichtendienst.

So fand ich mich mit einer Hand voll Ex-StayBehindlern in Berlin wieder. Mit vollmundigen Versprechungen hatte man uns dorthin gelockt. Keine davon wurde eingehalten. Dort wurschtelten wir bis 1995 mehr oder weniger vor uns hin. Gemeinsam mit der amerikanischen DIA (dem militärischen Pendant zur CIA) heuerten wir russische Quellen an. Vornehmlich in Offizierskreisen. Die Führung in Pullach hielt das eher für uninteressant. Die nachrichtendienstlichen Ergebnisse wurden zwar von der Auswertung dankbar und mit Anerkennung versehen aufgesogen, aber ansonsten kümmerte sich kaum jemand darum, was in Berlin geschah. Es interessierte weder, dass unsere »Freunde« uns belauschten und uns zu korrumpieren versuchten, noch, dass sie uns um Großteile der herangeschafften Informationen prellten. Pullach war wie immer mit sich selbst beschäftigt und scherte sich einen Dreck um die Berliner Enklave.

So war es kein Wunder, dass sich in der Dienststelle 12 YA ein skurriles Eigenleben entwickelte. Da wurde die Herkunft der einen oder anderen geheimen Information vertuscht oder verschwiegen. Quellendaten wurden verändert oder ganz gefälscht, weil man zum Beispiel Angst davor hatte, die amerikanischen Brüder könnten die Quellen eines Tages abwerben. Die Verantwortlichen in der Zentrale schliefen seelenruhig und befassten sich – wenn überhaupt – lieber mit vagabundierenden Stasiakten als mit ihrer eigentlichen Aufgabe. Die nachrichtendienstliche Chance hingegen, die sich mit dem Abzug der Westgruppe der russischen Truppen verband, erkannte niemand der Hochdotierten.

Dafür brach auf der Berliner Arbeitsebene »Wildost« aus. Mithilfe amerikanischer Gelder, niemand wusste so richtig, wo sie herkamen, niemand kontrollierte so richtig, wo sie hingingen, wurde die russische Armee geplündert.

Ab 1992 bereiste ich mit meinem Kollegen Freddy die Plätze und Orte in der Nähe von russischen Militärstandorten, um Quellen anzubahnen. Das entstandene Chaos durch die Münchner Führungslosigkeit ließ uns zu Einzelkämpfern und Exoten werden. Der zügellose Handel, den einige der Kollegen mit ihren gewonnenen Informationen trieben, gefährdete zunehmend unsere Arbeit und damit auch unsere Quellen.

Anfang 1995, die russische WGT hatte unser Land weitestgehend verlassen, spitzte sich die Lage zu. Die Dienststelle 12 YA war im Umzug nach Nürnberg begriffen, der bis zum Sommer abgeschlossen sein sollte. Da erfuhren mein Partner und ich von Vorgängen, die nicht mehr verschwiegen werden konnten. Einige der Verbindungsführer hatten den Handel mit den Amerikanern offensichtlich auch auf andere Nachrichtendienste ausgedehnt. Möglicherweise sogar unter Absegnung der Dienststellenleitung. Ein unkalkulierbares Risiko war entstanden. Unsere Meldung der Vorgänge in München stieß auf ein geteiltes Echo. Die Abteilung Sicherheit nahm die Schilderungen wissbegierig auf, die zuständige Führung innerhalb der operativen Beschaffung reagierte dagegen gereizt und abweisend. Die ersten Bemerkungen gegen uns in Richtung »Nestbeschmutzer« machten die Runde.

Als verdeckter Ermittler der Sicherheitsabteilung bekam ich in der Operation »Spielball« den Auftrag, alles über etwaige illegale Aktivitäten herauszufinden.

Auf Anweisung der BND-internen Sicherheit musste ich ein Geheimpapier der russischen Streitkräfte lancieren und den betroffenen Kollegen zum weiteren Verkauf anbieten. Das monatelange Doppelleben innerhalb der Behörde brachte mich an den Rand meiner physischen und psychischen Kräfte.

Das Ergebnis von »Spielball« war verheerend. Es gab bei verschiedenen Mitarbeitern des Dienstes Hausdurchsuchungen und Verhaftungen. Der Skandal wurde öffentlich, die gerade erst eröffnete Nürnberger Zweigstelle wieder geschlossen. Die amerikanischen Partner in einer Nacht- und Nebelaktion außer Landes geschafft. Die Verantwortlichen im BND schienen mir gegenüber hasserfüllt zu sein. Es folgten anonyme Morddrohungen gegen mich und meine Familie. Ich wollte den Dienst verlassen und meldete die interne Hatz gegen mich und meinen Partner Freddy dem damaligen Präsidenten Konrad Porzner persönlich. Er und die Kollegen der Sicherheitsabteilung bewegten mich zum Bleiben. Grund waren Quelleninformationen und Hinweise, die Freddy und ich seit Jahren gesammelt hatten und die bisher bei unseren Vorgesetzten unbeachtet geblieben waren. Hinweise nämlich auf einen oder mehrere Maulwürfe im BND. Die Sicherheitsleute wollten unbedingt in dieser Richtung weiterermitteln.

Wir stimmten der Arbeit zwar zu, wollten aber dennoch die wahre Identität unserer Quellen nicht preisgeben. Das Misstrauen gegen unsere eigene Firma war einfach zu groß geworden. Die dienstinternen Ermittlungen führten zu einer ungeheuerlichen Vermutung. Der Chef der Sicherheitsabteilung, er war über Jahre hinweg Abteilungsleiter der operativen Beschaffung gewesen, geriet unter Verdacht sowie eine weitere Person aus dem Bereich der Auswertung. In der Schlussphase der Ermittlungen fungierte ich nur noch als Bote zwischen Quellen und Dienst. Wobei ich zunehmend dazu überging, Zeiten, Orte und Herkunft der

Nachrichten zu verschleiern. Das sollte mir später zum Verhängnis werden. Ende 1997 feierten die Abwehrexperten ihren Erfolg, nachdem das Bundesamt für Verfassungsschutz als unabhängiger Gutachter alle Unterlagen überprüft hatte. Anfang 1998 begannen die politischen Mühlen zu mahlen. Angst vor dem größten BND-Skandal aller Zeiten machte sich breit.

Am 23. März 1998 eröffnete der Generalbundesanwalt beim Bundesgerichtshof ein Ermittlungsverfahren gegen den besagten Abteilungsleiter wegen des Verdachts geheimdienstlicher Agententätigkeit. Am 7. Mai 1998 stellte er das Verfahren wieder ein. Die Politik war in der Zwischenzeit nicht untätig gewesen. Was die Sicherheitsexperten von BND und BfV in den vergangenen Monaten ermittelt und für mehr als ernst eingestuft hatten, entlarvten die Bundesanwälte in nur wenigen Tagen als vermeintlich wertlos und falsch. Meine Tricks in Sachen Quellenschutz waren in diesem Zusammenhang eine dankbare Tatsache, die sogleich für alles herhalten musste. Am 19. Mai 1998 leitete die Münchner Staatsanwaltschaft ein Ermittlungsverfahren gegen mich und meinen Partner ein. Hauptvorwurf: Die Hauptquelle »Rübezahl« gäbe es gar nicht, die Meldungen seien erfunden und das Geld hätten mein Partner und ich uns in die Taschen gesteckt.

Bis zum Strafverfahren vergingen dann ganze dreieinhalb Jahre. Von dem Hauptvorwurf blieb nichts übrig. Allerdings wurde mir aus den Falschangaben, was Quellendaten und Herkunft der Informationen anbetraf, ein Strick gedreht. Da ich nicht bereit war, meine Quellen als Beleg für meine Aussagen vor Gericht ziehen zu lassen, wurde ich verurteilt. Zumindest gelang es meinem Anwalt in einem Deal, die Informanten und meinen Freund Freddy schadlos zu halten. Ein Trost!

Dass die Geschichte meiner Tätigkeit beim BND und was ich dort erlebt hatte mit dem Buch *Bedingt dienstbereit* noch lange nicht zu Ende berichtet und abgeschlossen ist, war den meisten Lesern nach der Lektüre klar. Deshalb stand auch von Anfang an fest, dass die Geschichte weitererzählt werden musste.

Natürlich konnte ich mich beim Schreiben nicht über juristische Zwänge und die damit verbundenen Einschränkungen hinwegsetzen. Wenn ich will, dass die Öffentlichkeit etwas über das Innenleben der geheimsten deutschen Behörde erfährt und ich dabei versuche strafrechtlich unbehelligt zu bleiben, muss ich Kompromisse und Gratwanderungen eingehen.

Manchmal verkrampfte sich mir dabei die Hand. Ich bitte das zu entschuldigen.

Aber es ist eben recht schwierig, die Hand zur Faust zu ballen und trotzdem noch leserlich zu schreiben.

Das Gleichnis

Vergleiche hinken zuweilen und Gleichnisse können mitunter falsch sein. Wie viel Wahrheit allerdings in einer Allegorie steckt, die mir vor Jahren ein Kollege erzählt hatte, musste ich als schmerzhafte Enttäuschung erfahren.

Das Gleichnis mit der Maus geht so:

Eines Tages lief eine Maus über einen Bauernhof. Sie wurde gerade von der Katze verfolgt. Die Katze kam immer näher an die Maus heran. Kurz bevor sie den kleinen Nager erwischen konnte, rettete er sich in einen Kuhstall. Dort rannte das verfolgte Tier just in diesem Moment unter einer Kuh durch, als diese einen großen Kuhfladen fallen ließ. Auf einen Schlag war die Maus im Kuhdreck verschwunden. Die Katze stutzte, da sie ihr Opfer plötzlich nicht mehr sehen konnte. Bei genauerer Beobachtung erkannte sie jedoch einen Kuhfladen, aus dem ein Mäuseschwanz lugte. Die Katze zögerte nicht, zog die Maus am Schwanz aus dem Kuhdreck und fraß sie auf.

Die Moral der Geschichte ist offensichtlich:

Erstens – nicht jeder, der dich bescheißt, will dir etwas Schlechtes.

Zweitens – nicht jeder, der dich aus dem Dreck zieht, will dir etwas Gutes.

Drittens – aber wenn du schon im Dreck sitzt, dann ziehe wenigstens den Schwanz ein.

Eigentlich müsste diese Geschichte in die Präambel des BND aufgenommen werden!

Der Behauptung, meine Tätigkeit für die Sicherheitsabteilung des BND von 1995 bis zu meinem Ausscheiden Ende 1999 sei negativ zu beurteilen – wie einige es auszulegen versuchen –, widerspreche ich vehement. Wie die direkten Nachfolger meiner Vorgesetzten meine Arbeit beurteilten und wie sie versuchten, mich in den Schmutz zu ziehen, ist definitiv kein Ruhmesblatt der Behörde.

Wenn ich allein auf die gerade vergangenen Jahre zurückblicke, dann fällt mir so manches ein und unangenehm auf. Da gab es beispielsweise nach meiner Verurteilung einen freiwilligen und zunächst selbstlosen Helfer, auf den ich aus heutiger Sicht lieber hätte verzichten sollen.

Lange bevor ich am 21. Januar 2003 den Gerichtssaal der 5. Strafkammer beim Landgericht München I zur Urteilsverkündung betrat, war mir bewusst, dass ich in irgendeiner Form – und zu meinem eigenen Schutz – die Öffentlichkeit suchen musste. Was im BND passierte und was mit mir geschehen war, hatte die Öffentlichkeit zu erfahren. Nahm man diesen Staat ernst, durfte über diesen Sachverhalt kein Deckmäntelchen des Schweigens gehängt werden. Was nunmehr als vermeintlicher Schlusspunkt der Geschichte, im Namen des Volkes, als Recht gesprochen worden war, konnte nicht unkommentiert stehen bleiben. Erfreulicherweise fand sich hier ein echter Förderer. Und bedauerlicherweise kam mir gerade das Gleichnis mit der Maus nicht in den Sinn.

Nach der Urteilsverkündung fühlte ich mich wie benommen. Als wäre ich in einer fremden Welt. Wem, in meinem Freundes- und Bekanntenkreis, könnte ich das alles erklären? Und vor allem, wie sollte ich das bewerkstelligen, ohne das Urteil – es war ja als geheim eingestuft – und ohne die dazugehörigen Unterlagen heranziehen zu dürfen? Also, dachte ich, wäre der einzige Weg, die Entstehungsgeschichte zu erzählen. Dann könnte jeder, der wollte, seine eigenen Schlüsse daraus ziehen.

Niedergeschlagen saß ich mit meinem Anwalt beim Kaffee. Seine Argumente, dass ich wenigstens meine Quellen geschützt hatte und dass mein Partner, dem ja dieselben Vorwürfe gegolten hatten wie mir, ohne Blessuren aus dem Verfahren entlassen worden war, ermunterten mich zwar, wenn auch nur wenig. Was mir aber ein bisschen weiterhalf, war der Gedanke daran, was ich als Nächstes tun müsste. Eine Stunde später hatte ich eine weitere Verabredung. Sie war durch einen mit Geheimdienstthemen vertrauten Redakteur einer bekannten Zeitschrift eingefädelt worden. Der mir schon seit einer Weile bekannte Journalist hatte einen guten Freund, und dieser war demselben Blatt als freier Journalist verbunden. Die Rede ist von meinem jetzigen Ko-Autor Wilhelm Dietl.

Nachdem mein Anwalt und ich uns getrennt hatten, stand ich vor dem Gerichtsgebäude an der Nymphenburger Straße und musste zuerst einmal tief durchatmen. Dann steuerte ich schnurgerade mein Ziel an. Es lag nur 2000 Meter von meinem jetzigen Standort entfernt, am Münchner Promenadeplatz. Im Emporenbereich des Hotels »Bayerischer Hof« warteten der besagte Vermittler und mein längst bestimmter Ko-Autor. Der Journalist, er hatte sich seit Monaten für meinen Fall interessiert und mich stark ermuntert, die Geschichte als Buch zu veröffentlichen, stellte mir Dietl vor.

Die »Chemie« zwischen uns stimmte von Anfang an, schnell kamen wir uns näher, und deshalb folgten mehrere Treffen zu dritt, bei denen wir Inhalt und Form des geplanten gemeinsamen Projekts erörterten. Dabei fielen für den Initiator der Besprechungen – er selbst hatte das Werk wohl aus arbeitsvertraglichen Gründen mit mir nicht schreiben können – einige Informationen ab, die ihm zu weiteren Recherchemöglichkeiten verhalfen. Bei allen Beteiligten herrschte Zufriedenheit. Dietl und ich arbeiteten am Buch, der Redakteur konnte immer wieder seltene Informationen verwerten.

Die »Bockwurst«

Ein Jahr lang lief alles harmonisch, nichts bereitete uns in diesem Bereich Kummer. Kurz vor dem Erscheinungstermin stand plötzlich ein Artikel über mein BND-Buch *Bedingt dienstbereit* in einer großen deutschen Tageszeitung. Der mir bisher wohl gesonnene Zeitschriftenreporter verwandelte sich mit einem Mal in einen überaus lästigen Choleriker. Er beschimpfte mich am Telefon, weil ein anderer Journalist die erste Meldung über das Buch veröffentlicht hatte und er vermeintlich so schmachvoll übergangen worden war.

Nur wenige Tage später forderte dieser Journalist von mir eine Art Vermittlungshonorar für das noch nicht erschienene Buch. Wenn er schon nicht der Erste sei, der den Inhalt und die Hintergründe des Buches bekannt machen dürfe, dann wolle er zumindest Geld erhalten. Das hörte sich ungefähr so an: »Ich sehe nicht ein, dass ich immer die großen Geschichten einfädle und am Ende hinten herunterfalle. Ich will jetzt mal Kohle sehen. Verstehst du? Kohle! ... Also sieh zu, dass ich Geld bekomme. Ich mache hier die Arbeit und die anderen schreiben die Artikel. Das sehe ich nicht mehr ein ... Wenn ich nicht endlich Geld bekomme, dann schreibe ich euer Buch in Grund und Boden.«

Seine Anrufe und der damit verbundene Druck wirkten auf mich so stark, dass ich Wilhelm Dietl letztlich sogar empfahl, diesem Kollegen einen Betrag X zu bezahlen. Doch sowohl er als auch unser Münchner Literaturagent, der ebenfalls mit Geldforderungen des Redakteurs konfrontiert worden war, rieten strikt von irgendwelchen Zahlungen ab. Ich fügte mich ihren Argumenten. Als besagter Redakteur merkte, dass bei uns kein Geld zu holen sei, änderte er plötzlich seine Taktik.

Er rief mich regelmäßig an und sprach davon, dass es ihm ja lediglich um eine kleine Anerkennung gegangen wäre. Das geflügelte Wort von einer »Bockwurst« machte bei uns die Runde, da unser Quälgeist seine Geldforderungen hinter diesem Synonym verpackte. Im Originalton klang das so: »Ich habe ja nur eine Bockwurst haben wollen oder eine Tasse Kaffee. Eine kleine Anerkennung eben.« Wer das bereits mehrfach gehört hatte, grinste bedeutungsvoll. Jeder wusste, was er meinte.

Nach der Veröffentlichung von *Bedingt dienstbereit* erschienen von diesem Redakteur in der Zeitschrift, für die er arbeitete, mehrere einschlägige Artikel. Ihnen war ein ausgesprochen negativer Tonfall gemeinsam. Kurz nach den Veröffentlichungen meldete sich der Skribent regelmäßig bei mir und meinem Ko-Autor. Seine Erklärungen hatten stets denselben Tenor: »Ihr habt es ja so gewollt! Wie es in den Wald hineinschallt, so hallt es heraus. Ich habe ja nur eine Bockwurst haben wollen. Eine Tasse Kaffee. Ein kleines Dankeschön. Mehr nicht.«

Grundsätzlich ist festzuhalten: Die Medien bewerteten *Bedingt dienstbereit* überwiegend positiv. Wenn sie etwas daran kritisierten, dann blieben sie dabei doch stets konstruktiv und setzten sich mit dem Thema sachlich auseinander. Es ging ihnen nicht darum, die berechtigte Kritik an einer höchst umstrittenen deutschen Behörde zu kriminalisieren oder ins Lächerliche zu ziehen. Sie nahmen unser

Projekt ernst und werteten es entsprechend. Ich lernte unter den zahlreichen Journalisten viele interessante Persönlichkeiten kennen. Manche versuchten die Dinge akribisch zu hinterfragen, andere kamen eher mit einem intellektuellen Ansatz, und dann gab es noch so eine Art »wahnsinnige Überzeugungstäter«. Das waren mir die Sympathischsten.

Zurück zu unserem fleißigsten und unversöhnlichsten Gegner: Bei seiner Berichterstattung fiel dem gut informierten Teil der Leserschaft auf, dass er plötzlich von Dingen sprach, die häufig überhaupt nichts mehr mit der Wahrheit zu tun hatten. Er stellte Behauptungen auf, die nachweislich frei erfunden waren. Besonders lästig war, dass er die Artikel zuvor ankündigte, indem er mir süffisant den Inhalt schilderte, es aber gleichzeitig ablehnte, meine Gegenbeweise zu bestimmten Aussagen überhaupt zur Kenntnis zu nehmen. Ich hatte das Gefühl, er wollte sich mit aller Macht dafür rächen, dass er leer ausgegangen war.

Die »Bockwurst« wurde zu seinem Markenzeichen, denn sie fehlte als Anspielung bei fast keinem seiner Anrufe. Was ich zudem als besonders infam empfand, waren die Anzüglichkeiten in Bezug auf meine Parteizugehörigkeit und hier besonders die Verbindung zum damaligen Bundesverteidigungsminister Peter Struck. Aber dazu später mehr.

Ein neuer Gipfelpunkt der falschen Berichterstattung wurde dann im Dezember 2005 durch ein weiteres Erzeugnis seiner Dichtkunst erreicht. Dieses Mal ging er aber in die Vollen. Er behauptete, ich säße auf Zentnern kompromittierenden Materials aus dem Bereich von QB 30. Dabei bediente er sich meines verstorbenen Kollegen Frank Offenbach. Offenbach war Dienststellenleiter des BND-Observationsteams und unterstand mit seiner Truppe direkt der Sicherheitsabteilung. Er und seine Mannen hatten die sensibelsten Aufträge innerhalb des Dienstes zu erledigen. Das begann bei der Observation eigener Mitarbeiter, ging unter anderem über die Bewachung und den Schutz von Personal und Material, bis hin zu sensiblen Transporten und Kurierdiensten. Kurz vor seinem Ableben habe nun dieser Observantenchef mir große Mengen an Unterlagen widerrechtlich übergeben. Nach diesem Doppel-Rufmord war für mich der elementare Grundsatz von Anstand überschritten.

Dass Journalisten hin und wieder in ihrer Darstellung danebenliegen oder die tatsächliche Wahrheit fahrlässig übersehen, soll vorkommen. Das haben wir zu akzeptieren und damit müssen wir leben. Ich wehre mich nicht gegen jeden falschen Satz, gehe nicht gegen jede unwahre Darstellung vor, aber nun war das Maß voll. Ob diese erfundene Story nur dazu dienen sollte, eine sich zuständig fühlende Staatsanwaltschaft aufzuschrecken und damit ein weiteres Mal auf mich zu hetzen, weiß ich nicht.

Auf alle Fälle hatte diese Geschichte so ein eigentümliches Hautgout. Vielleicht wollte unser Erzfeind vom Dienst mit dieser Aktion auch nur unser neues Buchprojekt torpedieren? Denn diesmal wusste er zu seinem Leidwesen rein gar nichts vom Inhalt. Der Spekulation sind in so einer Situation Tür und Tor geöffnet. Möglicherweise war die Räuberpistole um Frank Offenbachs dienstlichen Nachlass gar nicht auf seinem Mist gewachsen. Vielleicht wurde er nur als Handlanger benutzt? Wer steckte in einem solchen Fall dahinter? Allein die Überlegungen lassen einen erschrecken.

Als besonders infam empfand ich den Vorwurf gegen meinen ehemaligen Kollegen Frank Offenbach. Es ist unglaublich einfach, einem Toten ein schweres Dienstvergehen vorzuwerfen. Der kann sich nicht mehr dagegen wehren und bleibt auf ewig Täter. Keine Frage, in diesem speziellen Fall war der Vorwurf besonders absurd. Keiner von denen, die Offenbach gekannt hatten, glaubte an die öffentlichen Vorwürfe. Kein einziger Kollege hätte ihm eine solche Vorgehensweise zugetraut.

Der Observationschef des BND war loyal gewesen, besonders zu seinen Vorgesetzten, aber auch zu den Untergebenen. Obwohl er seine vom Dienst verursachten Enttäuschungen nicht verbergen konnte, blieb er ehrlich und lauter. Im Grunde war er ein typischer Nachrichtendienstler von der Arbeitsebene. Wie viele vorbildliche Kollegen, erfüllte gerade er seine Diensttreue bis hin zur Selbstaufgabe und zur Gefährdung der eigenen Gesundheit. Letztlich zerbrach er daran. Dann wurde ihm posthum eine solche Schande angetan. Dagegen war vorzugehen. Ich tat es mit allen Mitteln, die mir zur Verfügung standen.

Der Bundesnachrichtendienst hingegen tauchte ab, wie es typisch für ihn ist. Anstatt sich mit voller Überzeugung vor Frank Offenbach zu stellen, hockten die Verantwortlichen wie versteinert in ihren Amtsstuben. Fast weinerlich fiel man in Berlin und München in eine Art Bewegungsstarre. Anscheinend trauten sie ihren Unterstellten einfach alles zu. Ob sie dabei zu sehr von sich selbst ausgingen?

Was eine solche Desillusionierung der eigenen Belegschaft für ein Sicherheitsproblem darstellt, kann sich sogar ein Nichtfachmann ausmalen.

»I consiglieri legali
del presidente«

Alles erinnert an die Gepflogenheiten der Mafia, wie der
Laie sie aus Büchern und Filmen kennt. Wer beim BND in
Ungnade fällt, und das waren nicht wenige in den letzten
Jahren, der sieht sich plötzlich einer massiven Verfolgung
ausgesetzt, wie sie in unserem Rechtswesen von niemandem für möglich gehalten wird. Kein anderer Teil des Staatsapparats reagiert derart empfindlich und feindselig wie der
Spitzelbetrieb an Isar und Spree. Dabei gehen die Aktionen
des BND immer häufiger schief. Panzergeschäfte werden
entlarvt, Plutonium wird öffentlich geschmuggelt, Quellen
fahrlässig geopfert oder enttarnt.

Immerhin, sobald wieder eine hochgeheime Operation
aufgeflogen ist, versucht der Auslandsdienst reflexartig
Stärke zu zeigen. Zumindest beim Pannendienst will man
sich nicht blamieren. Um die größten Desaster nachträglich
einzuschränken, bedient sich der jeweilige Präsident des
BND einer überdimensionierten Rechtsabteilung, die ihr
Selbstverständnis aus längst vergangenen und als überwunden geglaubten Zeiten herübergerettet hat. Besonders in
dieser Ecke der Behörde wabert jedoch noch der Mief des
alten Wehrmachtsoffiziers Gehlen durch die Gänge. Dort
agieren Mitarbeiter, die sich auserwählt sehen, ihren Arbeitgeber um jeden Preis zu beschützen.

Mit einer Mischung aus Geheimniskrämerei, Machtwahn
und krimineller Energie verfolgen sie ihre vermeintlich
staatstragende Aufgabe. Wenn es darum geht, Dissidenten
zu diskreditieren oder interne Kritiker zu stoppen, ist ih-

25

nen fast jedes Mittel recht. Verlassen aber Kollegen im Auftrag der eigenen Führung den rechtsstaatlichen Weg, dann versinken die Hausjuristen in muffiger Ahnungslosigkeit. Immerhin, so die Standardargumentation, sei das ein großer Betrieb und man könne ja nicht alles wissen. Ob es die illegitime Observation von Journalisten, die illegale Überprüfung von Bankkonten in Deutschland oder das gesetzeswidrige Abhören von Telefongesprächen ist – die Rechtsabteilung hüllt sich in Ahnungslosigkeit.

Wie viele andere Organisationseinheiten im BND führt das Rechtsreferat ein beschauliches Eigenleben, vorbei an den Präsidenten und erst recht an der Kontrolle politischer Gremien. Je nach Gusto der dortigen Führungsköpfe wird verdunkelt, vertuscht und manipuliert, was das Zeug hält. Nicht ohne Grund ist genau dieser Teil der unheilvollen Staatsdienertruppe hauptverantwortlich dafür, dass es bis heute keinerlei wirkungsvolle Kontrollmechanismen für den Nachrichtendienst gibt.

Was immer die Kontrolleure, mögen sie auch noch so ehrenhaft sein, zu Gesicht bekommen, wird zuerst bei den Rechtsberatern geprüft und im Sinne bestimmter Seilschaften innerhalb der Organisation weitergegeben oder, wenn notwendig, unkenntlich gemacht. Die jeweiligen Präsidenten sind dem Zusammenspiel von Beeinflussung und Falschmünzerei weitestgehend hilflos ausgesetzt. Unter anderem werden Entscheidungshilfen für die Leitung so manipuliert oder gefiltert, dass es sich am Ende um keine Hilfe mehr, sondern bereits um vorweggenommene Entscheidungen handelt. Mit der Wahrheit interner Dienstabläufe oder korrekter Darstellung hat das wenig zu tun.

Der ehemalige Präsident Konrad Porzner, zum Beispiel, wurde auf diese Art und Weise systematisch vorgeführt. Er war den geheimen Seilschaften innerhalb der Behörde zu kritisch und korrekt gewesen. Außerdem kannte er noch Skrupel. Zu allem Übel war er auch noch ein Sozialdemokrat. Das machte ihn beim BND von Anfang an zum Verdächtigen und potenziellen Verräter. Porzner hatte stets ein offenes Ohr und eine sensible Ader für die Mitarbeiter sowie ein kritisches Gespür für Ungesetzmäßigkeiten in seinem Verantwortungsbereich. Anders als bei manchen seiner Vorgänger und Nachfolger, galt dem früheren Ansbacher Bundestagsabgeordneten die eigene Karriere nicht als wichtigste Priorität.

Er nahm den Pullacher Apparat ernst und missbrauchte ihn daher auch nicht als Sprungbrett für eine weitere Laufbahn. Das störte die Führungsriege von Anfang an. Solche Eigenschaften machten Porzner unabhängig und dadurch für die kleinen selbst ernannten Fürsten gefährlich. Also spielte ihm das Führungspersonal eine Scheinwelt vor, die so gar nicht existierte. Es wurde gelogen, betrogen und gefälscht. Und die gespielte Loyalität blieb auf der Strecke. Dadurch gelang es zunächst, ihn einigermaßen ruhig zu stellen – ein Zustand, der nicht lange währte. Genau in diesem Bereich, in dem die Führungskaste für sich selbst Treue und Ergebenheit einforderte, wurde Porzner im Regen stehen gelassen. Als die Weichen gestellt waren, hatte er keine Chance mehr, sich durchzusetzen.

Innerbetriebliche Scheinbilder und falsche Lagedarstellungen haben beim BND eine unheilvolle Tradition. Nach innen funktioniert das bestens und deshalb wird es auch nach außen vollzogen. Das gilt gerade für die Manipulation bei der Justiz, und damit sind wir wieder bei der Rechtsabteilung. Willfährige Gerichte und in Ehrfurcht erstarrende Staatsanwaltschaften unterstützen, vornehmlich am Dienstort der Behörde, das Treiben der Pullacher Hausjuristen.

Der Trick mit der Geheimverhandlung

Die Advokaten aus der Grauzone wenden immer wieder bewährte Tricks an, um Gerichtsentscheidungen vorbei an jeglichem menschlichen Rechtsverständnis zu manipulieren. Kommt es zu einer Verhandlung, die im Zusammenhang mit dem Dienst steht, verweist die Behörde auf die dringliche Geheimschutzwürdigkeit. Das bezieht sich zum Teil auf eigenes Personal, das involviert oder betroffen ist, zum anderen auf interne Verfahrensabläufe und mit allergrößter Wichtigkeit natürlich auf den Quellenschutz. Dass sich Gerichte überhaupt mit solchen Interna befassen können, geht in den meisten Fällen direkt vom BND aus.

Staatsanwaltschaften erfahren in der Regel nur von Straftatbeständen, wenn der Dienst die Strafverfolgung will. Die Ankläger werden – wohl dosiert – mit der einen oder anderen Geschichte betraut. Der Sachverhalt ist dann bereits entsprechend aufbereitet. Möchte der BND einen Mitarbeiter loswerden oder hat er mit ihm noch eine Rechnung offen, werden Informationen zum Teil auf sehr subtile Weise lanciert. Die zuständigen Staatsanwaltschaften greifen sie begierig auf. Gibt es Nachfragen von Seiten der Justiz, zeigt sich das Amt besonders staatstragend und auffällig informationsfreudig. Akten, Unterlagen und alles, was notwendig ist, um die wichtige Arbeit der Justiz zu unterstützen, wird den Richtern und Staatsanwälten förmlich hinterhergetragen und der BND mutiert zum Wahrer deutscher Rechtsstaatlichkeit.

Sollen jedoch bei einem Verfahren Unregelmäßigkeiten und andere Gratwanderungen des BND vertuscht werden, dann verfallen dieselben *consigliere* in eine Art Leichenstarre, die jeglichen Informationsfluss mit Berufung auf Geheimhaltung und die besonderen Aufgaben des Nachrichtendienstes verhindert. De facto bedeutet das: Der BND bestimmt weitestgehend selbst, was gegen ihn verhandelt wird. Durch selbst gestrickte Geheimhaltungsregeln entscheidet auch der Dienst, und nicht etwa das Gericht, was an Unterlagen in das Verfahren eingebracht wird. Damit selektiert die Behörde bereits im Vorfeld eines Strafverfahrens, was ihr nützlich und was ihr schädlich sein könnte.

Ein Staat im Staate. Kommt es zu einem Prozess, legen die Hüter des BND größten Wert darauf, auch während der Gerichtssitzungen die Zügel in der Hand zu behalten. Als Erstes wird dafür gesorgt, dass das Verfahren unter Ausschluss der Öffentlichkeit stattfindet. Damit wird die rechtsstaatliche Kontrolle durch die Öffentlichkeit verhindert. Das macht weitere Manipulationen einfacher. Was hinter verschlossenen Türen verhandelt wird, geht ja niemanden etwas an. Weil aber das als Kontrollinstrument noch nicht reicht, installiert der Dienst einen Prozessbeobachter, der jede Minute des juristischen Geschehens verfolgt.

Die offizielle Funktion dieses Aufpassers wird vom Dienst mit der Wahrung eigener Sicherheitsinteressen begründet. Er soll über die Geheimhaltungsregeln wachen und dafür Sorge tragen, dass Zeugen sich an ihre Aussagegenehmigung halten. Denn sie dürfen, obwohl die Öffentlichkeit ja ausgeschlossen ist, nicht alles mitteilen, was sie wissen. Was ausgesagt wird, legt der BND zuvor genauestens fest. Welcher Richter könnte sich diesem Anliegen des Dienstes entziehen? Deshalb gelingt es den Hausjuristen regelmäßig, die einschlägigen Verfahren unter Ausschluss der Öffentlichkeit nach besonderen Spielregeln zu beeinflussen.

Der Gesandte des Rechtsreferats dokumentiert das Verfahren, indem er penibel Protokoll führt. Spätestens in den Pausen meldet er den Ablauf in die Zentrale. Ich habe selbst einmal erleben dürfen, wie ein Beobachter über sein eingeschaltetes Handy die Verhandlung übertrug. Ein anderes

Mal telefonierte er ungeniert mit seinem Vorgesetzten, übrigens gegen alle Regeln und Weisungen des Gerichts. Mit solchen brachialen Methoden greift der BND massiv in Gerichtsverhandlungen ein. Damit beeinflusst die Behörde jedes Verfahren, an dem sie selbst beteiligt ist.

Weshalb sich die deutsche Justiz das bis heute ohne Wenn und Aber gefallen lässt – ich schließe hier ausdrücklich alle Organe der Rechtspflege ein –, bleibt mir ein Rätsel. Dass Staatsanwälte davon profitieren, wenn der Dienst einen Mitarbeiter bestraft sehen will, liegt hier wohl auf der Hand. Es ist ein Geben und Nehmen. Aber, was hat das noch mit dem Rechtsstaat zu tun?

Je nach Verlauf der Hauptverhandlung, werden – begünstigt durch die permanente Kommunikation – von Seiten des Bundesnachrichtendienstes häufig zusätzliche Zeugen offeriert oder aber Aussagen nachträglich verändert. Das geht natürlich immer zu Lasten der Beschuldigten. Die Rechtsabteilung des BND verpasst Mitarbeitern des Dienstes, die als Zeuge geladen sind, vor den Verhandlungen ein intensives Briefing. Offiziell handelt es sich natürlich nur um Sicherheitsbelehrungen. Die betreffenden Supervisor, sie kommen in den seltensten Fällen von der Haussicherheit, lassen niemals einen Zweifel entstehen, wohin die Reise gehen soll. Steht einer dieser Zeugen später vor dem Richter, ist es normal, dass sein ängstlicher Blick nicht den offiziellen Verfahrensbeteiligten gilt, sondern dem spionierenden Hausjuristen auf der Besucherbank.

So kommt es hin und wieder zu sonderbaren Abläufen, die auf die stille Post des höchst dienstbaren »Gerichtsreporters« zurückzuführen sind. Genauer gesagt, geht es um das wichtigste Kapital eines Nachrichtendienstes, seine Quellen und Informanten. Quellenschutz hört sich im Fachjargon des BND so an:

Weder Namen noch ladungsfähige Anschriften von Quellen können dem Gericht bekannt gegeben werden. Als Auslandsnachrichtendienst sammelt der Bundesnachrichtendienst Informationen zur Gewinnung von Erkenntnissen über das Ausland, die von außen- oder sicherheitspolitischer Bedeutung für die Bundesrepublik Deutschland sind. Daraus erwächst dem Bundesnachrichtendienst unter anderem die Pflicht, den Schutz der Lieferanten dieser Informationen, nämlich seiner Quellen, zu gewährleisten.

So weit zur Theorie. In der Praxis wird dieser Umstand leicht modifiziert. Sollte der BND es aufgrund des Prozessverlaufes für notwendig erachten, einen geschassten Mitarbeiter vor Gericht dadurch unter Druck zu setzen, dass die Gefahr der Offenlegung von Klardaten seiner Quellen besteht, werden ganz andere Register gezogen. Das geht so: Offiziell erklärt sich der BND im Sinne des zitierten Quellenschutzgrundsatzes. Parallel dazu sorgt er aber dafür, das dritte Personen dem Staatsanwalt oder Richter als vermeintliche Zeugen zugespielt werden.

Diese Überraschungsgäste sind in der Lage, einen der geheimen Informanten zu identifizieren. Das geschieht in der Regel durch ein Lichtbild, eine Videoaufzeichnung o. Ä., und der BND zieht sich damit elegant aus der Affäre. Er plaudert selbst keine Quellendaten aus und wäscht seine Hände in Unschuld. Die Last der Verantwortung setzt den betroffenen Verbindungsführer unter erheblichen Druck. Er erkennt, wie groß die Gefahr ist, dass seine Quelle enttarnt und damit einem ungewissen Schicksal ausgeliefert wird.

Eine günstige Gelegenheit für das Gericht, einen so genannten Deal vorzuschlagen: Schuldeingeständnis gegen Quellenschutz. Vielleicht muss der Richter den zu schützenden Informanten dann gar nicht mehr hören. Hier handelt es sich beileibe nicht um Theorie, sondern um eine bewährte Praxis. Das habe ich selbst erleben müssen.

Verfahrensbegleitende Maßnahmen

Der Bundesnachrichtendienst bedient sich im Rahmen von juristischen Auseinandersetzungen zuweilen Methoden, die weniger an eine staatliche Institution erinnern, sondern eher an die Geflogenheiten der Camorra. Auch das habe ich am eigenen Leib erfahren. Es bedeutete für einen Betroffenen wie mich, mehr als nur ins Visier geraten zu sein. Seit 1995 hatte ich mich mit telefonischen Drohungen auseinander zu setzen. Anfangs nahm ich das nicht besonders ernst und hielt die Anrufer für Spinner, die sicherlich mit dem BND nichts zu tun hatten. Als gegen Ende des Jahres 2002 das Verfahren gegen meinen Partner und mich näher rückte, wurden jedoch die Drohungen massiver. »Wir machen dich fertig. Wir nehmen dir alles, was du hast. Du kannst bald unter einer Brücke schlafen. An deiner Stelle würden wir uns um die Familie sorgen.« So klang es aus dem Telefonhörer. Es ist mir bis heute nicht bekannt, wer die Anrufer waren, ihr dienstlicher Hintergrund wurde mir aber im Laufe der Zeit immer bewusster. Unverkennbar bestand ein Zusammenhang mit dem zu erwartenden Prozess. Die anonymen Anrufer kannten sich mit Psychoterror aus. Ihre Kurztelefonate gingen deshalb später an das Handy meiner Frau und an den Apparat an ihrem Arbeitsplatz.

Am Ende hatte das Verfahren beim Landgericht München offensichtlich noch nicht das von der Pullacher Spezialistentruppe erhoffte Ergebnis gebracht. Ich war weder vernichtet, noch musste ich unter einer Brücke schlafen.

Nun legten meine Gegner noch eins drauf. In einem Drohanruf wurde mir mitgeteilt, dass noch lange nicht Schluss sei und ich mich bald wundern würde. Dann zitierte der Anrufer aus meinem Urteil, das ja eigentlich als geheim eingestuft und somit keinem Außenstehenden zugänglich war. Ich merkte, dass eine Tatsache besonderen Unmut auslöste – die Richter beim Landgericht München waren nicht davon ausgegangen, ich hätte mich während meiner Zeit beim BND irgendwie persönlich bereichert.

Was dann passierte, ließ sogar mich staunen. Der BND forderte trotz anders gelagerter Fakten erhebliche Summen von mir zurück. Die Behörde versuchte, mich finanziell zu ruinieren. Fast 360 000 Euro sollte ich zahlen. Der Betrag war weder durch das Urteil begründet noch sachlich korrekt und rechnerisch sowieso falsch. Das störte die ansonsten so pedantisch agierenden Juristen an der Isar freilich nicht. Mir blieb also nur der Weg, gegen die Rückforderungen zu klagen. Sinnigerweise hatten die einstigen Kollegen ihre Forderungen gegen mich geteilt, wodurch ich zwei unabhängige Klagen beim Verwaltungsgericht in Leipzig führen musste. Das bedeutete doppelte Kosten und erhöhten Aufwand meines Anwalts. Aber das war wohl Sinn und Ziel der Aktion.

Das stellte die Strippenzieher jedoch noch lange nicht zufrieden. Sie erwirkten gegen mich beim Amtsgericht Celle einen so genannten dinglichen Arrest. Dazu benötigte man lediglich zweierlei. Erstens einen vollstreckbaren Anspruch gegen mich und zweitens als Arrestgrund den Nachweis darüber, dass ich mein Vermögen (Haus und Grundstück) heimlich veräußern und damit beiseite schaffen will. Der erste Punkt war für die Rechtsbeistände der Geheimen leicht zu erfüllen. Sie gaben ein Zahlenwerk an, das keiner Überprüfung standgehalten hätte. Dabei bezogen sie sich auf ihre eigenen Leistungsbescheide, gegen die ich Klage eingereicht hatte.

Sie verwiesen auf das Urteil gegen mich, das als geheim eingestuft war und somit dem Celler Amtsgericht nicht vorgelegt werden konnte. Beim Arrestgrund ließen sie sich etwas Besonderes einfallen. Sie legten eine eidesstattliche Versicherung vor, um zu belegen, dass ich beabsichtigte, Haus und Hof zu verkaufen. Die Tatsache, dass ich mein Haus niemals freiwillig verkaufen würde und auch, da es zur Hälfte meiner Ehefrau gehörte, gar nicht ohne weiteres veräußern könnte, tangierte im BND-Rechtsreferat offenbar niemanden.

Auszug aus dem Schreiben des BND an das Amtsgericht Celle, zum angeblichen Arrestgrund:

Der Antragsgegner beabsichtigt, sein Grundstück zu veräußern. Sein Vorhaben äußerte er gegenüber seinem befreundeten Vorgesetzten beim BND … Diese Aussage wurde von Herrn Dr. M. [ebenfalls Mitarbeiter beim BND], der als Prozessbeobachter des BND beim Verfahren fungierte, wahrgenommen und protokolliert.

Glaubhaftmachung:
Eidesstattliche Versicherung des Herrn Dr. M. Anlage 2.

Eine handfeste Lüge des Prozessbeobachters! Der BND hatte mit selbst gebastelten Belegen und einer falschen eidesstattlichen Versicherung einen Arrestbefehl erwirkt. Mitte September erreichte mich das Schreiben vom Amtsgericht Celle. Ohne mein Wissen war im Namen der Bundesrepublik Deutschland und im Auftrag des BND-Präsidenten im Grundbuch meines Wohnortes auf meinem Grundstück eine

Schuld von 359 000 Euro eingetragen worden. Einige tausend Euro, die an Gerichtskosten und für die Eintragung fällig wurden, hatte ich sofort zu begleichen. Auf Anfrage beim BND nach dem Sinn der Nacht- und Nebelaktion erhielt ich die lapidare Antwort: »Klagen Sie doch dagegen!« Ein anonymer Anruf mit süffisanten Bemerkungen folgte bald darauf. Was der BND damit bezweckte, war für mich eindeutig. In einer Art Zermürbungskrieg versuchte man mich zu vernichten. Mit allen legalen und illegalen Mitteln. Dagegen musste ich mich sofort wehren. Im Januar 2004 war es endlich so weit. Beim Amtsgericht in Celle wurde wegen des Widerspruchs gegen den Arrestbefehl verhandelt. Gegen Mittag fanden wir uns vor dem Gerichtssaal ein. Aus Pullach war ein junger Mitarbeiter des Rechtsreferats in Marsch gesetzt worden. Er vermittelte den Eindruck, als käme er aus der dritten Etappe. Die vollmundigen Chefs und Strippenzieher hatten sich selbst nicht an den Ort des Geschehens getraut. Es darf als Absicht unterstellt werden, dass sie jemanden delegierten, der die näheren Zusammenhänge nicht kannte. Immerhin muss ihnen schon vorher klar gewesen sein, dass die illegale Vorgehensweise keinen dauerhaften Erfolg haben würde. Die zu erwartenden Prügel sollte sich besser einer der Frischen und Unbedarften abholen.

Nicht ganz ohne Grund lautete deshalb eine der ersten misstrauischen Fragen der Richterin an den Herrn vom Dienst: »Sie sind doch Jurist?« Die couragierte Dame ließ sich selbstverständlich nicht von den dünnen Argumenten des BND-Vertreters beeindrucken. Nachdem die Fakten ausgetauscht worden waren, konnte sie ihren Unmut über die geheime Behörde nicht mehr verbergen. Sie hielt den Arrestbefehl in die Höhe und erklärte, sie hätte dies veranlasst, weil sie bisher davon ausgegangen sei, dass ein Papier des BND, auf dem sich das bundesdeutsche Dienstsiegel befinde, der Wahrheit entspräche. Das sei aber ganz offensichtlich nicht der Fall. Und sie bedaure ausdrücklich, dass sie aufgrund der Darstellung des BND elementar in meine Rechte und die meiner Familie eingegriffen habe.

Dann wandte sie sich direkt an den BND-Vertreter und teilte ihm mit, das Einzige, was sie jetzt noch für ihn tun könne, sei, ihm die Möglichkeit zu geben, den Antrag schleunigst zurückzuziehen, damit das alles wieder rückgängig gemacht werden könne. Der Hausjurist von der Isar erwiderte, dass er nicht die Befugnis dazu habe. Daraufhin entgegnete die Richterin, sie unterbreche jetzt kurz die Verhandlung, damit der Abgesandte des BND sich telefonisch die Befugnis dazu erteilen lassen könne. Und sie fügte, sichtlich verärgert, noch hinzu, er solle den verantwortlichen Herren in Pullach sagen, sie rate ihnen dringend, ihren Antrag auf Arrestbefehl zurückzunehmen. Sonst würde sie das per Gerichtsentscheid für sie erledigen.

Wir verließen den Gerichtssaal für eine kurze Pause und der Vertreter der Nachrichtenbehörde zog sich zum Telefonieren zurück. Mein Freund und Partner Freddy, der als Zeuge geladen noch draußen gewartet hatte, schlenderte auf dem Gerichtsflur hin und her. Im Laufe meiner BND-Jahre hatte ich mit vielen Partnern zusammengearbeitet, aber bei keinem stimmte die Chemie so gut wie bei Freddy. Der knurrige Franke war Ende dreißig, als wir uns in der Münchner Zentrale vorgestellt wurden, drei Jahre älter als ich. Bei der Bundeswehr hatte er es zum Hauptfeldwebel gebracht.

Der BND-Mitarbeiter stand also am hintersten Ende des Ganges und bediente sein Handy. An dieser Stelle war eine Art Raucherecke eingerichtet. Er wollte natürlich nicht, dass ich sein Gespräch mit der Zentrale mithörte. Deshalb entbehrte es nicht einem Hauch von Komik, dass mein Partner Freddy Zigarette rauchend direkt neben dem hektisch telefonierenden BND-Juristen stand. Dem war das anscheinend gleichgültig. Er kannte ihn ja nicht. So musste mein Vertrauter das gesamte Gespräch zwangsläufig mit anhören. Sein stetes Augenrollen und Kopfschütteln zeigte mir, dass es dabei hoch herging. Der genaue Inhalt des Telefonats ist im Prinzip uninteressant. Erwähnenswert ist nur, dass der BND-Vertreter den Eindruck eines völlig verstörten Menschen hinterließ, der sich nach unserem Empfinden im besten Sinne des Wortes als verschaukelt vorkommen musste. Hatten seine Oberen den armen Kerl künstlich für dumm gehalten und ihn regelrecht vorgeführt? Als er mit hochrotem Kopf wieder in den Gerichtssaal kam, wirkte er verärgert und gleichzeitig irgendwie hilflos. Nach einem weiteren kurzen Dialog mit der Richterin zog er den unrühmlichen Arrestantrag zurück.

Eines wurde bei dieser Aktion mehr als deutlich. Dem Dienst ging es keineswegs um die Sache, sondern ganz offenkundig um blanke Rache gegen einen vermeintlich abtrünnigen Mitarbeiter. Wie zu erwarten war, erreichten meine Frau und mich erneut Schmähanrufe von Unbekannten. In erster Linie versuchten sie, meine Frau zu terrorisieren. Woher die Anonymen über so viel Detailkenntnisse verfügten – sie waren immer auf dem aktuellen Stand der Auseinandersetzung –, bleibt uns bis heute rätselhaft.

Bäumchen wechsle dich

Die gezielte Einflussnahme in Gerichtsverfahren und andere juristische Auseinandersetzungen durch die Geheimbehörde wird, wenn es möglich ist, durch eine weitere Maßnahme ergänzt, die es jedem betroffenen Mitarbeiter verbietet, sich adäquat zur Wehr zu setzen. Auch das habe ich selbst erleben müssen. Das Beispiel sollte allen Aktiven eine ernste Warnung sein. Niemand ist dagegen gefeit, es sei denn, er wäre in der Lage, täglich seinen eigenen Rechtsbeistand mit zum Dienst zu nehmen. Das möchte ich allerdings aus heutiger Sicht, so absurd es klingt, jedem dringend raten. Das Wesen eines Nachrichtendienstes ist die Gratwanderung. Wo der Bundesnachrichtendienst anfängt, hört der Rechtsstaat auf. Wo dessen Konspiration beginnt, endet unsere Demokratie. Das ist eine unwiderlegbare Tatsache, über die unsere Politiker allzu gern hinwegsehen.

Solange der BND jedoch meint, Nutzen aus seinen Aktivitäten ziehen zu können, lässt er seine eigenen Mitarbeiter unbehelligt. Selbst wenn ihre Aufgaben weit von Recht und Gesetz entfernt sind, schaut die Führungsriege tatenlos zu oder auch weg. Jedenfalls reagiert sie nicht. Die Mitarbeiter selbst können die Unrechtmäßigkeit ihres Handelns und den latenten Verstoß gegen Gesetze oftmals selbst gar nicht einschätzen.

Das beste Beispiel ist die Observation von Journalisten. Den Einsatzkräften vor Ort wird lediglich mitgeteilt, dass sie diese oder jene Person beobachten müssen. Details oder gar Begründungen für eine solche Maßnahme erhalten sie selten. Und wenn doch, dann nur sehr spärlich. Die Behörde argumentiert auch dann mit der Floskel von der Sicherheitsgefährdung. Das läuft nach dem Motto: Jeder darf nur so viel erfahren, wie er unbedingt wissen muss. Das bedeutet allerdings in der Regel, dass der Mitarbeiter blindlings den Anweisungen seiner eigenen Vorgesetzten vertrauen muss.

Dieses Prinzip funktioniert aber nur, solange nichts passiert. Wenn, wie im Fall der illegalen Beobachtung von

Journalisten, etwas an die Öffentlichkeit sickert, kommt eine BND-eigene Maschinerie in Gang, bei der sich die Hausjuristen so richtig austoben können. Dabei entscheiden sie sich zumeist für zwei Varianten. In Phase eins der Problemlösung werden die direkten Vorgesetzten angesprochen. Man handelt eine Schuldzuweisung aus. Einen kleinen Teil der Verantwortung übernimmt der Chef, zumeist ein Sachgebietsleiter. Spielt er mit, droht ihm ein kleines Disziplinarverfahren, das dann später entweder wieder eingestellt wird oder in Form einer der untersten Sanktionen, beispielsweise einer Rüge, endet. In diesem Fall wird die Schusslinie nach unten freigegeben. Ein so genanntes »unabhängiges« Gutachten folgt. Nur ein Schalk mag das hier gewählte Adjektiv zu den diensteigenen Attesten glauben. Sie werden in enger Abstimmung mit dem betroffenen Chef gefertigt, zielen immer auf die Arbeitsebene und werden tatkräftig von den eigenen Juristen souffliert. So präpariert, geht der Dienst dann gegen Mitarbeiter vor, die bis dahin in Treue fest an das geglaubt haben, was man ihnen von oben aufgetischt hatte.

Der zweite Weg der Problemlösung gestaltet sich im Prinzip für die Führung der Behörde ebenso einfach. Wagt es ein betroffener Vorgesetzter, das Spiel nicht mitzuspielen, auch solche gibt es beim Dienst, greift man zu Brachialmitteln. Vor allem, wenn es dann wie in meinem Fall bis vor Gericht geht. Ich hatte mit großem Erfolg während der Operation »Giraffe« Topquellen in der abziehenden Westgruppe der sowjetischen Streitkräfte geworben. Dabei handelte es sich um hohe Offiziere, die nach der Rückkehr in ihre Heimat für den BND arbeiteten und uns jahrelang mit erstklassigen Informationen und Dokumenten bedienten. Eines Tages lieferte meine Quelle »Rübezahl« Hinweise, wonach der KGB-Nachfolgedienst FSB mit einem sehr einflussreichen und gut platzierten Spion beim BND arbeiten würde, Registriernummer 000-20/081. Die Beschreibung seiner Familienverhältnisse passte auf den früheren Abteilungsleiter für Beschaffung und damaligen Abwehrchef Volker Foertsch.

»Rübezahl« lieferte später noch einen Rapport, der den Verdacht verstärkte. Hausintern wurde der mächtige Abteilungsleiter monatelang observiert. Die Bundesanwaltschaft ermittelte gegen ihn. Bei einer Sitzung im Bundeskanzleramt, an der ich auch teilnahm, wurde beschlossen, die »Affäre Foertsch« aus politischen Gründen zu beerdigen. Kurz darauf stellte der Generalbundesanwalt die Ermittlungen ein. Der Moskauer Rapport wurde zur Fälschung erklärt. Der Apparat jagte nicht mehr den Maulwurf, sondern den Überbringer der schlechten Nachrichten. Also richtete sich der Zorn des BND gegen meinen Partner und mich. Das brachte uns schließlich im Januar 2003 vor das Landgericht München I.

Der BND zog alle Register, wie immer, wenn er einen unbequemen Mitarbeiter vernichten will. Dabei hatte ich mich nicht nur bei der Aufklärungsarbeit, sondern auch während der Ermittlungen gegen Volker Foertsch über Wochen und Monate strikt an die Weisungen meiner direkten und nächsthöheren Chefs gehalten. Die interne Abwehr-Operation »Kosak 3« war für den BND von so großer Bedeutung, dass der Einzelne über keinerlei eigene Handlungsspielräume mehr verfügte. Das wusste ich und deshalb fiel es auch nicht schwer, die Schritte meiner Vorgesetzten nachzuvollziehen.

Als es dann zum Eklat im Fall »Kosak« kam, passierte etwas für den BND eher Außergewöhnliches. Die Leitung des Dienstes hatte mich, das unterste Glied der Kette, in altbewährter Manier als Schuldigen ausgemacht. Meine Vorgesetzten hingegen, bis hin zum Sicherheitsbeauftragten der Behörde, klinkten sich aus dem Spiel aus. Sie stellten sich mehr oder weniger vor mich. Es war ihnen klar, dass hier womöglich politische Rücksichtnahmen eine tragende Rolle spielten.

Nicht, dass sie mir gegenüber etwa unkritisch gewesen wären. Letztlich spürte aber jeder, dass »höhere Mächte« das Sagen hatten und ein einfaches Bauernopfer gesucht wurde. Also weigerten sie sich kollektiv, meinen Partner und mich zu opfern. Der Dienst schlug zurück – ein exemplarisches Beispiel für den zweiten Weg. Alle Beteiligten wurden sofort versetzt und ihrer bisherigen Ämter enthoben. Das reichte vom Sachgebietsleiter über den Führungsstellenleiter, bis hin zum Sicherheitsbeauftragten des BND.

Gleichzeitig wurde eine »unabhängige« Untersuchung angeordnet. Darum kümmerte sich – der aufmerksame Leser ahnt es schon – einer der Führungsköpfe der Abteilung 4, in der auch die Rechtsabteilung beheimatet ist. Gegen die erwähnten, unbeugsamen Vorgesetzten wurden gleich mehrere Disziplinarverfahren eingeleitet. Damit waren sie dienstintern negativ markiert und in ihrer eigenen Argumentation geschwächt. Als Nachfolger für deren Dienstposten suchte man sich Vasallen und Höflinge, die geeignet waren, im Sinne der neuen Richtung mitzudrehen. Einer dieser besagten Nachfolger, der die Absichten erkannte und aus eigener Sicht der Dinge nicht mitmachen wollte, wurde schon nach vier Wochen wieder wegversetzt. Die Rechtshüter des Dienstes leisteten saubere Arbeit.

Bei Gericht ergab sich dann folgendes, bizarres Bild: Die seinerzeit Verantwortlichen sagten ganz klar zu meinen Gunsten aus und stellten die Hintergründe aus ihrem eigenen Erleben dar. Nach ihrer Auffassung hätten mein Partner Freddy und ich niemals vor dieses Gericht gehört. Immerhin waren die Anordnungen und Weisungen, an denen wir uns orientiert hatten, von ihnen gekommen. Dazu standen sie auch im Gerichtssaal und übernahmen die Verantwortung. Ganz nebenbei erwähnt, sie hatten ja auch keine elementaren Fehler begangen. Außer vielleicht, der eigenen Geschäftsleitung, allen voran dem Präsidenten, zu vertrauen.

Dann kamen die Rechtsverdreher aus Pullach mit ihren eigenen Zeugen zum Zug. Die neuen Vorgesetzten widersprachen ganz exakt ihren Vorgängern. Und das, obwohl sie mich überhaupt nicht kannten und so gut wie keinerlei dienstliche Berührung mit mir gehabt hatten. Den Fall »Kosak« beurteilten sie aus einer frisierten Aktenlage und ohne eigene Fachkompetenz. Diese Leute waren psychologisch im Vorteil. Zunächst einmal stand die – ebenfalls neue – Führung des Dienstes hinter ihnen. Sie konnten sich auf Akten berufen, die ihre Vorgänger nicht mehr zur Verfügung hatten. Sie mimten die wirklich Guten, hatten sie doch die Bösen abgelöst und waren nicht so unangenehm kritisch wie ihre in Ungnade gefallenen Kollegen. Einer von ihnen – bei diesem Auftritt wäre jeder Burgschauspieler vor Neid erblasst – ließ sich sogar zu der Bemerkung hinreißen, er sei ein »offener Bewunderer« für seinen Vorgesetzten. Und schließlich und endlich konnten sie sich als dienstinterne Saubermänner darstellen, gegen die *kein* Disziplinarverfahren lief.

Die bewährte Methode des BND zeigte Wirkung, denn niemand kann sich effektiv gegen das Bäumchen-Wechsel-Dich-Spiel wehren. Niemand ist dagegen gefeit. Durch dieses System ist die Behörde in der Lage, Schwarz in Weiß umzuwandeln und aus Rund Eckig zu machen. Willfährige Diener finden sich in einem derart großen Apparat immer.

Nicht selten erleichtern in Aussicht gestellte Beförderungen und positive Berufschancen dem einen oder anderen seine unkritische Haltung. So ähnlich wie uns erging es schon vielen. Einer hatte sogar das Pech, auf diesem Weg bis ins Gefängnis zu marschieren.

Beschaffungserfolg oder Altpapier?

Hermann Manz, ich nenne ihn hier so, war zuletzt Regierungsdirektor beim BND und wurde nach der Gehaltsgruppe A 15 entlohnt. Er hatte eine erstaunliche Karriere hinter sich, die ihm auf den ersten Blick keiner zutrauen würde. Manz, ein Kind der kargen Nachkriegsjahre, war gelernter Kfz-Mechaniker. Mit ungeheurer Energie holte er sein Abitur nach und studierte Politik. Anfang der 1980-Jahre wurde er vom BND angesprochen und als Politikwissenschaftler eingestellt.

Seine erste Verwendung fand er bei der Auswertung. Manz formte aus dem eingehenden Rohmaterial nachrichtendienstliche Meldungen über die sowjetische Politik. Mitte der 1980er-Jahre wechselte er zum Referat 12B, das sich um die damals noch existierende DDR kümmerte. Er führte selbst Quellen und beschaffte Informationen. Nach der Wende kam der vielseitig einsatzfähige BND-Mann in ein neu gebildetes Referat, das sich um den internationalen Rauschgifthandel und um Geldwäsche kümmerte. Da mit der Wiedervereinigung dem BND traditionelle Arbeitsfelder weggebrochen waren und er seine Leute nicht einfach entlassen konnte, expandierte der Dienst in die Welt der Kriminalisten. An die neue Aufgabenstellung im Bereich der organisierten Kriminalität ging er jedoch mit anderen Ansätzen heran als beispielsweise die Landeskriminalämter. Die Ergebnisse sollten sich dann wieder ergänzen. Ob die Kalkulation letztlich aufgegangen ist, hat bisher noch niemand schlüssig dargestellt. Manz war nicht der Mann für die Jagd auf internationale Großkriminelle. Also wechselte er Anfang der 1990er-Jahre wieder zur Abteilung 3, die mit 700 Mitarbeitern im Haus 102 untergebracht war. Er arbeitete erneut im geografischen Bereich der ehemaligen Sowjetunion. Seine Spezialität wurde die russische Außenpolitik und das politische Geschehen in den Nachfolgestaaten der UdSSR. Einige Jahre später rückte er zum stellvertretenden Referatsleiter auf. Nun bekam er auch noch die Bereiche Wirtschaft und Militär.

Klaus Heißmeyer, wir wollen ihn hier so nennen, kam aus Niederbayern und war nahezu gleichaltrig wie sein Bekannter Hermann Manz. Seine Ausbildung lief eher traditionell ab. Er absolvierte ein Münchner Wirtschaftsgymnasium und studierte danach Volkswirtschaft und Soziologie. Als Diplomvolkswirt blieb er noch eine Weile im Wissenschaftsbereich und promovierte im Fachbereich Internationale Beziehungen. Das kam ihm zugute, als er von 1979 bis 1982 in der Auswertung des BND arbeitete. Die Anziehungskraft der freien Wirtschaft war letztlich stärker. Also wechselte Heißmeyer ins Geldgewerbe. 1992 gründete er eine eigene Firma. Das war ein Fehler. Bald fuhr er Verluste ein und verlor sein gesamtes Vermögen.

Manz und Heißmeyer lernten sich vor einer halben Ewigkeit kennen. Auch als Heißmeyer den Nachrichtendienst wieder verließ, riss die Verbindung nicht ab. Ein Jahrzehnt später wies Manz einen Verbindungsführer des BND, mit dem er häufig eine Fahrgemeinschaft bildete, auf Heißmeyer hin. Der Mann habe viele interessante, internationale Verbindungen. Er käme ganz sicher als Quelle in Frage. Gesagt, getan. Heißmeyer wurde vom BND ein zweites

Mal angeworben. Er bekam den Decknamen »Albert« und begann zu liefern. Heißmeyers Informationen deckten sich größtenteils mit den Bereichen, in denen Manz arbeitete. Nur der zeitnahe Zugriff war nicht immer garantiert. Wie Heißmeyer trotzdem an das Material kam, zählt bis heute zu den Geheimnissen des Dienstes.

Heißmeyer lieferte jede Woche zwischen drei und zehn Meldungen. Von wenigen Ausnahmen abgesehen, wurden sie nach dem BND-System zwischen »gut« und »hervorragend« bewertet. Zwischen 1991 und 1996 erwarb der BND 1435 Meldungen des V-Mannes »Albert«. Sie betrafen angeblich Vorgänge in siebzig Ländern. Der Dienst zahlte dafür 200 000 Mark. Dann fiel einem Beschaffer auf, dass die Schreibweise eines seltenen und zugleich schwierigen Namens identisch war mit der in einem bereits vorliegenden Bericht.

Heißmeyer wurde nun inquisitorisch nach den Personalien seiner Informanten befragt. Er weigerte sich, diese offen zu legen. Daraufhin veranlasste der BND eine Observation, die aber zu keinen neuen Erkenntnissen führte. Im Gegenteil: Heißmeyer erkannte die Überwacher. Das führte zu einem ernsten Disput mit seinem Verbindungsführer. Schließlich beendete Quelle »Albert« die Zusammenarbeit.

Das Untersuchungsreferat ruhte nicht. Unkundige Mitarbeiter verglichen die 1435 Meldungen Heißmeyers mit dem Gesamtbestand von 250 000, der zwischen 1991 und 1996 angelaufen war. Am Ende ließ sich aber nur bei 90 Meldungen eine inhaltliche Nähe zum Ursprungsmaterial feststellen. Und auch dabei dominierte das Wunschdenken der Amtsleitung. Da gab es beispielsweise eine Meldung, die im Frühjahr 1994 beim BND eingetroffen war. Eine griechische Firma wurde darin benannt und ihre mutmaßliche Nähe zum Drogengeschäft beschrieben. Im Herbst 1994 ging auch Quelle »Albert« auf dieses Unternehmen ein, nannte es aber im Gesamtzusammenhang mit anderen Firmen, die ebenfalls unter dem Verdacht des Rauschgifthandels standen.

Ähnlich konstruiert wirkte der Vorwurf gegen Heißmeyer im Zusammenhang mit einer Meldung vom 21. Juni 1996. Es ging um den Moskauer Konzern Gasprom. In diesem Fall traf die Meldung aus dem Fernmeldeaufkommen erst eine Woche später ein. Der fleißige Heißmeyer konnte sie also unmöglich aus Pullach gekannt haben. Nachdem sich der BND längst seine eigene Version der Wahrheit gezimmert hatte, spielte es im Endeffekt keine Rolle, dass 93,7 Prozent der Meldungen keine Übereinstimmungen aufwiesen. Niemanden interessierte beim späteren Gerichtsverfahren gegen Heißmeyer und Manz – man warf Manz vor, die gesamten Informationen beschafft und eigenhändig recycelt zu haben –, dass es im Alltag des Dienstes häufig bis zu zwanzig Meldungen aus völlig unterschiedlichen Quellen gibt, die Parallelen aufweisen. Das liegt in der Natur der Nachrichtenbeschaffung.

Die falsche Kundschaft

Heißmeyer und Manz flogen also nicht wegen der Haarspaltereien der BND-Ermittler auf, sondern weil sie sich, laut Ermittlungen, nach dem Abbruch der freien Zusammenarbeit mit Pullach neue Abnehmer erschließen wollten. Sie gingen davon aus, dass die Münchner Konsulate der ehemaligen Ostblockstaaten Polen, Ungarn, Rumänien und Bulgarien an Neuigkeiten aus dem Einflussbereich Moskaus interessiert sein könnten. Mit den Polen unternahm Heißmeyer einen Probelauf.

Im Frühjahr 1997 sprach er beim Münchner General-konsulat vor. Er traf den Geheimdienst-Residenten und drückte ihm drei BND-Meldungen in die Hand. Das Material befasste sich mit »Überlegungen im engsten Führungs-zirkel Russlands über ein Szenarium nach Jelzin«, Informationen über Mordanschläge auf den tadschikischen Präsidenten und ukrainische Waffenverkäufe an den Iran. Heißmeyer erzählte dem polnischen Kollegen, die Papiere kämen von einem KGB-Obersten, der dringend Geld be-nötige. Das glaubten die Polen nicht. Die Sprache und die Form der Darstellung deuteten auf den BND hin. So lang-weilig konnten nur die deutschen Schlapphüte formulieren. Also übergaben sie die Meldungen an ihre Pullacher Kon-taktleute. Polen ist ein Musterschüler in EU und Nato und war erfreut, die wahre Bedeutung des Begriffes Partner-dienst demonstrieren zu können. Die Lawine gewann an Fahrt.

Drei Monate lang befasste sich der 3. Strafsenat des Bayerischen Obersten Landesgerichts mit den Aktionen von Manz und Heißmeyer. Der Partner aus der freien Wirtschaft berichtete von unglücklichen Geschäften und drückenden Schulden. Das wurde schließlich auch als Motiv der giganti-schen Recyclingaktion ins Urteil geschrieben. Manz räumte nur ein, dass er Formulierungshilfe geleistet habe. Heißmeyer habe dies im Laufe von fünf Jahren mit 20 000 Mark ent-lohnt. Der Partner dementierte und sprach von einer 30:70-Aufteilung der Agentengelder, selbstverständlich zugunsten von Manz. Dabei blieb es, weil Heißmeyer inzwischen zu einer Art »Kronzeugen« der Anklage geworden war und in seiner Glaubwürdigkeit nicht beeinträchtigt werden dürfte.

Der ehemalige Regierungsdirektor wurde zu viereinhalb Jahren Gefängnis verurteilt, sein Geschäftspartner zu zwei Jahren auf Bewährung. Manz saß inzwischen zweieinhalb

Jahre in der Justizvollzugsanstalt Landsberg/Lech. Von beiden fordert der BND eine Rückzahlung in Höhe von umgerechnet 143 000 Euro.

Einmal auf dem Kriegspfad, war der BND nicht mehr zu bremsen. Der Apparat ließ seine Muskeln spielen und ordnete Disziplinarverfahren gegen zwei sachverständige Zeugen aus den eigenen Reihen an, die entlastende Fakten für die Angeklagten gefunden hatten. Die beiden mussten sich auch persönlich gegenüber dem Präsidenten rechtfertigen. Bei BND-Verfahren gilt vielleicht nicht immer der juristische Grundsatz, dass sich Zeugen stets an die Wahrheit halten müssen. Letzten Endes ist es aber doch beruhigend, dass sich die disziplinarrechtliche Verfolgung der beiden objektiven Mitarbeiter in Luft auflöste. Schließlich waren ihre Aussagen korrekt.

Es gäbe genügend Gründe, das Münchner Urteil anzufechten. Sogar Fürsprecher, wie der Bundestagsabgeordnete Hans Büttner, attestierten Manz, dass die Beweisführung gegen ihn nicht gesichert sei. In einem Schreiben an Generalbundesanwalt Kay Nehm spricht der Politiker von »vielen Widersprüchen« und »widerlegten Zeugenaussagen«. Das Urteil sei nicht haltbar. Das nützt Manz und Heißmeyer nichts, weil sie inzwischen mittellos sind und sich keine adäquate juristische Vertretung mehr leisten können. Wenn der Dienst gegen ehemalige Mitarbeiter vorgeht, dann sorgt er auch dafür, dass die Gegenwehr erlischt.

QB

Gegen Ende des Jahres 2005 geisterte das Kürzel QB erstmals durch die Gazetten. Mit den unterschiedlichsten Zahlenzusätzen versehen, konnte man kleine Auszüge aus der Tätigkeit von QB 30 oder QB 40 nachlesen. Die Öffentlichkeit entrüstete sich nachhaltig, dass zum Beispiel Journalisten von dieser Truppe beschattet worden waren. Rasch wurde klar, dass es sich um eine besonders geheime Organisation innerhalb des BND handelte, die sich diskret um die Aufklärung von Sicherheitsfällen in der eigenen Behörde kümmert (oder kümmerte?).

Aber wer und was ist ein Sicherheitsfall und wer entscheidet darüber? Immerhin werden bei einer Untersuchung der Observationskommandos die Persönlichkeitsrechte der betroffenen Mitarbeiter und gegebenenfalls auch von Außenstehenden massiv beeinträchtigt. Wer kontrolliert das in letzter Konsequenz? Es gibt Dutzende von Fällen, in denen Mitarbeiter über lange Zeit hinweg beobachtet, ausspioniert und durchforscht werden, ohne dass sie später davon Kenntnis erhalten.

Meistens endet das Auskundschaften der eigenen Leute zu deren Gunsten. Spätestens wenn das erkennbar ist, haben sie einen Anspruch, von den Ermittlungen zu erfahren. In der Praxis verzichtet der Dienst jedoch darauf. Er benutzt lieber einen Kunstgriff, um die nötige Information über Beschattungsmaßnahmen zu umgehen. Die Experten der Behörde schließen ihre Untersuchung offiziell einfach nicht ab. Es könnten sich ja im Laufe der Zeit neuerliche

Erkenntnisse ergeben. Eine eher theoretische als reale Tatsache, die aber dazu führt, dass jede Untersuchung wie ein schwebendes Verfahren behandelt wird.

Dass dadurch einige Mitarbeiter über viele Jahre hinweg mehr oder weniger grundlos im Verdacht standen und ausspioniert wurden, nehmen die Verantwortlichen billigend in Kauf. Das unkontrollierbare Sicherheitssystem des BND ermöglichte es.

Schneepanther »Baghira«

In einem Fall gingen die Schützer des Guten und die Jäger des Bösen besonders dreist vor. Einer ihrer Mitarbeiter, ich nenne ihn in Anlehnung an seinen Spitznamen »Baghira«, war bei seiner Führung in Ungnade gefallen. Der damals ungefähr fünfzig Jahre alte Beamte, er hatte sein fünfundzwanzigjähriges Dienstjubiläum schon lange hinter sich, war einigen Kollegen ein Dorn im Auge. Nicht etwa, dass er seine Arbeit vernachlässigt oder es sonst einen Anlass zu dienstlicher Kritik gegeben hätte. Nein, eine andere Ursache lag dem zugrunde.

Seit vielen Jahren verbrachte er fast seine gesamte Freizeit damit, sich im Behindertensport zu engagieren. Er unterstützte die deutschen Skifahrer der Paralympics bei Organisation und Training. Sein Enthusiasmus für den Behindertensport und besonders die Art und Weise, wie er darüber sprach, zeichnete ihn eher aus, als dass er den Verdacht eines Dienstvergehens nährte. Aber, weit gefehlt. Beim Bundesnachrichtendienst entsteht ein Verdacht aus ganz anderen Konstellationen als im richtigen Leben.

Sein leidenschaftliches Interesse für diesen besonderen Sport führte »Baghira« auch mal ins Ausland. Meistens war die Reise an einen Wettkampf gebunden und fand wie nicht anders zu erwarten im Winter statt. Natürlich kam es vor, dass er zusätzlich zu seinem Jahresurlaub einige Tage Sonderurlaub beantragen musste. Dabei forderte er lediglich das ein, was der Gesetzgeber in diesen Fällen vorsah. Nicht mehr und nicht weniger. Allein der Vorgang löste aber bereits die Missgunst einiger Höhergestellten aus. Anstatt dieses außerdienstliche Engagement besonders zu fördern oder ihn für ein Verdienstkreuz vorzuschlagen, ließen sich die Neider etwas wirklich Bizarres einfallen. Er wurde zum Sicherheitsfall gestempelt. Zu einem unkalkulierbaren Risiko für den BND.

Im Herbst 1997 beantragte »Baghira« Urlaub für ein Trainingslager, bei dem er »seine Skifahrer«, wie er immer zu sagen pflegte, betreuen sollte. Es war ein Vorbereitungscamp zu den Winterparalympics vom 5. bis 14. März 1998 in Nagano. Da flatterte bei den Sicherheitsleuten der Abteilung 5 ein Verdachtskonstrukt ins Haus, das man eher dem Ministerium für Staatssicherheit zugeordnet hätte. Die Botschaft war simpel. Auf Grund der regelmäßigen Reisetätigkeit des deutschen Paralympicteams kam »Baghira« alljährlich auch mit Sportlern aus Osteuropa in Berührung. Das schloss natürlich Kontakte mit russischen Wettkämpfern mit ein. Risiko!

Allein diese Tatsache wurde sodann mit dem Hinweis angereichert, dass es sich bei »Baghira« um einen langjährigen Bediensteten mit weit gefächertem Kenntnisstand über Struktur und Erkenntnisse des BND handelte. Dann garnierten die heimlichen Zuträger das Komplott noch mit vagen Hinweisen auf eine angeblich unsolide Lebensführung – und schon waren die Hunde von der Leine. Ohne wirklichen Verdacht, ohne konkrete Hinweise, nur fußend auf vagen Vermutungen und tumbem Getratsche der Futterneider in der Gerüchteküche BND, musste sich QB an den Delinquenten heften.

Das Kommando schwärmte aus. Am Münchner Wohnort wurde gefilmt, registriert und dokumentiert. In der Eckkneipe von »Baghiras« Wohnstraße nisteten sich die Beschatter als neue Stammkunden ein. Nicht einmal den Starenkasten, der in einem Vorgarten stand, ließen sie unbehelligt. Er wurde kurzerhand mit Video- und Sendetechnik bestückt. Als »Baghira« sich in das Söldener Trainingscamp aufmachte, war die gesamte Truppe mit auf Achse. Tagelang observierten sie den vermeintlichen Übeltäter.

Viele andere Teilnehmer des olympischen Kaders, Sportler und Betreuer gerieten dabei mit ins Visier, aber das lag in der Natur der Sache. Ob im Ort Sölden selbst oder im Trainingsgebiet der Mannschaft, dem Rettenbachgletscher, nichts war vor den Kameras der Neugierigen aus dem Münchner Süden sicher. Jedes Glas Bier, das »Baghira« an der Hotelbar trank, wurde akribisch notiert, jeder Kontakt argwöhnisch beäugt und aufgezeichnet. Er selbst erfuhr auf offiziellem Weg nie von der Aktion. Ob sie ihn inoffiziell erreichte, weiß heute keiner mehr. Vom gesamten Ausmaß der Beschattung hat er sicherlich nie erfahren.

Und schon gar nicht von den innerbetrieblichen Aktionen. Es ist üblich, dass bei solchen Überwachungsmaßnahmen kilometerweise Video- und Tonbandaufzeichnungen entstehen. Also arbeiteten die QB-Techniker so manche Nacht heimlich in der BND-Zentrale, um das eine oder andere Büro mit Spezialkabeln zu verdrahten. Wenn der Auftrag erfüllt war, wurden lediglich die Kameras demontiert. Die Kabelstränge ließ man liegen. Man wusste ja nicht, ob man nicht doch noch einmal Verwendung für die entsprechende Leitung haben würde. Im Verlauf der Jahre wurde auf diese Art und Weise das Pullacher Camp mehr und mehr unsichtbar verkabelt.

An dieser Stelle muss ich der Fairness halber darauf hinweisen, dass den Mitarbeitern und der Leitung von QB selbst für diese Zustände kein Vorwurf zu machen ist. Sie kannten in der Regel weder die Hintergründe des jeweiligen Falles noch die Absichten der eigenen Behörde. Es war auch nicht üblich, die Observanten über ein gewisses Maß hinaus zu informieren. Im Normalfall hatten sie eine Person zu überwachen und dazu keine Fragen zu stellen. Das bedeutete fast immer, dass es den Mitarbeitern gar nicht möglich war, die Recht- oder Unrechtmäßigkeit bestimmter Maßnahmen zu beurteilen.

Insofern waren die Erklärungen der BND-Leitung, was zum Beispiel die illegale Observation von Journalisten betraf, auch mehr als abwegig. In einer überaus scheinheiligen Art war den Mitarbeitern der QB-Außenstelle Eigenmächtigkeit und Rechtsverletzung vorgeworfen worden. Glauben sollte das eine Öffentlichkeit, der die internen Betriebsabläufe unbekannt sind. Zur Beschwichtigung fielen Sätze wie: »Da sind ein paar über das Ziel hinausgeschossen.« Oder: »Dabei handelte es sich um einige aus dem Ruder gelaufene Observanten, die eigenmächtig Wildwest gespielt haben.« Auch dem Dienststellenleiter Frank Offenbach wurde Eigenmächtigkeit und Unkontrollierbarkeit vorgeworfen. Dabei war er im vorliegenden Beispiel gar nicht zuständig gewesen. Wie gewöhnlich hatte es auch hier einen Einsatzleiter gegeben, der das Operative beaufsichtigte. Bei den meisten Einsätzen war das Offenbachs Stellvertreter, und der hätte Alleingänge um jeden Preis vermieden. Außerdem konnten Eigenmächtigkeiten in der Praxis nicht geschehen. Es war schier ein Ding der Unmöglichkeit.

Wie boshaft die Herren doch sein konnten. Und wie sich die Methodik der Vorwürfe ähnelte. Hatte nicht auch unser »Bockwurstredakteur« versucht, dem verstorbenen Offenbach das angebliche Abhandenkommen von Unterlagen in die Schuhe zu schieben? War das Zufall? Wer lernt hier von wem? Oder arbeitete man bereits in Eintracht zusammen?

Jedenfalls ernteten diejenigen, die versucht hatten, nach »Alter-Gehlen-Sitte« die Fehler auf der unteren Ebene abzuladen, nur schallendes Gelächter. Wer auch nur einen Hauch von dem verstand, was organisatorisch nötig ist, um QB in Bewegung zu setzen, wusste sofort, welches Spiel die Leitung hier beabsichtigte. Dabei stellte sich mit besonderer Peinlichkeit heraus, dass die Herren Chefspione die Organisationsstruktur ihrer eigenen Lausch- und Schnüffeltruppe nicht kennen. Dem Mangel konnte die Leitung nur entgegenwirken, indem sie versuchte, aus den ehrenwerten Mitarbeitern des Observationskommandos QB nach außen hin anrüchige BND-Tupamaros zu machen. So simpel es auch war, den Einsatz von QB zu begründen – dafür reichte der leiseste Verdacht aus –, so richtig schwer wurde es aber dann, das Kommando überhaupt in Bewegung zu setzen.

Die Entscheidung für einen Einsatz, egal, gegen wen er gerichtet war, wurde immer in der Abteilung 5 gefällt – niemals bei QB selbst. Verantwortlich war der Abteilungsleiter persönlich, mindestens aber ein Unterabteilungsleiter. Bevor auch nur einer aus der Offenbachtruppe das Haus verließ, musste erheblicher Verwaltungsaufwand erledigt werden. Ohne entsprechende Marschbefehle setzte keiner der Mitarbeiter auch nur einen Fuß vor die Tür.

Das war noch längst nicht alles. Die Führung des BND ließ ihre Observanten immer nur an der langen Leine in Aktion treten. Zwischen der QB-Funkstelle mit der Deckbezeichnung »Jupiter«, die Verbindung zu den einzelnen Teams hielt, und der Leitstelle »Merkur«, in einem Abstellraum der Zentrale versteckt, wurden die wichtigen Schritte des Kommandos abgestimmt. »Merkur« und »Jupiter« waren die Steuerverbindungen nach draußen. Sie hatten viel zu tun.

Als einmal eine so genannte Zielperson an einem FKK-Strand verschwand, ließ das QB-Kommando in der Zentrale nachfragen, ob es in diesem besonderen Bereich weiter observieren sollte. Sie sollten. Auch die Beobachtung einer anderen Zielperson, die in eine Sauna gegangen war, ließen sich die Herren vom Außendienst zuvor genehmigen. Es ist deshalb wirklich absurd, sie der Eigenmächtigkeit zu verdächtigen.

Ein außerordentliches und grundsätzliches Problem der Behörde offenbart sich hier. Wie sollen die einfachen Bediensteten, zum Beispiel gerade bei QB, im Einzelfall abschätzen können, ob sie sich noch in der Legalität aufhalten? Man kann bei den Akteuren vor Ort doch nicht erwarten, dass sie während ihres Einsatzes auch eine juristische Bewertung ihrer Arbeit anstellen. Sie sind auf Gedeih und Verderb darauf angewiesen, dass ihre Führung sie ausschließlich legal einsetzt. Der Observant vor Ort weiß nicht, ob für das Einsammeln der Müllbeutel eines Journalisten eine richterliche Genehmigung vorliegt. Er kann nicht abschätzen, ob der Einsatz einer Videokamera noch rechtmäßig oder bereits gesetzeswidrig erfolgt. Nicht ohne Grund gab und gibt es bei den Kommandos sowie in anderen Bereichen der Behörde ständige Rückfragen an die Amtsleitung, die Rechtmäßigkeit bestimmter Maßnahmen betreffend. Im Dienstalltag und vor Ort lässt sich so etwas auch nicht schriftlich oder auf andere formale Weise erledigen. Hier muss dem Wort der Führung geglaubt werden, sonst geht jegliche Effizienz verloren und die Arbeit gerät zur Farce. Auf der Führung lastet eine besondere Verantwortung, und damit verbunden eine außerordentliche Fürsorge. Jeder muss sich blind auf das Wort und die Anweisungen seiner Chefs verlassen können. Vor diesem Hintergrund erscheint der Versuch der BND-Oberen, bestimmte Systemfehler auf die unterste Ebene abzuschieben, besonders bedenklich. Alle QB-Aktionen waren stets von oben angeordnet und bestimmt. Sogar den Einblick in Bankkonten ließ sich die Pullacher Führung beschaffen, wenn sie es für angebracht hielt. Wollte man wissen, wie sich die finanzielle Situation bestimmter Personen gestaltete, heuerten die Observanten kurzerhand eine Quelle bei dem entsprechenden Kreditinstitut an und holten sich damit die gewünschten Auskünfte. Je höher diese Zuträger in ihrer Bank positioniert waren, desto ergiebiger flossen die Informationen. Offiziell wurden die Vertrauensleute zumeist für ganz andere Aufgaben eingesetzt. Inoffiziell ging es jedoch um den verbotenen Einblick in die Konten von Zielpersonen. Das Heer dieser inoffiziellen Mitarbeiter verschwand in der Masse der »Beschaffungshelfer«.

Aber nicht nur hier, auch in anderen Bereichen tummelt sich der BND im Inland. Neben den offiziellen Verbindungen, die der Dienst zu anderen Behörden unterhält, gibt es parallel auch immer inoffizielle. Hier wird jenseits von Datenschutzrichtlinien und Vorschriften ein reger Informationsaustausch betrieben.

Republikweit halten so genannte Verbindungsreferenten diese Kontakte. Natürlich verrichten diese Leute ihre Arbeit nicht mit dem Vorsatz, gegen Gesetze zu verstoßen. In der Praxis führt der immense Informationsbedarf der Behörde und eine gewisse Bringtreue dieser Mitarbeiter regelmäßig dazu, dass »Rote Linien« überschritten werden. Der BND hat seinen »Obergefreitendienstweg« zu einer Vielzahl staatlicher Stellen eingerichtet.

Ob Meldebehörden, Finanzverwaltungen, Bundesvermö-gensämter, Zoll, Polizei oder die einfache Stadtverwaltung, nichts ist vor den freundlichen Kontaktherren sicher. Aber auch Beschaffungshelfer in vielen gut frequentierten Bahn-höfen, Flughäfen, Sportstadien und ähnlichen Orten tragen zur innerdeutschen Informationsgewinnung des BND bei.

Darüber hinaus wird im Bedarfsfall aus den entsprechen-den Unterabteilungen heraus und vorbei an den zuständigen Verbindungsreferaten der direkte Weg zu Personen gesucht, die bei der Informationsbeschaffung behilflich sein könn-ten. Ein unüberschaubares Netz an inoffiziellen Helfern und Helfershelfern. Fatal ist dabei, dass diese Menschen in der Regel davon ausgehen, ihr Tun sei korrekt. Immerhin handelt es sich beim überlebensgroßen Auftraggeber um eine geheime Bundesbehörde, und die wird schon wissen, was Recht und Unrecht ist. Natürlich weiß der BND das, aber wenn es im Ernstfall darauf ankommt, ist es ihm egal.

Vergütet werden die kleinen Gefälligkeiten der offiziellen und halboffiziellen Zuträger mit Geldkuverts oder wie-derum kleinen Aufmerksamkeiten. Sie werden intern bei der Treffkostenabwicklung als »Mitbringsel« abgerechnet. Eine Hand wäscht eben die andere. Ohne eine effektive Kontrolle des BND wird man diese Aktivitäten nicht in den Griff bekommen und das hemmungslose Ausarten dieser falsch verstandenen Sammelleidenschaft niemals abstellen können.

Catcher as catch can

Das Kommando QB war mit umfangreicher Technik aus-gerüstet. Technik, die alles andere als den gesetzlichen Vor-schriften und allgemeinen Regeln entsprach. Genau jene

Führungselite im Bundesnachrichtendienst, die abfällig mit dem Finger auf die Methoden des Ministeriums für Staatssicherheit der DDR zeigte, war gleichzeitig dafür verantwortlich, dass widerrechtliche Einsätze im eigenen Land stattfanden und dabei illegale Aufklärungstechnik eingesetzt wurde. So wurde, unter anderem auch im Fall »Baghira«, regelmäßig ein so genannter »IMSI-Catcher« in Stellung gebracht. Dieses mobile Gerät, es wird zumeist in Fahrzeugen installiert, simuliert eine Funkstelle und saugt damit im Umkreis von mehreren hundert Metern sämtliche mobilen Telefongespräche auf. Mit 30 bis 50 Watt Sendeleistung läuft dann alles, was sich im Äther bewegt, über diesen IMSI-Catcher, ohne dass diese technische Maßnahme von den Handynutzern bemerkt werden kann. »Schaltete ich das Gerät ein«, so jemand vom Bedienpersonal bei QB ganz stolz, »dann knisterte die Luft im ganzen Umkreis.«

Das feine High-Tech-Wunder, produziert mit deutscher Wertarbeit, stellt die in München und Memmingen angesiedelte Firma Rhode & Schwarz her. Das unter der Bezeichnung GA0901 vertriebene Gerät hat, neben verschiedenen deutschen Sicherheitsbehörden, auch der russische Geheimdienst FSB in größerer Stückzahl erworben. Die Geräte entwickelten sich zu einem echten Exportschlager. Innerdeutsch wurde der Einsatz der IMSI-Catcher im Juni 2002 von der rot-grünen Regierung legalisiert. Voraussetzung ist lediglich eine richterliche Anordnung.

Misslicherweise fehlte beim illegalen Einsatz durch den Bundesnachrichtendienst bis 2002 jegliche richterliche Legitimation. Und auch heutzutage ist ein richterlicher Beschluss, was die Anwendung der Horch-Geräte durch den BND betrifft, die Ausnahme.

Vor einigen Jahren, das Thema »IMSI-Catcher« wurde im damaligen Parlamentarischen Kontrollgremium erörtert, musste auch der Bundesnachrichtendienst dazu Stellung nehmen, ob er solche Geräte unberechtigterweise sein Eigen nennt. Das wurde zu jener Zeit eindeutig verneint. Auf die Frage bezogen war das sogar richtig. Der BND musste keine IMSI-Catcher kaufen beziehungsweise besitzen, sondern bekam sie bei Bedarf von der Technikschmiede Rhode & Schwarz gestellt. Der Haus- und Hoflieferant des BND übergab die Spezialgeräte gleich komplett in einen Siebener-BMW montiert. Gegen eine entsprechende Nutzungsentschädigung wurden die Fahrzeuge samt Inhalt zum vermeintlichen Wohle des Hauses eingesetzt.

Gerne verwenden die internen Agenten die sensibelsten technischen Hilfsmittel. Sie bedienen sich des Spurfolgegeräts oder der GPS-Erkennung, um die Bewegungen einer bestimmten Person nachvollziehen zu können. Damit ist es möglich, komplette Bewegungsbilder von Menschen unter Beobachtung zu erstellen. An den Verfahrensweisen hat sich über die Jahre nichts geändert, glaubt man den Operateuren in den heimlichen Außenstellen des Nachrichtendiensts.

So vagabundieren immer noch Filme, Tonbandaufzeichnungen und Handymitschnitte durch die Behörde. Weder Journalisten noch Politiker waren und sind vor der Schnüffelwut des BND sicher. Was nicht per Mitschnitt festgehalten werden konnte, mussten die Fahnder in Gedächtnisprotokollen niederschreiben.

Ein Sachgebietsleiter, der von einem Mitglied des Parlamentarischen Kontrollgremiums telefonisch befragt worden war, bekam sogar die dienstliche Anweisung, das Gespräch schriftlich zu protokollieren. Als er sich weigerte, wurde ihm mit disziplinarischen Sanktionen gedroht. Er beschwerte sich mündlich bei dem Abgeordneten, und schon hörte sich die offizielle Darstellung ganz anders an. Die Leitung gab sich empört: »Das war ein Fehler und die Anordnung von dem Betreffenden falsch verstanden. So etwas machen wir doch nicht.« Ach ja – diese schnöde Arbeitsebene.

Alles paletti mit null Kontrolletti

Im Normalfall bleiben die geschilderten Aktivitäten des BND im Verborgenen. Was die Behörde unter dem Vorwand des Selbstschutzes an Daten sammelt, geht weit über das erforderliche Maß hinaus und stellt zuweilen rechtsstaatliche Prinzipien auf den Kopf. Kritiker oder abtrünnige Ehemalige werden verfolgt und jeder, der dabei mit in das Visier der Bewahrer dienstinterner Sicherheit gerät, ist gleich mitverdächtig. Informationen darüber, wer, wann, wo und in welchem Ausmaß ausspioniert wurde, erhalten die politischen Kontrollgremien in den seltensten Fällen. Und erst recht nicht, worin die Maßnahmen begründet sind, eigene Mitarbeiter zu observieren.

Mit großer Verwunderung muss ich immer wieder zur Kenntnis nehmen, wie sich Parlamentarier vom Dienst kaltschnäuzig an der Nase herumführen und anlügen lassen. Die funktionierende Lüge ersetzt beim Bundesnachrichtendienst offensichtlich viel zu häufig die Wahrheit. Erfährt das Parlament später eine andere Wirklichkeit, begründet man das mit Fehlern auf der Arbeitsebene, schlechter interner Kommunikation, einer unglücklichen Darstellung oder Vergesslichkeit. Letzteres, der kollektive Gedächtnisschwund, rangiert gleich nach dem »kleinen, unfähigen Mitarbeiter« als die am weitesten verbreitete Variante. Praktisch unterstützt wird diese Amnesie, wenn nötig, mit gezielten Reißwolfaktionen.

Das hat System. Eine unerwartete und unangemeldete Überprüfung durch die Kontrollgremien gibt es bis heute nicht. Wenn Gutachter Vorgänge innerhalb des BND untersuchen müssen, sind sie gezwungen, sich auf Unterlagen zu stützen, die der BND ihnen gibt beziehungsweise entsprechend aufbereitet. Wen wundert es, dass am Ende nur überwiegend Gutes über die Behörde zu berichten ist.

Wie sinnvoll ist eine Kontrolle, bei der das Objekt der Kontrolle selbst entscheidet, was es an Unterlagen herausgibt? Deshalb sind die Ergebnisse solcher Untersuchungen mit großer Vorsicht zu betrachten. Und darum erfährt die Öffentlichkeit, die ja immerhin diese geheime Aufklärer finanziert, nur durch Zufälle, Pannen oder die gezielte Information von Mitarbeitern, eher en passant, von den Grenzüberschreitungen innerhalb der Bundesbehörde.

Am Ende bleibt den Kontrolleuren weitestgehend verborgen, was dieser Dienst treibt. Nebenbei sei bemerkt, dass es sich bei einer der ersten Dienststellen im Rahmen der Neuformierung des BND in Berlin eben wieder um eine solche ausgelagerte Sicherheitsgruppe handelte. Außerdem muss man wissen, dass QB nicht als einzige Observationseinheit des BND tätig ist. Die Abteilung 1, verantwortlich für die operative Beschaffung, hält sich ähnliche Komponenten, die für einen Auslandsnachrichtendienst auffallend häufig im eigenen Land operieren. Solche BND-Kommandos haben sich in der Vergangenheit einer unabhängigen, externen Kontrolle gänzlich entzogen.

Mit Politik und doppeltem Boden

Wer sich, wie ich, mit dem BND öffentlich auseinander setzt, zieht den offiziellen Unmut und zugleich die heimliche Zustimmung der dort beschäftigten Soldaten, Beamten und Angestellten auf sich. Die innerbetrieblichen Reaktionen reichen von unverhohlener Schadenfreude bis hin zu tiefster Empörung. Wie kommt das?

In einem Punkt sind sich alle einig. Der Bundesnachrichtendienst ist dringend reformbedürftig. Die vermeintliche Öffnung und Liberalisierung der letzten Jahre entlarvt sich zunehmend als reine Makulatur. Das spüren natürlich die Insider zuerst. Aber auch alle, die sich sozusagen von außen mit dem Bundesnachrichtendienst befassen. In den vergangenen Jahren hat die Unzufriedenheit der Menschen innerhalb des Amts ein fast unerträgliches Maß erreicht.

Der Grund liegt nicht allein am miserablen Management, sondern auch an der Unfähigkeit, die eigenen Mitarbeiter an den notwendigen Veränderungen zu beteiligen. Das abgeschottete System lässt auch im Inneren nur einen beschränkten Blick in andere Arbeitsbereiche zu und hat sich seit langem als besonderer Hemmschuh herausgestellt. Was sicherheitstechnisch vielleicht Sinn macht, ist auf innovative Ansätze, die Weiterentwicklung von nachrichtendienstlichen Verfahren oder die interne Selbstkontrolle bezogen eine Katastrophe.

Natürlich gibt es dieses Problem bei allen Großunternehmen. Doch bei einer Behörde dieser Art kommt erschwerend hinzu, dass mit dem Argument der Geheimhaltung und der damit einhergehenden Abschottung ein Ventil zur Selbstkontrolle fehlt. Innerbetrieblich existiert keinerlei Instanz oder Institution, mit deren Hilfe sich die Mitarbeiter artikulieren können. Dadurch wird jegliche erkannte und notwendige Veränderung gestoppt. So erklärt sich die Freude derer – und es ist möglicherweise die überwältigende Mehrheit der im BND-Tätigen –, die meine Veröffentlichungen positiv aufnehmen.

Für jene anderen, die meine Bücher und Artikel als Nestbeschmutzung ablehnen und als Schande bezeichnen, bricht eine Welt zusammen. Es ist aber nur eine nachrichtendienstliche Welt, die es so schon seit langer Zeit nicht mehr gibt. Viele Führungskräfte klammern sich an das Bild eines Geheimdienstes, das dem Mythos entspricht. Ihr längst überholtes Motto: Wir dürfen alles, auch alles Illegale und das mit stillschweigender Genehmigung der Politik.

Eine solche Haltung entspricht dem antiquierten Denken aus der Pionierzeit des BND. Damals wurden die Gehälter noch in bar ausbezahlt. Es gab nicht einmal Arbeitsverträge und ein Wort oder ein Handschlag ersetzten eine komplizierte Verwaltung, wie wir sie heute kennen. Konspiration und Geheimhaltung, Abschottung und Sicherheitsdenken führten damals zu diesen simplen nachrichtendienstlichen Methoden. An dieser Stelle entsteht bei vielen, die mich heute ins Visier nehmen, ein Denkfehler. Sie versuchen den Geist von damals in die heutige Zeit herüberzuretten. Diesen Spagat werden und können sie nicht schaffen.

Für bestimmte Tätigkeiten in einer Sicherheitsbehörde dieser Art ist Verschwiegenheit unerlässlich. Kein Zweifel. Es sollte dabei aber nicht übersehen werden, dass auch der BND allgemein gültigen Vorschriften und Gesetzen unterliegt. Er besitzt keinen Sonderstatus, wie viele Mitarbeiter fälschlich annehmen. Er unterliegt den Verwaltungsregeln wie jede andere Behörde. Auch der BND hat sich an Gesetz und Ordnung zu halten. Und hier setzt das eigentliche Problem ein.

Nicht wenige Mitarbeiter, zumeist in der operativen Beschaffung und hauptsächlich bei der Führung mensch-

licher Quellen, denen ich grundsätzlich keine unehrenhaf-
ten Absichten unterstelle, versuchen nun auf Grund ihres
dienstlichen Auftrags, diese allgemein gültigen Regeln zu
durchbrechen oder sie so zu manipulieren, dass sie ihre
Gratwanderungen vor sich selbst rechtfertigen können.
Damit schwimmen sie in einem Verhaltensmuster, das sich
so umschreiben lässt: Es geht halt nicht anders!

Grundsätzlich glauben sie, dies sei der einzige Weg, den
Auftrag der operativen Beschaffung zu erfüllen. Sie setzen
sich damit natürlich vorsätzlich ins Unrecht. Konkret: Sie
sollen nachrichtendienstliche Aufgaben erledigen, was ohne
kleine Grenzüberschreitungen nicht möglich ist. Das schafft
nicht nur ein schlechtes Gewissen, sondern auch schmerzhafte Abhängigkeiten vom Apparat. Sie werden erpressbar.
Dieser Horrorzustand führt auf Dauer zur Unzufriedenheit
aller.

Es gibt verschiedene Verhaltensmuster. Die Vertreter der
einen Denkschule machen verdrossen weiter und haben
Angst, bei den Aufpassern in Ungnade zu fallen, die anderen gehen in die innere Emigration. Wieder andere werden
krank oder flüchten sich in den Alkohol. Dieses ganz spezielle Drogenproblem ist beim BND stärker verbreitet, als
man bereit ist zuzugeben. Also mauschelt der Dienst vor
sich hin und stolpert systembedingt von einer Panne in die
nächste. Er verwaltet die gesetzlichen Defizite und versucht, die eigene Unfähigkeit zu vertuschen.

Schuld an dieser Misere sind unfähige Präsidenten und
Abteilungsleiter, die es in den vergangenen Jahren versäumt
haben, die Politik zum Flaggezeigen zu bewegen. Damit
sind keine Lippenbekenntnisse oder Kanzlerbesuche in Pullach gemeint. Die Rede ist von einem klaren Bekenntnis der
Politik zu dieser Behörde. Bisher gibt es regelmäßig plaka-
tiv gestaltete Treuegelübde aller politischen Parteien, um

die Wichtigkeit des Auslandsnachrichtendiensts herauszustellen.

Hinter vorgehaltener Hand will man aber nichts mit den Schlapphüten zu tun haben. Und schon gar keine politische Verantwortung übernehmen. Eine Art Igitt-Effekt ist spürbar. Diese fehlende Ehrlichkeit führt leider immer weiter zu Verunsicherung im inneren Betrieb und stellt den Mitarbeitern der Behörde gegenüber ein schäbiges Verhalten dar. Die klare Linie fehlt. Entweder man will einen Geheimdienst oder man will ihn nicht. Nur, wenn sich die Politik dieses Instrument halten will, muss sie ihm auch zu tun geben. Dazu gehört in seiner Konsequenz eine wirkliche und effektive Kontrolle der Behörde, mit der die Umsetzung und Ausführung dieses politischen Willens beobachtet wird.

Zwei Dinge sind dafür vonnöten. Erstens, eine externe Aufsicht. Das kann ein vom Parlamentarischen Kontrollgremium ständig bestellter Gutachter sein, der jederzeit allumfassend und vor allem ungehindert Akteneinsicht bekommt. Zweitens, ein internes Kontrollorgan, in Form eines Beauftragten für den BND, gegenüber dem jeder Mitarbeiter alle dienstinternen Vorgänge offen legen kann, ohne sich dadurch gleich strafbar zu machen.

Wenn ein solcher Beauftragter für den Bundesnachrichtendienst eingesetzt würde, wäre es allerdings notwendig, ihm zu Beginn seiner Tätigkeit genügend Helfer zur Verfügung zu stellen, denn er würde sich vor Arbeit kaum retten können. Ob die Politik das aber überhaupt will, wage ich zu bezweifeln. Die Äußerungen unserer Spitzenpolitiker sprechen eher eine andere Sprache.

Deshalb hat es mich anfangs sehr verwundert und in der Konsequenz tief erschüttert, dass gerade ein Sozialdemokrat, wie der Bundesaußenminister, im Zusammenhang mit der Bagdad-Affäre von irgendwelchen Figuren im Halbdunkeln sprach, die im ARD-Politmagazin »Panorama« zu Wort gekommen waren. Er selbst war als langjähriger Chef im Bundeskanzleramt mit dafür verantwortlich, dass sich an den üblichen Abläufen in Bezug auf die Dienste nichts Grundlegendes geändert hatte.

Wer wie ich öffentlich redete, wurde von der Behörde BND gejagt, ohne Rücksicht auf Ansehen oder Familie. Wer sich aber nicht in die Öffentlichkeit wagte, was ich heute mehr verstehe als zuvor, wurde von Politikern, wie in diesem Fall geschehen, als zwielichtiger Geselle dargestellt. Damit hatten wir es mit einem Argumentationsstil und auch einer nonverbalen Rhetorik zu tun, die mich frappierend an stumpfe Stammtischparolen erinnerte, wenn dort über die politische Linke in unserem Land gesprochen wurde. Abfällig, großkotzig und unwissend.

Dass die betroffenen Mitarbeiter aus Bagdad, das eigene Kanzleramt im Rücken, gar nichts anderes aussagen konnten, wen wundert es wirklich? Trotzdem nimmt die Berliner Tagespolitik alles für bare Münze. Ich gehe jede Wette ein, eine Untersuchung, wie auch immer geartet, würde irgendwann vollautomatisch die Regierungssicht bestätigen. Das Ergebnis könnte dann alle beruhigen und in der Zusammenfassung so lauten: »Alles war ganz harmlos!«

Am Ende verwaltet die Bundesregierung, was das Geheime betrifft, lieber den Mangel, als tatsächlich etwas verändern zu wollen. Die Möglichkeit, sich aus einer Grauzone heraus für Schwarz oder Weiß, Richtig oder Falsch zu entscheiden, scheint ein dankbares Instrument zu sein. Aber, und das darf niemand vergessen, es wird auf dem Rücken der Mitarbeiter und zu Lasten der Wahrheit bedient.

Anwerbung in der Kantine

Ohne Zweifel, Fachkompetenz, Motivation und Arbeitsdisziplin sind nicht die einzigen Probleme, mit denen sich die Behörde BND herumschlägt. Eigentlich sollte man annehmen, dass die Personalauswahl und -einteilung vornehmlich dem Personalwesen der Abteilung 4 obliegt. Im Wesentlichen und rein formal trifft das auch zu. Jedoch hat sich in den vergangenen Jahren eine Art Eigenleben auf den verschiedenen Führungsebenen etabliert, die den sachdienlichen und damit zweckmäßigen Einsatz der Mitarbeiter häufig obsolet werden lässt.

Dabei treffen zwei innerbetriebliche Komponenten aufeinander und vermischen sich zu einer gefährlichen Mixtur. Auf der einen Seite eine profilsüchtige Führungsebene und auf der anderen Seite verdrossene und demotivierte Mitarbeiter. Und so bildete sich auf diesem Nährboden ein wahrer Wildwuchs des Personalwesens, wie er nur hier möglich war und so oder so ähnlich sich immer wieder ereignete.

Irgendwann, Anfang der 1990er-Jahre, entdeckte ein Unterabteilungsleiter plötzlich und unerwartet die internationale Drogenszene als neues Arbeits- und Betätigungsfeld. Bisher wurde das Terrain noch von niemandem im Dienst ernsthaft beackert. Es gab keine ernst zu nehmende interne Konkurrenz, also lagen die besten Grundlagen vor, um etwas Neues aufzubauen und auf der Karriereleiter weiter zu steigen. Ein Strukturvorschlag und Stellenbedarfsplan für das neue Referat waren schnell erarbeitet. Der Grundgedanke war ja auch einleuchtend.

Alle hätten einen Nutzen von der neuen Teileinheit. Der große Chef erweiterte seinen Stellenplan und damit seinen Einfluss am Ganzen. Die Dienststellenleiterebene erhielt einen weiteren, gut dotierten Posten nebst Stellvertreter. Und auf der Arbeitsebene würde man ein paar der Unzufriedenen zumindest für einige Zeit ruhig stellen können. Immerhin bringt eine neue Aufgabe auch neue Motivation mit sich und lenkt von der bisherigen Misere ab. Was der Dienst selbst und sein ihm übereigneter Auftrag dabei für einen Nutzen haben sollte, das interessierte indes niemanden richtig. Da nun der BND im Allgemeinen mehr aus Erfolg versprechenden Geschichten und weniger aus erfolgreich abgeschlossenen Geschichten existierte, überwog auch hier wiederum das Prinzip Hoffnung. Und so waren in kürzester Zeit zwanzig neue Dienstposten geschaffen und zu besetzen. Zur Freude aller Mitwirkenden und zum Leidwesen der Personalverwaltung.

Den Leiter der neu zu gründenden Truppe setzte der große Chef persönlich ein. Das geschah nach Art des Hauses. Irgendwo saß ein Günstling, der zu belohnen war und es später durch besondere Loyalität danken würde. Da passte es auch hervorragend, dass man für einen Auslandsresidenten eine sinnvolle Aufgabe suchte. Man kannte einander von früher und war sich gegenseitig schon gefällig gewesen. Und schon hatte die Drogenfahndung einen Kopf.

Sicherlich, so etwas oder so etwas Ähnliches gibt es in jeder Behörde, jedem Amt oder Unternehmen. Aber nirgendwo kann sich ein Vorgesetzter oder Manager derart zielbewusst über ein normales Regelwerk hinwegsetzen wie hier. In keiner Amtsstube und in keinem Konzern ist es möglich, sich ähnlich kaltschnäuzig der Kontrolle anderer zu entziehen. Der BND rettet sich seit Menschengedenken mit dem lapidaren Hinweis auf die Geheimhaltungspflicht;

nach innen wie nach außen. So werden häufig Personalmaßnahmen angeordnet, die für den Dienst zwar wertlos, für eine bestimmte Führungsebene aber wie geschaffen sind. Dass auf diese Art und Weise nicht unbedingt die kritischen Zeitgenossen zum Zuge kommen, liegt auf der Hand.

Obwohl sie der Personalauswahl des neuen Dienststellenleiters vertrauten, schien es den Oberen doch sinnvoll, ein zusätzliches Kontrollinstrument – der Vizechef in einer Teileinheit war dafür prädestiniert – zu installieren. Deshalb wurde der Stellvertreterposten ebenfalls von ganz oben besetzt. Der personelle Grundstock war damit gelegt.

Wie die restliche Rekrutierung in der Praxis und in diesem konkreten Fall lief, stellt ein weiteres Stück Realsatire à la BND dar. Kaum war der besagte »Heimkehrer« wieder in der Münchner Zentrale angekommen, begab er sich auf Personalsuche. Und wo suchte er wohl? In den Personalakten? Bei den zuständigen Referenten? Nein! Weit gefehlt! Er ging in die Kantine. Dieser Handelsplatz informeller, dienstinterner Angelegenheiten war ganz offensichtlich der richtige Ort, um das neue Drogenteam zu rekrutieren.

So meldete sich unser Drogenreferatschef in spe todesmutig für ein paar Wochen zur diensteigenen Verpflegung an. Das Essen in der Kantine war bekanntermaßen recht lausig, repräsentierte damit aber durchaus das vorherrschende Betriebsklima. Immerhin traf man im Kasino abteilungsübergreifend Mitarbeiter aus allen Ecken der Behörde. Außerdem war es der geeignete Ort, um auf den neuesten Stand beim internen Klatsch und Tratsch zu kommen.

Der besagte Neuchef begann also Mittag für Mittag mit seinem Sichtungsprogramm. Dass er dabei sein Hauptaugenmerk eher auf junge, möglichst blonde Mitarbeiterinnen legte, sei hier nur am Rande erwähnt, belegt aber eindrucksvoll, dass er mehr auf optische denn auf fachliche Selektion des neuen »Kampfgeschwaders gegen die internationalen Drogenkartelle« setzte. Nicht, dass die jungen, hübschen Frauen etwa ungeeignet gewesen wären, auch auf diesem Terrain leistungsfähig zu sein.

Allerdings wurde die Methode, äußerlich erkennbare Attribute den Fachlichen voranzustellen, den betroffenen Mitarbeiterinnen nicht gerecht. So verlief die dienstinterne »Fleischbeschau« einige Tage lang während der Mittagspause intensiv und auf Hochtouren. Natürlich war die Kantine nicht nur zur Hauptmahlzeit gut gefüllt, sondern wurde auch sonst rege frequentiert. Allerdings gehörten jene Gäste, die sich dort bereits am Vormittag mit den nötigen Alkoholika versorgten, um den täglichen Dienstalltag zu überleben, wohl eher nicht zu den Auserwählten.

Deshalb wurde also gezielt in der Mittagszeit gesichtet und geprüft, was das Zeug hielt. Die personaltechnische Ansprache verlief recht einfach und unverblümt. Der Talentsucher überreichte den in Frage kommenden Damen seine Visitenkarte und bat um einen *vertraulichen* Rückruf.

Die theoretische Facheinweisung

Eine dieser jungen Auserwählten, ich nenne sie hier Moni, wunderte sich sehr, als sie das Angebot für einen Dienstpostenwechsel in das Drogenreferat erhielt. Es erschien ihr recht ungewöhnlich, dass sie genau in dem Moment angesprochen wurde, als sie ihre Mahlzeit von der Essensausgabe in Richtung einer der freien Kantinenplätze jonglierte. Aber was war in diesem Laden schon normal? Zwar hatte sie von der neuen Thematik keinerlei Ahnung, aber der zu erwartende Sprung auf der Karriereleiter war doch so verlockend, dass sie bereits wenige Stunden später am Telefon ihr Jawort gab.

Bei ihrem Alter – sie war Anfang zwanzig – war das Risiko eher gering, sich etwas zu verbauen. Wenn sich der neue Dienstposten als Nullnummer herausstellen würde, gäbe es dann immer noch die Möglichkeit für einen Wechsel in ein anderes Referat. Allerdings kamen ihr damals schon berechtigte Zweifel an der Integrität eines derartigen Vorgesetzten und an dessen sachlicher Kompetenz. Ganz zu schweigen vom Apparat BND selbst, der eine solche Wildwestpersonalführung so einfach zuließ. Immerhin hatte unsere junge Kollegin auf Staatskosten vier lange Jahre eine Ostsprache studiert, die sie nun in der neuen Verwendung überhaupt nicht brauchen würde. Aber, wo lag das Problem?

Wenn die Herren in Pullach es so wollten, würde sie halt auch Drogenringe auskundschaften oder zumindest so etwas Ähnliches tun. Also willigte sie wild entschlossen und voller Tatendrang ein und fand sich nach kürzester Zeit in der Abteilung 1 wieder, die für die Beschaffung von Informationen zuständig war. Dort kam sie aus dem Staunen nicht mehr heraus. Man hatte in dem neuen Referat zunächst ein ganzes Jahr eingeplant, um lediglich die Infrastruktur aufzubauen, das heißt die Grundvoraussetzung dafür zu schaffen, damit der Laden überhaupt arbeitsfähig war.

Monis erster Auftrag ernüchterte sie außerordentlich. Da es in der Zentrale an entsprechender Fachliteratur fehlte, bekam sie die Order, zwei bis drei Bücher zu beschaffen, die sich mit der Problematik des internationalen Drogenhandels und der Kartelle auseinander setzten. Die Aktion sollte möglichst konspirativ ablaufen, damit Monis neue sensible Tätigkeit nicht schon zu Beginn aufflog.

Die Aktion begann mit einer durchaus berechtigten Frage an den damaligen Chef: »Was meinen Sie mit konspirativ?« Moni hatte nämlich außer ihrer Sprachausbildung keinerlei Kenntnisse, was nachrichtendienstliche Dinge betraf. Der antwortete nur genervt: »Sie dürfen Ihr Ziel nicht direkt anlaufen. Verstehen Sie? Immer über Umwege. Wenn Sie zum Beispiel von München nach Stuttgart reisen wollen, dann fahren Sie selbstverständlich über Frankfurt. Konspirativ ist das, verstehen Sie? Konspirativ!« Auf ihre ironische Frage, ob er Frankfurt am Main oder Frankfurt an der Oder meinte, reagierte der Chef nur grollend.

Aber sie hakte beharrlich nach: »Soll ich denn die Bücher in Stuttgart besorgen?« Worauf ihr Vorgesetzter jetzt patzig antwortete: »Natürlich nicht!« Also machte Moni sich auf den Weg in die Münchner Innenstadt. Dabei überlegte sie insgeheim, ob sie bei der Gelegenheit vielleicht auch gleich einen Spionageroman kaufen sollte, um sich in die Welt der Konspiration einzuarbeiten. Freilich hatte sie seinerzeit einmal eine Kurzeinweisung in Sachen ND-Verhalten bekommen. Das lag aber Jahre zurück und war von den Wenigsten wirklich ernst genommen worden. Außerdem beweihräucherten sich an der diensteigenen Penne abgehalfterte Verbindungsführer, die diese Themen unterrichteten, meist nur selbst, indem sie von ihren eigenen Glanztaten berichteten. Also fing Moni gewissermaßen bei Null an und nahm die Sache entsprechend ernst.

Sich präzise an die Weisung von oben haltend, verließ sie am Münchner Stachus die S-Bahn und legte den Rest der Strecke zu Fuß zurück. Als Erstes durchquerte sie ein Kaufhaus. Der Chef hatte ihr geraten, durch ein Kaufhaus zu »schütteln«, und ihr damit gleich den zweiten wichtigen ND-Begriff beigebracht. Damit war das Abschütteln etwaiger Verfolger oder Observanten gemeint. In einem Kaufhaus ginge das bestens, hatte er gesagt, weil sich hier eine Verfolgung besonders schwierig durchführen ließe.

Als sie später den Marienplatz erreicht hatte, erstand sie in einer dortigen Buchhandlung zwei Sachbücher zum Thema Drogen und Drogenprävention sowie den Wälzer *Eine Art Held* von John le Carré. Noch viel konspirativer trat sie den Rückmarsch Richtung Isartal an. Dort traf sie pünktlich zur ersten Dienstbesprechung ein, bei der die Aktivitäten für die nächsten Monate festgelegt wurden.

Der Neuaufbau dieses wichtigen Referats war irgendwie ins Stocken geraten. Mehrere Neumitarbeiter hatten sich eine Sommergrippe geholt und fielen für längere Zeit aus. Andere mussten nach dem Wechsel in die neue Aufgabe zunächst einmal ihren Resturlaub nehmen und angefallene Überstunden abbummeln, was bei ihnen durchaus den personellen Ausfall für viele Wochen bedeutete. Andere waren dabei, an der Infrastruktur des Referats zu basteln, was möglicherweise mehr als ein ganzes Jahr dauern würde. Deckkennzeichengeber, Tarnadressengeber und andere Helfer und Helfershelfer mussten angebahnt und geworben werden.

Monis nächster Auftrag war leicht und angenehm. Sie sollte die neu erworbene Fachliteratur lesen und wichtige Passagen notieren, damit andere Mitarbeiter darauf hingewiesen werden konnten. Es war ein warmer Sommer und deshalb suchte sie sich ein lauschiges Plätzchen an der Isar, um sich intensiv ihrer Fachliteratur zu widmen. Sie begann mit le Carré. Und so lag sie viele Wochen lang zwischen den anderen, die Münchner sagen »nackerten« Sonnenanbetern und studierte auf perfekt konspirative Art und Weise ihr Fachgebiet. Als ihr der Lesestoff auszugehen drohte, beschaffte sie weitere Bücher. Immerhin war es ein Traumsommer, der gar nicht enden wollte. Außerdem schien die belesene Mitarbeiterin im Camp bei den Planspielchen ihrer Chefs nur zu stören. Das motivierte sie zusätzlich, ihre Körperbräune weiter zu pflegen.

Ohne Praxis geht es nicht

Der Sommer neigte sich dem Ende zu, und damit auch die Lesezeit für Moni. Viel hatte ihr das Bücherstudium nicht gebracht, vor allem weil sie immer noch nicht wusste, was sie eigentlich konkret tun sollte. Aus einem weiteren Grund konnte sie noch nicht an ihre eigentliche Arbeit gehen. Es fehlten ihr die praktischen Erfahrungen. Darum entschloss sich die Führung des Referats, die junge Mitarbeiterin zunächst auf Reisen zu schicken, damit sie Erkenntnisse sammeln konnte, was Grenz- und Zollmodalitäten betraf. Da passte es gerade, dass in einem anderen Referat einige Mitarbeiter auf »Stempeljagd« waren. Dabei taten sie zumeist nichts anderes, als in der Weltgeschichte herumzureisen und Veränderungen der Pass- und Zollmodalitäten in den verschiedenen Staaten festzustellen.

Diese Informationen waren im BND immer heiß begehrt, weil sie gebraucht wurden, wenn irgendwann einmal ein Einreisestempel oder etwas Ähnliches gefälscht werden musste. Pardon – natürlich nicht gefälscht, der BND fälscht keine Papiere, Visastempel und Ähnliches. Solche Dokumente oder Siegel werden vom BND lediglich »nachempfunden«. Insofern war es eine Art Traumjob, bei dem man nur die Aufgabe hatte, von A nach B zu reisen. Nach der Rückkehr wurden alle Reisedokumente fotokopiert. Jeder Stempel und jedes Zollformblatt, also im Prinzip jeder Fetzen Papier, danach als Meldung an die zuständige Stelle abgesetzt. Wer das erledigte, konnte dafür die allerbesten

Bewertungen erwarten. Für meinen Partner Freddy war das ein Job, der gleich auf Platz zwei seiner Beliebtheitsskala rangierte. Das waren seine Standardworte: »Es gibt nur zwei wirklich coole Dienstposten für mich. Schneeräumoffizier in Acapulco oder Stempeljäger beim BND.«

Mit einem dieser Leute ging Moni also auf Tour. Ihr erstes Ziel war Prag. Der Anordnung folgend, erreichte sie die tschechische Hauptstadt unauffällig und als einfache Touristin getarnt. Moni und ihr Begleiter waren getrennt, aber im selben Zug über Nürnberg angereist.

Erst am Zielort bekam sie ihren eigentlichen Auftrag. Das war wirklich spannend und unheimlich. Sie sollte am folgenden Tag, kurz nach 21 Uhr, den Nachtzug nach Cierna nad Tisou nehmen. Bis dahin würde sie Touristin spielen, durch die Stadt laufen, Sehenswürdigkeiten anschauen und so weiter. Dieser Ausbildungstakt war von den Vorgesetzten als »Leben in einer Legende« deklariert worden. Aber die eigentliche Aufgabe kam erst noch.

Am folgenden Tag stieg sie voller Erwartungen schon eine halbe Stunde vor Abfahrt in den bereitgestellten Zug nach Cierna nad Tisou. Das Nest liegt im äußersten Südosten der Slowakei, im Dreiländereck mit Ungarn und der Ukraine und nur drei respektive sieben Kilometer von den jeweiligen Grenzen entfernt.

Der Kollege vom Dienst trudelte kurze Zeit später ebenfalls ein, ohne zunächst jedoch irgendeine Notiz von Moni zu nehmen. Ungefähr eine Stunde, nachdem sich der Zug in Bewegung gesetzt hatte, bekam sie von ihm ihren wirklichen Auftrag. Moni staunte. Sie sollte in allen Toiletten die Halterungen der Seifenspender demontieren. So lauteten die Anweisungen ihres Ausbilders. Hinter irgendeinem dieser Befestigungen wäre die Nachricht eines Drogenkuriers versteckt, erklärte er ihr. Diese Botschaft sollte sie bergen und nach München bringen. Moni kam sich vor wie auf einer staatlich veranstalteten Schnitzeljagd in die Karpaten.

Danach verschwand ihr konspirativer Begleiter. Sie sollte ihn während dieser Reise nie mehr zu Gesicht bekommen. Nachdem der erste Schock verflogen war, machte sich die hübsche Touristin auf den Weg durch den Zug. Sie zählte die WCs. Es waren fast zwanzig. Ihre Begeisterung hielt sich im Rahmen, als sie damit begann, die Örtlichkeiten nacheinander aufzusuchen. Dabei trat ein unerwartetes Problem auf. Die meisten der alten und maroden Klotüren ließen sich von innen nicht verschließen. Jedenfalls kam die Jungagentin mit der tschechoslowakischen Verriegelungstechnik nicht zu Rande.

Was sollte sie tun? Das Abschrauben der Seifenspender erwies sich zudem schwieriger, als erwartet. Die verrosteten und zum Teil defekten Halterungsschrauben ließen sich nur sehr schwer bewegen. Moni hatte kein Werkzeug, wenn man einmal von ihrem Schweizer Taschenmesser absah. Bereits nach dem zweiten Seifenspender entwickelte sie allerdings eine Technik, die bei entsprechender Ausdauer zum Erfolg führen musste.

In ihrem Bericht gab sie später Folgendes an: »Ich stellte mich auf einem Bein balancierend jeweils vor das Waschbecken, über dem der besagte Seifenspender hing. Mit dem anderen weit ausgestreckten Bein stemmte ich mich so gegen die Tür, dass der Fuß die Türklinke blockierte und somit ein Öffnen von außen nahezu unmöglich war. In dieser Position demontierte und montierte ich die Halterungen. Durch das starke Schwanken und Ruckeln des Zuges war es ausgesprochen schwierig, das Gleichgewicht zu halten. Besonders dann, wenn jemand von außen versuchte, einzutreten, musste ich mich mit ganzer Kraft gegen die Tür stemmen. Denn auf meinen Ruf nach draußen, dass hier besetzt sei, reagierten nur die wenigsten.« So weit ihr Bericht.

Moni war frustriert, als der Zug am frühen Morgen in Kosice, früher Kaschau, stoppte. Nichts hatte sie bergen können. Keine Nachricht, keine geheime Botschaft, rein gar nichts. Aber was sollte sie eigentlich tun, wenn sie ihr Ziel erreicht hatte? Wer weiß, dachte sie, vielleicht geht dort ja die amtliche Schnitzeljagd irgendwie weiter. Zweifel kamen in ihr hoch. Nach weiteren zwei Stunden erreichte sie endlich die Grenzstadt Cierna nad Tisou und damit den Zielbahnhof. Der 5000-Seelen-Ort besteht lediglich aus dem Bahnhof und einigen weit verstreut liegenden Häusern.

Nachdem Moni nunmehr einsam und allein auf dem Bahnsteig stand und von den ersten bettelnden Zigeunern angesprochen wurde, entschied sie sich spontan, die Rückreise unverzüglich anzutreten. Was sollte sie hier eigentlich noch? Die Entscheidung wurde ihr auch dadurch erleichtert, dass von ihrem heimlichen Reisepartner weit und breit nichts mehr zu sehen war. Reichlich verunsichert und einigermaßen frustriert, trat sie also den geordneten Rückzug an. Als sie am Ende der Tour durch das Haupttor der Pullacher BND-Zentrale ging, war beinahe eine ganze Arbeitswoche vergangen. Relativ kleinlaut meldete sich Moni bei ihrem Chef zurück: »Ich habe keine Nachricht in dem Zug gefunden!« Der strahlte über sein ganzes Gesicht und antwortete: »Es gab auch gar keine Nachricht!«

Die junge Mitarbeiterin traute ihren Ohren nicht: »Es gab gar keine Nachricht? Was sollte dann der ganze Schwachsinn? Weshalb schicken Sie mich auf so eine blödsinnige Tour?« – »Irgendetwas müssen wir doch machen. Da gibt es weiß Gott Schlimmeres«, war seine lapidare Entschuldigung. Aber ihr wurde in diesem Moment klar, dass sie nicht mehr sehr viel Zeit in dieser Behörde verbringen würde.

Ab ins Baltikum

Dass Nachrichtendienste mit Menschen in der Regel leicht-fertig umgehen, ist hinlänglich bekannt. Wie sorglos und unverantwortlich der BND nicht nur seine Quellen, sondern auch die eigenen Mitarbeiter behandelt, liefert ein beson-ders unheilvolles Kapitel. Es rundet das Bild eines Dienstes ab, der jegliches Gespür für Verantwortung verloren hat.

Mangels Arbeit dümpelte die Drogentruppe weiter vor sich hin. Das heißt, Arbeit hätte es genug gegeben. Es fehlte nur das entsprechende Personal. Weder operativ noch fach-spezifisch war dieser zusammengewürfelte Haufen in der Lage, auch nur ansatzweise irgendwelche sinnvollen Akti-vitäten zu entwickeln. So verwaltete man sich selbst und war damit zufrieden. Die älteren Mitarbeiter konnten mit dieser Tatsache gut leben, weil sie sich innerlich schon längst vom Dienst verabschiedet hatten.

Die aktiven Geister ärgerten und langweilten sich jedoch, weil sie endlich von der Leine gelassen werden wollten. Zur zweiten Gruppe gehörte auch besagte Moni. Entweder es passierte endlich etwas oder sie würde kündigen, sagte sie zu sich selbst. Einen weiteren Sommer an der Isar mit dem Studium von Fachliteratur wollte sie nicht verbringen, wenngleich auch das seinen Reiz gehabt hätte. Verärgert stand sie irgendwann vor ihrem Chef und stellte ihn zur Rede: »Was soll nun eigentlich werden? Eiern wir jetzt jah-relang so weiter, oder tut sich etwas? Ich hab keine Lust, hier zu versauern und alt und grau zu werden, ohne jemals etwas Gescheites gemacht zu haben. Aber kommen Sie mir nicht mehr mit so einer Schnitzeljagd durch die Slowakei!«

Der Chef hatte etwas für die »junge Wilde«. Im Nach-barreferat wurde gerade ein Einsatz im Baltikum vorberei-tet. Dass hier drei völlig unerfahrene Operateure am Werk waren, konnte Moni freilich nicht erkennen. Ihr Chef hätte allerdings wissen müssen, dass keiner dieser Leute auch nur einen Hauch von nachrichtendienstlichem Fachwissen besaß. Woher auch?

Der eine war blutjung und gerade von der BND-Schule gekommen. Er gehörte damit in dieselbe Kategorie wie Moni und wollte endlich etwas erleben. Der zweite, ein Oberfeldwebel der Bundeswehr, stand zwar jahrelang im Dienst der Pullacher, verfügte aber über keinerlei Auslandserfahrung. Er fungierte als stellvertretender Verbindungsführer. Der Dritte im Bunde, ein Verbindungsführer und damit Leiter des Kommandos, war erst vor kurzem wieder nach Deutschland zurückgekommen. Seine Vorliebe für große und schnelle Autos hatte ihm ein Disziplinarverfahren und somit jede Menge Ärger eingebracht. Er war in der BND-Residentur im südlichen Afrika stationiert gewesen. Warum er gerade dorthin versetzt worden war, konnte später niemand mehr nachvollziehen.

Ursprünglich hatte der Dienst ihn wegen seiner russischen Sprachkenntnisse eingestellt. Ein dienstinternes »Vitamin B« brachte ihm aber den lukrativen Posten im Süden Afrikas ein. Schon ein halbes Jahr nach seiner Ankunft auf dem Schwarzen Kontinent holte er sich ein Problem an den Hals. Es hatte mit dem Verkauf eines Autos zu tun, das mit Diplomatenrabatt angeschafft worden war.

Postwendend fand er sich in Pullach wieder. Da man im normalen Arbeitsalltag nichts weiter mit ihm anfangen konnte, wurde der junge Mitarbeiter auf Soldaten der abziehenden Westgruppe der Sowjetstreitkräfte angesetzt. Seine Sprachkenntnisse waren da wieder hilfreich. Die schlechte Nachricht: Der Nachwuchsagent, nennen wir ihn Hubert, kannte sich mit Quellenführung in keiner Weise aus. Sein geringes Wissen war zudem rein theoretisch.

Es gelang ihm immerhin, im Chaos des Abzugs der russischen Truppen ein paar Soldaten anzuwerben. Eine dieser nachrichtendienstlichen Verbindungen, ein Offizier, der bereits zurück nach Russland versetzt worden war, sollte nun im Baltikum getroffen werden. Dass der Dienst eine fachlich dermaßen schlecht geeignete Truppe auf eine solch diffizile Reise schickte, spricht eigentlich Bände. Junge Mitarbeiter bringen am Beginn ihrer Tätigkeit keine Erfahrung ein. Das darf man ihnen nicht vorwerfen. Insofern sind sie auch entschuldigt.

Die Tatsache, dass man sie gerade mit einem völlig ungeeigneten Verbindungsführer auf eine operative Dienstreise geschickt hat, zeigt jedoch, welcher operative Wildwuchs in diesem Amt seine Blüten trieb. Erschwerend kommt hinzu, dass die Vorgesetzten von der Untauglichkeit ihrer Leute wussten. Quer durch die Reihen kannte man die verhängnisvolle Neigung des besagten Kommandoführers zu spektakulären öffentlichen Auftritten. Nicht selten holte er sich auf Kosten der Staatskasse auffällige und teure Mietwagen. Seine Treffen mit Quellen absolvierte er gerne in Straßencafés, vor denen er absolut theatralisch im Cabriolet, mit Nadelstreifenanzug und weißem Borsalino-Hut vorfuhr. Eine besondere Variante des konspirativen Verhaltens.

Die Tatsache, dass dieser VF Jahre später dann mit Schimpf und Schande aus dem Dienst gejagt wurde, tröstet nur sehr wenig über die Unfähigkeit der damaligen Vorgesetzten und die mangelnde Dienstaufsicht hinweg. Fakt ist, dass der BND dadurch sehenden Auges Quellen und eigene Mitarbeiter rücksichtslos in Gefahr brachte. Kein Verantwortlicher schaltete sich ein. Im konkreten Fall sollte das für die russische Quelle in einem Desaster enden.

Die Geschichte findet sich als »Skandal Küstennebel«, abgeleitet vom Decknamen des russischen Zuträgers, in der imaginären Chronik der Geheimdienstbehörde. Der folgende Fall ist ein Musterbeispiel für die fachliche Unbekümmertheit und Naivität der BND-Führung.

Die Touristenlegende

Mit Moni war das operative Quartett, wie ich es einmal bezeichnen möchte, vollständig. Warum gleich vier hauptamtliche Mitarbeiter ins Baltikum reisen mussten, ist bis heute ein Rätsel. Operativ war es jedenfalls grober Unfug und musste zwangsläufig in einer Katastrophe enden. Als Moni zu den anderen stieß, waren die Vorbereitungen bereits abgeschlossen. Jedenfalls setzte sich die muntere Truppe recht bald nach Riga in Marsch.

Moni wusste nicht viel, nur dass einer der Verbindungsführer einen Treff durchführen wolle. Eine Andeutung des Kommandoführers irritierte sie ungemein. Er wies die Jungagentin an, besonders vorsichtig zu sein, denn der mitreisende Klaus sei ein Doppelagent und arbeite mit großer Wahrscheinlichkeit für einen russischen Nachrichtendienst. Im Übrigen aber werde die Reise wohl eher zum »Spaziergang«.

Und schließlich – als hätte sie es geahnt – teilte er ihr noch mit, das Pullacher Quartett werde unter einer Touristenlegende reisen. Mit einem Augenzwinkern fügte er hinzu, dass sich jeder auf einen längeren Aufenthalt im Zielgebiet einstellen müsse, nicht zuletzt, um seiner Legende treu zu bleiben. »Ein Tourist fährt nicht für drei Tage ins Baltikum. Er bleibt mindestens vierzehn Tage.« Nun denn, verstand sie, Vater Staat machte es ja finanziell möglich, also warum nicht.

Allerdings beunruhigte sie der Hinweis auf den Kollegen Klaus doch einigermaßen. Als sie später während ihrer

Anreise auf dem Weg zum Münchner Flughafen aus einem Pkw, der über Schweizer Autokennzeichen verfügte, heraus mehrmals fotografiert wurde, wuchs ihre innere Unruhe so weit, dass sie sich telefonisch noch einmal in der Dienststelle meldete. Dort wurde ihr sofort und unmittelbar vom zuständigen Chef mitgeteilt, dass es damit nichts weiter auf sich habe. Sie solle sich bloß keine Gedanken machen. Aber diese prompte Antwort beunruhigte sie eher, als dass sie sie überzeugte. Nun war sie also wieder als Touristin auf dem Weg. Wenigstens keine Nachtzugklos, die inspiziert werden mussten, dachte sie.

Ihr erster Auftrag vor Ort war die Beschaffung eines Mietwagens. Sie erledigte das mithilfe ihrer Dienst-Kreditkarte. Moni ahnte natürlich nicht, dass gleich eine ganze Reihe fremder Dienste solche Transaktionen mitverfolgen konnten. Bis auf besagten Klaus, dem vermeintlichen Doppelagenten, der alleine unterwegs war, reiste der Trupp gemeinsam.

In den nächsten Tagen setzten die ungeschickten deutschen Jungagenten derartig viele Duftmarken, dass sie ihre Anwesenheit auch im Rigaer Tagesanzeiger hätten veröffentlichen können. Also begann eine Rundreise durch das Baltikum, die ja sozusagen durch die eigene Legende verordnet war. Die Zusammenstellung der Tour hätte jedem guten Reisebüro zu Ruhm und Ehre verholfen.

Die litauische Hafenstadt Klaipeda (Memel) wurde ausgiebig besichtigt, natürlich auch Städte wie Schaulen und Ponewiesch. In Litauen standen als Sightseeing-Highlights hauptsächlich die Metropole Vilnius und das Städtchen Kaunas auf dem Programm. Und wenn man schon einmal vor Ort war, so durfte ein Abstecher nach Kaliningrad, früher Königsberg, natürlich nicht fehlen. Das BND-Kommando reiste gut gelaunt von einer Ecke der baltischen

Staaten zur anderen, als hätten sie eine Rundreise bei *Pullach-Tours* gebucht. Aber was sollte sie auch hindern? Ihr Reisetitel war ja nahezu unerschöpflich.

Nach einigen Tagen in der Touristenlegende widmeten sie sich ihrer eigentlichen Aufgabe. Der geplante Treff mit der Quelle musste vorbereitet werden. Als wichtigste Aktion im Vorfeld musste der Quelle in Weißrussland eine Nachricht hinterlegt werden. Damit wusste der Informant, dass die Verbindungsführer vor Ort waren und der beabsichtigte Kontakt stattfinden konnte.

Diese durchaus riskante Aufgabe übertrugen die Herren der Schöpfung kurzerhand der jungen Moni. Dass die Kollegin über keinerlei Erfahrungen oder Ausbildung verfügte, scherte die BND-Dilettanten recht wenig. In einer waghalsigen Aktion schickten sie die junge Dame über die Grenze. Offenbar hielt der Leiter dieses Bravourstücks seinen Einsatz für eine Art Räuber-und-Gendarm-Spiel. Anders ist die leichtfertige und törichte Vorgehensweise nicht zu erklären.

Hätte die junge Frau auch nur im Ansatz gewusst, in welche Gefahr sie sich begab, sie wäre eher nach Deutschland zurückmarschiert, als hier mitzumachen. Um das Risiko wirklich einschätzen zu können, wäre eine weit reichende Einweisung durch den Chef des Kommandos vonnöten gewesen. Der aber behielt die Details der geplanten weiteren Aktionen für sich.

Die naive Moni begab sich zum nächsten russischen Grenzübergang. Sie trug einen kleinen Brief mit der Nachricht für die BND-Quelle in ihrem Gepäck. Das wurde intensiv kontrolliert. Dass die Gegenseite bereits alarmiert war und neugierig abwartete, ahnte keiner der BND-Leute. Unbedarft werkelten sie weiter an den Treffvorbereitungen. Als Moni in einer abgelegenen Straße des Grenzstädtchens ihren Brief in einen Briefkasten eines Mehrfamilienhauses eingeworfen hatte, sah sie sich plötzlich einer Situation gegenüber, die ihr Angst einflößte.

Beim Verlassen des Hauses nahm am Ende der Straße ein Trupp Soldaten Aufstellung. Einige der Uniformierten verschwanden in den beiden ersten Häusern links und rechts der Straße. Es war genau die vereinbarte Stelle, an der Moni von einem Wagen abgeholt werden sollte. Also schritt sie zügig in die Gegenrichtung. Mit einigen Umwegen erreichte sie wieder die andere Seite der Grenze. Im Nachhinein wurde klar, dass sie unglaubliches Glück gehabt hatte. Dass sie heil und unversehrt aus dieser ND-Nummer herauskam, war keine Selbstverständlichkeit.

Wer nun geglaubt hätte, der Undercovertrupp der Deutschen würde auf diese Situation irgendwie sensibel reagieren, täuscht sich gewaltig. Man zerredete den alarmierenden Vorgang und diskutierte sich die Lage schön. Es war ja keiner dabei, der fähig gewesen wäre, eine verantwortungsvolle Einschätzung vorzunehmen. Und so passierte es, dass sich »Küstennebel« in Marsch setzte. In Marsch Richtung Grenze, in Marsch Richtung zu seinen deutschen Kontaktleuten und ins eigene Verderben.

An der Grenze offenbarte sich die ganze Dummheit des BND. Das Quartett hinderte den Informanten nicht an der Fahrt, im Gegenteil, es wies ihn auch noch an, seine Materialen mitzubringen. Diese konnte er nicht in einem Container befördern, also in einem Gepäckstück mit einem Geheimfach, nicht mikroverfilmt. Das Fotografieren wollten sie später selbst erledigen. Und so kam, was kommen musste. Der arme Quellenmensch wurde an der Grenze verhaftet. Im Kofferraum seines Privatautos fanden die Kontrolleure gleich haufenweise geheime und streng geheime Militärdokumente sowie sicherheitsmäßig eingestufte Dienstunterlagen der Streitkräfte.

Diese gewaltige Panne löste im BND zum damaligen Zeitpunkt so gut wie keine Konsequenzen aus. Die beiden Verbindungsführer durften im selben Stil weiterdilettieren. Wegen anderer Vorfälle wurden sie jedoch bereits Monate später aus dem Dienst entfernt. Moni warf von sich aus das Handtuch. Kurze Zeit später kündigte sie frustriert. Sie lebt heute, wie sie sagt, glücklich und zufrieden im Schwabenländle und erinnert sich nur noch mit Schaudern und Schrecken an ihre gefährliche Zeit im Bundesnachrichtendienst.

Der »Fülleronkel«

Die Beschaffungshelfer (BSH) für den BND dienen der operativen Unterstützung, melden Telefone an, stellen ihren Namen als Deckkennzeichengeber für Dienstautos zur Verfügung. Manche fungieren auch als Deckbriefkasten. Über sie wird Post verschickt oder empfangen. Da merkt so leicht keiner, dass der BND dahintersteckt. Beschaffungshelfer melden auch Postschließfächer an, die einen neutralen und damit unverfänglichen Eindruck vermitteln sollen.

Diese nützlichen Geister beschaffen den Kollegen Reisevisa oder leisten Unterstützung beim manchmal schwierigen Umgang mit Behörden. Sie richten Bankkonten ein, wenn verdeckte Gelder geschleust werden sollen. All die kleinen Handlangerdienste, die ein Nachrichtendienst benötigt, um sein konspiratives Geschäft abzuwickeln, werden von ihnen erledigt. Dabei erfahren sie so gut wie niemals, in welchem Zusammenhang sie für den BND arbeiten, welche Auswirkung diese Tätigkeit auf sie selbst einmal haben kann und ob sich das alles im legalen und gesetzmäßigen Rahmen bewegt.

Getreu dem Motto, sie sollen nur das wissen, was sie unbedingt wissen müssen, werden sie absichtlich für dumm gehalten. Wäre das anders, würden die meisten von ihnen auch ihre Arbeit für die Pullacher Truppe sofort aufgeben. Und so verrichten hunderte von Helfern und Helfershelfern ihre kleine Agentenarbeit im Vertrauen auf die staatlichen Institutionen. Was sie tun, so denken die meisten, wird schon seine Richtigkeit haben. Und so werkeln sie für ihre zuständigen Verbindungsführer loyal und staatstragend im guten Glauben an die Sache. So weit die Theorie!

Mitte der 1990er-Jahre hatte ich so einen Beschaffungshelfer zu übernehmen. Mein Vorgänger konnte ihn nicht mehr weiter beschäftigen, aber meine Chefs wollten den BSH mit dem Arbeitsnamen Hagen, nennen wir ihn hier so, unbedingt halten. Gute BSH zu bekommen sei sehr schwierig, und da wäre jeder Einzelne Gold wert, war die damalige Begründung, sich weiterhin an ihn zu klammern. Nun gut, dachte ich, mein Partner und ich hatten zwar auch keinen Bedarf für ihn, aber warum sollten wir ihn nicht auf Weisung von oben weiter führen, sozusagen auf Halde legen, falls wir ihn einmal benötigen würden. Was wir zunächst nicht wussten, war die Tatsache, dass er für die Dienstoberen eine ganz andere Aufgabe erledigte.

Bei einer Quellenübergabe war es durchaus üblich, sich gemeinsam mit dem alten Verbindungsführer (VF) und der Quelle zu einem Abendessen zu treffen, um alles Wichtige zu besprechen. In diesem Fall ging das aber nicht, da der alte Verbindungsführer angeblich keine Zeit hatte. Uns kam das nicht ungelegen, denn unser Arbeitsdruck hatte seinen Höhepunkt erreicht und mehr war kaum noch zu schaffen. Also rief ich besagten Hagen an, um mit ihm einen ersten Treff zu vereinbaren. Das gemeinsame Essen wollten wir zu einem späteren Zeitpunkt und zusammen mit meinem Partner Freddy organisieren.

Es war ein später Samstagnachmittag in der Adventszeit. Wir waren von Berlin in den Raum Hannover gefahren und hatten, wie gewohnt, unterwegs alle anstehenden administrativen und planerischen Fragen besprochen. Freddy stieg am Bahnhof von Braunschweig aus. Von dort aus konnte er es am selben Tag noch bis in seine fränkische Heimat schaffen. Ich begab mich wieder mit dem Wagen auf die A 2

Richtung Westen. Eine knappe halbe Stunde trennte mich von meinem Ziel.

Direkt an der Autobahnabfahrt Peine wollten wir uns treffen. Dort verließ ich also den Highway und überquerte nach 300 Metern die Peiner Straße. Auf der rechten Seite zwischen der darauf folgenden Dieselstraße und der Autobahn befand sich eine große unbefestigte Parkfläche, die zum Teil von einem Händler genutzt wurde, um seine Tannenbäume zu präsentieren. Dort hatten wir uns verabredet. Da mir noch ein wenig Zeit blieb, parkte ich meinen Dienstwagen ein paar hundert Meter davon entfernt und schlenderte zu Fuß in Richtung Treffort.

Mich erwartete ein Auftritt, den ich nie mehr vergessen werde. Es ist wichtig zu wissen, dass wir bisher alle Quellen und Beschaffungshelfer selbst geworben hatten. Dabei war es uns stets darauf angekommen, mit vertrauenswürdigen Personen zu arbeiten, die ihr Tun nicht mit einem 007-Spielchen verwechselten. Im Laufe der Jahre hatten wir so eine Reihe von Menschen um uns geschart, die mit beiden Beinen auf dem Boden standen und ausnahmslos seriös arbeiteten.

Was ich nun erlebte, war das pure Gegenteil. Mit wenigen Minuten Verspätung traf Hagen ein. Ein goldfarbener Mercedes der S-Klasse rollte auf den Parkplatz. Die Scheiben des außergewöhnlichen Gefährts waren so abgedunkelt, dass man nicht in den Innenraum blicken konnte. Der Besitzer schien nachträglich einige zusätzliche Zierleisten angebracht zu haben.

Eine innere Stimme in mir flehte, dass dies nicht unser Beschaffungshelfer sein möge. Er war es. Die Fahrerscheibe senkte sich ein wenig und ein Kopf war kurz zu sehen, der mir mit ernstem Gesichtsausdruck zunickte. Zumindest das, was ich an dem Gesicht erkennen konnte, wirkte ernst auf mich. Durch eine große dunkle Sonnenbrille und einen breitkrempigen Schlapphut war die Mimik des Mannes leider nur schwer wahrzunehmen.

Ich öffnete die Beifahrertür und setzte mich neben ihn. Dabei schaute ich mich kurz um. Auf der Mittelkonsole steckte ein für die damalige Zeit recht gutes Mobiltelefon. Daneben eine Spiegelreflexkamera mit überdimensioniertem Teleobjektiv. Dazu fiel mir das Diktafon auf. Es lag auf einer Art beweglichem Klemmbrett, das neben den serienmäßigen Armaturen fest montiert war. Spontan entfuhr mir ein: »Sie sind ja bestens ausgestattet!«

Noch ehe ich mich überhaupt vorstellen konnte, beugte sich mein neuer BSH zu mir herüber und öffnete blitzschnell das Handschuhfach. Mit zufriedenem Gesichtsausdruck setzte er mich ins Bild: »Alles vorhanden!« Ich dachte, ich träume. In einem Holster steckte eine Pistole. Ich blickte auf den Mann und deutete verdutzt auf die Waffe, fragte leicht stotternd nach: »Ist die etwa geladen?« – »Logisch«, war seine militärisch knappe Antwort, »aber gesichert«, und mit einem kurzen Kopfnicken ergänzte er, »versteht sich!« – »Versteht sich«, erwiderte ich genauso knapp und schloss vorsichtig das Fach. Dem fehlen nur noch zwei eingebaute Maschinengewehre in den Kotflügeln, dachte ich.

Hagen stellte sich kurz vor und versicherte mir, er sei allzeit bereit, jeden Auftrag zu übernehmen. Das reichte mir. Schnellstmöglich ging ich zu dem für ihn erfreulicheren Teil über. Dieser ganz offensichtlich aus einem Roman entsprungene ND-Rambo hatte nämlich noch Geld zu bekommen. Ich brachte ihm das Entgelt für die letzten Monate und dazu einen Umschlag mit weit über 2000 Mark. Die Entlohnung, sie musste im späteren Bericht vermerkt werden, war ein absoluter Routinevorgang. Wofür der andere Geldbetrag diente, der nirgends auftauchen sollte, wusste ich bis dato nicht. Und irgendwie sagte mir mein Gefühl, ich würde es auch gar nicht wissen wollen. Also ließ ich mir beide Summen quittieren und vereinbarte einen Folgetreff, der sechs Wochen später stattfinden sollte. Mit quietschenden Reifen brauste Hagen davon. Ich selbst suchte ebenfalls schleunigst wieder das Weite.

Abendessen in »Fernost«

Unverzüglich informierte ich Freddy über unseren neuen Beschaffungshelfer. Ungläubig lauschte er meiner Beschreibung. Auch mit dem damaligen Dienststellenleiter musste ich über Hagen sprechen, allerdings mit deutlicheren Worten. Mit diesem Helfer würden wir niemals zusammenarbeiten. Mir war völlig unklar, was in den Köpfen meiner Vorgänger passiert war. Wenn es jemanden gab, der wirklich ungeeignet war, dann dieser Mensch. Wir sollten doch gar nicht mit ihm zusammenarbeiten, erklärte uns der Chef. Freddy stutzte: »Ja, was sollen wir dann mit ihm?«

Daraufhin bekamen wir einen Zettel mit uns unbekannten Kürzeln und Bezeichnungen. »Übergeben Sie ihm das«, wies uns der Dienststellenleiter an, »er soll alles wie gehabt besorgen. Sie werden schon sehen, es ist alles okay.« Achselzuckend gingen wir unserer Wege. Wir fühlten uns unaufgeklärt und dumm. Der Chef schmunzelte hingegen wissend.

Während unserer Autofahrt Richtung Peine zog Freddy den Zettel mit der geheimen Nachricht für Hagen aus der Tasche. Er las laut vor, was dort geschrieben stand: »3 M 400 mit M, 1 M 400 mit B f. L, 5 M 600 mit BB, 2 M 800 mit M f. L, 3 Toledo M!« Wedelnd fächerte er sich mit dem Zettel Luft zu und fragte mich: »Was denkst du? Handeln wir jetzt mit Waffen und Munition? Was soll das? Und warum hat uns der Alte nicht gesagt, worum es geht?«

»Weiß ich doch auch nicht«, muffelte ich unzufrieden zurück, »aber irgendwas ist da faul. Das sag ich dir. Wenn du den Typen erst kennen gelernt hast, denkst du wie ich.« Freddy konterte prompt: »Eines kann ich dir jetzt schon versichern. Mit irgendwelchen krummen Dingern will ich nichts zu tun haben. Wenn der Hagen uns nicht klipp und klar sagen kann, worum es eigentlich geht, läuft mit mir rein gar nichts.« – »Na, denkst du mit mir?«, warf ich dazwischen. »Den setzen wir nachher erst einmal auf den Topf. Irgendwie komme ich mir verarscht vor.«

Gegen 18.30 Uhr erreichten wir unser Trefflokal, ein China-Restaurant namens »Fernost«. Es lag nur einen halben Kilometer von dem Ort entfernt, an dem ich unseren Beschaffungshelfer das erste Mal getroffen hatte, unweit der Autobahn. Wir waren zwar noch etwas zu früh, ließen uns aber nieder und studierten die umfangreiche Speisekarte. Durch die große Glasfront konnten wir auf den Parkplatz vor dem Haus sehen. Ich konzentrierte mich gerade auf die chinesischen Angebote, da hörte ich Freddy stöhnen: »O Gott! Das muss er sein!« Ich folgte seinem Blick in die Ferne und kommentierte mit einem gequälten plattdeutschen »Jepp, dat is er wa!«

Unser Mann verriegelte gerade sein Fahrzeug. In dunkelgrauem Trenchcoat und mit hochgestelltem Kragen beobachtete er nochmals das Terrain vor dem Lokal und dann ging er los. Mit Schlapphut, Sonnenbrille und einem schwarzen Aktenkoffer in der Hand kam er auf uns zu. Kurz bevor er unseren Tisch erreichte, raunte mir Freddy ein weinerliches »Ich will nach Hause!« zu. Danach begrüßten wir uns artig. Hagen legte seinen Koffer auf einen der Stühle.

Er öffnete ihn kurz, damit wir einen Blick hineinwerfen konnten. Ich hatte nichts anderes erwartet. Fotoapparat, Diktafon, Pistole und andere Utensilien waren sauber verstaut. »Alles safe«, sagte er knapp. »Super«, antwortete ich. Er hängte seinen Mantel an die Garderobe. Das nutzte Freddy, um mir mit einer Art schmerzverzerrtem Gesicht einen fragenden Blick zuzuwerfen. Offensichtlich hatte er meinen Erzählungen vom ersten Kontakt nicht ganz geglaubt. Deshalb konnte ich mir ein schnippisches »Hab ich's nicht gesagt?« nicht mehr verkneifen.

Hagen setzte sich zu uns. Die Sonnenbrille und den Hut behielt er an; auch später beim Essen. Während des Gesprächs wurde uns dann einiges klar. Dieser Mann sah sein Lebensziel in der Ausübung einer echten Agententätigkeit. Deshalb hatte sich der Feinmechaniker auch schon vor längerer Zeit beim BND beworben. Er konnte aber nur als Deckkennzeichengeber eine Verwendung finden. Bei unserer ersten, tiefer gehenden Unterhaltung wurde offenkundig, dass ihm mein Vorgänger eine Festanstellung in Aussicht gestellt hatte. Er schien ganz fest davon überzeugt zu sein, in Kürze als Hauptamtlicher an die unsichtbare Front eilen zu dürfen.

In seiner jetzigen Tätigkeit sah er eine Art Bewährungsprobe für den späteren Einsatz. Am liebsten hätte er als Kurier gearbeitet. Eigentlich sollte er uns Leid tun. Freddy zückte den Zettel mit den Hieroglyphen und wartete auf mein Zeichen. Ich nickte kurz und mein Partner legte das gefaltete Papier auf den Tisch. »Ah – eine neue Bestellung«, entfuhr es unserem Hobbyagenten und seine Gesichtszüge erhellten sich erstmalig.

»Was für eine Bestellung?«, fragten wir wie im Chor. »Das wissen Sie nicht? Pah, Füller! Hier geht es um Füller! Kann ich alles besorgen! Weit unter Preis. Fünfzig bis sechzig

Prozent Rabatt auf den Normaltarif.« Er strahlte. Freddy warf seine Brille auf den Tisch: »Füller! Logisch – was sonst? Füller! Hab ich mir doch gleich gedacht.« Frustriert und kopfschüttelnd begann er an seinem Bier zu nippen.

Hagen erklärte unaufgefordert: »Zwei Toledos kann ich sofort liefern. Der dritte kommt später. Aber ob es die mit der mittleren M-Feder sind, das weiß ich nicht. Die 400er sind auch kein Thema. Nur muss ich schauen, ob ich den Füller mit der breiten B-Feder für Linkshänder bekomme. Die L-Linkshänderfedern sind immer etwas problematisch.« Dann öffnete er seinen Behälter erneut und entnahm eine große Schatulle. Darin lagen um die fünfzig hochwertige Pelikanfüller.

Hagen begutachtete einen nach dem anderen und stellte anhand unseres mitgebrachten Auftragsscheins ein Sortiment zusammen. Die drei fehlenden Exemplare würde er in den nächsten Tagen besorgen und uns dann sofort verständigen. So lautete seine dienstbeflissene Auskunft. Dann rechnete unser Beschaffungshelfer die Einzelbeträge aus und Freddy notierte alles artig. Als sich Hagen verabschiedet hatte, verfolgten wir ihn mit unseren Blicken, bis er sich mit seinem Mercedes kickstartartig in den fließenden Verkehr eingereiht hatte.

Ich brach als Erster das Schweigen und bemerkte zu Freddy: »Ich glaub, ich brauche einen Schnaps!« Darauf er: »Und ich glaub, ich spinne!« Offensichtlich hatten wir eine ganz neue Art von Beschaffer übernommen, einen Typus, den wir so noch nicht kannten. Einen nachrichtendienstlichen Füllerbeschaffer. Was es alles gab! Wir tauften ihn den »Fülleronkel«. Jetzt wollten wir auch wissen, woher die Bestellungen kamen, und vor allen Dingen waren wir neugierig, woher dieser Mann das teure Schreibgerät bezog und warum er es so günstig weiterverkaufen konnte.

Bei der Übergabe der ersten Teillieferung stellten wir unseren Chef natürlich zur Rede, denn richtig wohl war uns bei der Sache nicht. Da kam ans Tageslicht, dass innerhalb der Abteilung 1 und wohl auch darüber hinaus, für uns war das ja schwer zu überprüfen, alle sechs bis acht Wochen eine Sammelbestellung aufgegeben wurde. Die Order landete in der Berliner Außenstelle und wurde von dort an den Helfer der besonderen Art weitergereicht. Dafür wurde der Mann quartalsweise und im Rahmen der BSH-Honorare ausbezahlt. Freddy fragte scherzhaft: »Ob es wohl für andere Luxusgüter auch solche Sonderbeschaffer im Dienst gibt? Ich bräuchte da vielleicht auch dies und das!«

Bei einem der nächsten Treffen insistierten wir bei unserem »Fülleronkel«, woher er diese hochwertigen und teuren Geräte beziehe. Vor allem wollten wir natürlich wissen, wie er solche Preise machen könne. Seine Erklärungen waren simpel. Er würde sie direkt ab Werk kaufen. Die Schreiber wären II. Wahl, da sie kleine, fast unsichtbare Mängel hätten, weshalb sie stark verbilligt zu haben wären. Verdienen würde er daran jedoch nichts.

Weder Freddy noch ich glaubten an diese Version wirklich. Eine andere Wahrheit wollten wir aber gar nicht kennen. In einem waren wir uns einig: Dieser Mensch passte nirgendwo in unser Konzept. Als echter Beschaffungshelfer oder Kurier war er für die üblichen Aufgaben nicht zu gebrauchen und in seiner jetzigen Funktion bereitete er uns nur jede Menge Arbeit. Das kostete Zeit. Wertvolle Zeit, die wir damals eigentlich gar nicht hatten. Jedenfalls nicht für solche Handelsgeschäfte.

Nach drei weiteren Großlieferungen weigerten wir uns endgültig, diese Art von Luxus-Füller-Transfer weiterhin zu betreiben. Weder wussten wir, woher unser BSH die Schreibutensilien wirklich bezog, noch hatten wir eine Ahnung davon, ob die Dinger nicht doch innerhalb und außerhalb der Behörde irgendwo und irgendwie Gewinn bringend weiterverhökert wurden. Beim BND erschien uns mittlerweile alles möglich zu sein. Also traf ich ihn nur noch auf direkte Weisung, und das geschah zwei- oder dreimal im Jahr. Hagen bekam dann sein Quartalsentgelt ausbezahlt. In Sachen Füller musste er mit einem anderen Kollegen vorlieb nehmen.

Die Ferne ruft

Auch ein Nachrichtendienst irrt sich hin und wieder bei der Besetzung einer Planstelle. Das soll vorkommen. Im Bundesnachrichtendienst scheint allerdings die Fehlbesetzung als eine Art Regel zu gelten. Eine Fülle von Beispielen kann das belegen. Dabei geht es durchaus nicht um die Bloßstellung einzelner Personen. Es geht vielmehr um das Darlegen elementarer Systemfehler, die bis heute nicht beseitigt sind. Es ist so, als würde ein geheimer Zwang die Verantwortlichen immer wieder zu derart katastrophalen Personalentscheidungen anstiften wie im vorliegenden Fall. Das geschieht meistens zum Leidwesen der untersten Ebene und damit zum Schaden der schwächsten Glieder dieser Behörde.

Folgende Geschichte begann in Berlin, nahm ihren Lauf in Südamerika und endete, wie sollte es auch anders sein, als Panne in Pullach. Vier große Fehlerbausteine führten zu dem Debakel.

Mitte der 1990er-Jahre hatte eine junge Mitarbeiterin, ich nenne sie hier Susanne Hartung, ihren Dienst in der Berliner BND-Außenstelle 12 YA aufgenommen. Sie sollte im Bereich der operativen Sicherheit Akten bearbeiten und auf sicherheitliche Mängel bei der Quellenführung aufmerksam machen. Damit war sie die Fehlbesetzung par excellence. Wer mit einer derartigen Aufgabe betraut wurde, musste nicht nur über eine gewisse Lebenserfahrung verfügen. Um Führungsmängel zu erkennen, war es notwendig, selbst schon in der Quellenführung Erfahrungen gesammelt zu haben. Zumindest war dafür aber eine intensive Vorausbildung erforderlich. Susanne Hartung hatte nichts von alledem. Das war ihr allerdings nicht vorzuwerfen. Schon deshalb nicht, weil sie sich für den Posten nicht beworben hatte, sondern einfach auf diese Planstelle versetzt worden war. Ohne geeignete Schulung, ohne Kenntnisse aus dem Umgang mit Quellen und mit Anfang zwanzig sehr, sehr jung. Das war der erste Fehlerbaustein.

Doch in der Dahlemer Außenstelle traf eine solche Beschreibung keineswegs auf sie alleine zu. Keiner verfügte dort über eine Eignung für die Tätigkeit, die er tatsächlich ausübte. Das begann mit dem Chef und reichte bis zu den Verbindungsführern. Als Ausnahmen von der Regel lassen sich höchstens die Vorzimmer- und die Kassendame anführen. Die unverbrauchte, junge Kollegin brachte allerdings einige Eigenschaften mit nach Berlin, die einem Teil der Mitarbeiter dort bereits seit langem verloren gegangen waren.

Sie war ausgesprochen motiviert, überdurchschnittlich freundlich und sehr angenehm im Umgang mit anderen. Das machte es uns leicht, über die fachlichen Defizite hinwegzuschauen. Vor allem schon deshalb, weil wir selbst über diverse Mankos verfügten und keineswegs perfekt waren.

So ging die junge Frau voller Enthusiasmus an das Aktenstudium. Sie lernte alle dienstinternen Vorgänge bestens kennen und war im Quellennetz der Dienststelle besser und detaillierter eingearbeitet als jeder andere. Niemand außer ihr besaß danach einen so umfangreichen Kenntnisstand über unsere Informanten. Schon nach wenigen Wochen war sie im Detail besser informiert als ihr eigener Chef. Das lag in der Natur ihrer Aufgabe, sollte aber später für erheblichen Diskussionsstoff sorgen. Der zweite Fehlerbaustein war gesetzt.

Dennoch galt Susanne ohne übertriebene Schmeichelei als echter Gewinn für die Dienststelle. Keine hatte diese offene, sympathische Art. Gerade bei hochrangigen Quellen war sie ständig und besonders aufmerksam bei der Sache. Sie sah täglich Berge von geheimsten Nachrichten, die von unseren Zuträgern beschafft worden waren, und ahnte zumindest den individuellen Wert der Ergebnisse. Ihre Umgebung spürte, wie stark sie emotional beteiligt war.

Das begann bei der Beschaffung von Medikamenten, über die technische Unterstützung bei den Fotogeräten und im Kommunikationsbereich, bis hin zur Entlohnung unseres »russischen Außendienstes«. Leider war die Kollegin nicht in der Lage, uns operative Tipps und Hinweise zu geben, und doch schätzten wir sie ungemein. Selbst nach der üblichen Dienstzeit saßen wir in kleinen Grüppchen ab und zu mit ihr zusammen und diskutierten die aktuellen Fälle. Sie war jemand, den man gerne mit einbezog; Kompetenz hin und Kompetenz her.

Im Sommer 1995 wechselte die Dienststelle von Berlin nach Nürnberg. Als hätte Susanne Hartung es geahnt, dass das Gastspiel im Frankenland nur von kurzer Dauer sein würde, ging sie nicht mit, sondern versuchte den Wechsel in eine andere operative Tätigkeit. Sie wollte die günstige Gelegenheit nutzen, um der permanenten Gereiztheit im Umgang mit ihren Vorgesetzten, den Querelen mit den amerikanischen Partnern und der Ignoranz der Pullacher Führung zu entfliehen. Noch vor der Verlegung der Dienststelle nach Nürnberg setzte sie sich nach München ab, um an einem kurzen Vorbereitungslehrgang teilzunehmen, den alle durchlaufen mussten, bevor sie ins Ausland gingen. Das war der so genannte »Cocktailkurs«.

Susanne Hartung konnte sich dort sehen lassen. Hinter ihr lagen zu diesem Zeitpunkt knapp zwei Jahre erfolgreicher Arbeit. Immerhin war sie an den größten nachrichtendienstlichen Erfolgen des BND seit Bestehen der Behörde beteiligt gewesen. Die sensibelsten Geheimdokumente der russischen Streitkräfte und des KGB waren über ihren Tisch gegangen. Die hochrangigsten Quellen und damals bestbewerteten Informanten waren von ihr aktenmäßig verwaltet worden.

Sie hatte in kürzester Zeit eine Unmenge an Erkenntnissen und Einsichten gewonnen. Gleichzeitig waren aber ihre Zweifel am eigenen Apparat immer stärker gewachsen. Susanne Hartung fand es deshalb sinnvoll, quasi in einem zweiten Versuch, der Behörde etwas Positives abzugewinnen. Und wo kann ein Auslandsnachrichtendienst seine Qualitäten besser beweisen als im Ausland?

Also strebte sie eine Verwendung möglichst weit entfernt von Deutschland an. Dem Wunsch wurde in Pullach entsprochen und damit war ein weiterer Fehlerbaustein im Fall Hartung zementiert. Niemand kümmerte sich zu diesem Zeitpunkt darum, dass die hauseigene Sicherheitsabteilung schon seit Monaten an der Aufklärung möglicher Verratsfälle durch Berliner Mitarbeiter arbeitete, bei denen die Kollegin auch betroffen gewesen sein könnte.

Schon damals gab es eindeutige Hinweise auf nachrichtendienstliche Abflüsse, die später als Operation »Spielball« viel Wirbel verursachten. Das störte keinen der Verantwortlichen. Niemand äußerte Zweifel an der Richtigkeit der Versetzung. Es war einfach nur ein Dienstposten auszufüllen. An Fürsorge für die Mitarbeiterin dachte offenkundig niemand. So leichtfertig ging man mit Menschen um.

Während in Berlin alle ihre Koffer für den Umzug Richtung Nürnberg packten, verabschiedete sich Susanne Hartung noch bei ihren Eltern in Hamburg und reiste dann

nach Südamerika. Das war ihr neues Aufgaben-, Einsatz-
und Zielgebiet. Ein ganz großes Abenteuer für die blonde
Hanseatin mit dem freundlichen Lächeln.

23 Stunden dauerte die Reise nach Brasilia. Ein Mitarbeiter der BND-Residentur in der deutschen Botschaft wartete auf sie. Mit einem weißen Kleinbus brachte er die Neue
in die Avenida das Nacoes. Als sie die Hausnummer 25
erreichten, kam die pure Ernüchterung. Ein trostloser, eher
abstoßender Bau mit einer Fensterfront zur Straße lag hinter einer drei Meter hohen Mauer aus rotem Klinker.

Das Fahrzeug bog ein und sie blickte auf ein Stahltor,
dessen schwerer Rahmen sie an das große Haupttor in Pullach erinnerte. Daneben ein kleines Wachhäuschen mit
einem ebenso schweren Eisentor für Fußgänger. Direkt vor
ihnen lag nun ein flacher Gebäudetrakt, der sich brücken-
artig über den Zufahrtsbereich erstreckte. Es war eine Art
Verlängerung des ersten Stockwerks am Hauptgebäude,
das es mit dem Nebenhaus verband.

An der Front prangte eine runde Tafel mit dem Bundes-
adler und der Aufschrift *Embaixada da Republica Federal
da Alemanha*. Als sich das große Rolltor hinter ihr schloss,
musste sie schmunzeln. Ihr Blick war auf die Fensterfront
des dreistöckigen Haupthauses gefallen, die aus Segmenten
mit jeweils drei Fenstern bestand. Dort sah sie dieselben
Außenjalousien wie im Pullacher Camp. Der Bau wirkte
ernüchternd und war nach ihrem ersten Eindruck renovie-
rungsbedürftig. Die Begrüßung verlief wenig herzlich und
die neue Agentin aus Deutschland fühlte sich schlagartig
unwohl.

Wie in den meisten deutschen Botschaften waren auch
hier die Schnüffler aus Pullach unliebsame Zwangsgäste
und eher geduldet als geachtet. Das gegenseitige Misstrauen zwischen Mitarbeitern des Auswärtigen Amtes und

den Geheimen aus Bayern schien auch hier zu überwiegen. Susanne Hartung erhielt eine Kurzeinweisung in die örtlichen Besonderheiten und zusätzlich ein paar Verhaltensregeln für Botschaftsangehörige.

Wenige Tage später saß sie bereits wieder als frisch gebackener deutscher Zivilattaché im Airport Brasilia und wartete auf den Beginn ihrer ersten Dienstreise durch Südamerika. Die junge Frau alleine loszuschicken, um den Halbkontinent nachrichtendienstlich aufzuklären, war der letzte Fehlerbaustein in einer Reihe von Pannen.

Notruf aus der Zentrale

Es muss gegen Ende November gewesen sein, als mir eines Nachmittags meine Frau mitteilte, ein Fremder habe sich während meiner Abwesenheit gemeldet und nach mir gefragt. Er wolle gegen Abend zurückrufen. Einen Namen habe er nicht genannt. »Sicher einer deiner Staatsspitzel«, sagte sie süffisant. Die Stimme war ihr unbekannt gewesen, aber als sehr freundlich und sympathisch in Erinnerung geblieben.

Spät am Abend klingelte das Telefon erneut. Ich erkannte den Anrufer sofort. Es handelte sich um keinen Geringeren als den Sicherheitsbeauftragten und stellvertretenden Abteilungsleiter im BND. Er begrüßte mich mit ernster Stimme und kam sogleich ohne große Umschweife zur Sache. Ich war wie vom Donner gerührt. »Susanne Hartung ist in Südamerika verschwunden«, sagte er.

Ich wollte wissen, ob ich wirklich richtig gehört hatte: »Susanne ist weg? Unsere Berliner Susanne? Ja wie? Wo?« Er konnte mir nicht sagen, wo und unter welchen Umständen sie verloren gegangen war. Fakt war lediglich, dass man sie in der Botschaft seit mehreren Tagen vermisste und sich nun Hilfe suchend an den Dienst gewandt hatte. Ein Krisenstab tagte in der Zentrale. Von mir erhoffte man sich Informationen, die weiterhelfen würden.

Ich kannte Susanne recht gut, denn ich hatte mich mit ihr während unserer gemeinsamen Dahlemer Zeit gut verstanden. Außerdem hatte ich in den Monaten zuvor mit dem Untersuchungsreferat der Sicherheit zusammengearbeitet. Dort kannte man mich und ordnete mich als Ansprechpartner ein. Der Sicherheitsbeauftragte beschäftigte sich mit zwei Fragen: Was wusste die Mitarbeiterin von unserem in Berlin angeworbenen russischen Quellennetz und, zweitens, verfügte sie möglicherweise noch über Unterlagen aus der Berliner Zeit?

Die Ermittler trugen erste Erkenntnisse zusammen. Das von Susanne Hartung in Brasilia bewohnte Appartement Nr. 401 war seit längerem verwaist. Das Band des Anrufbeantworters an ihrem Telefon mit der Rufnummer 3463709 war voll und seit langem nicht abgehört worden. Von ihr selbst fehlte jede Spur. Besonders peinlich war die Tatsache, dass die Mitarbeiter in Brasilien nicht einmal wussten, in welchem Land ihres südamerikanischen Arbeitsgebietes sie abhanden gekommen war. Da gab es lediglich Spekulationen und Gerüchte. Was war nur geschehen?

War sie verunglückt, gekidnappt und verschleppt oder zu den Russen übergelaufen? Die Diskussionen im Camp gingen hin und her und erste Vorwürfe gegen die Verantwortlichen wurden laut. Wie konnte man es nur verantworten, eine junge und noch unerfahrene Frau mit einem nachrichtendienstlichen Auftrag für ganz Südamerika völlig alleine loszuschicken?

Einen Unfall schlossen die Analytiker weitestgehend aus, ein Unglück hielten sie für eher unwahrscheinlich. Für eine

Lösegelderpressung gab es ebenfalls keine Anhaltspunkte. Wo steckte sie nur? An ein Überlaufen zu einem anderen Geheimdienst mochte niemand denken. Und dennoch stand diese Frage im Mittelpunkt der Diskussion. Plötzlich wurde den Oberen im BND bewusst, welchen sensitiven Kenntnisstand diese Frau mitgenommen hatte.

Ich informierte meinen Partner Freddy über den mysteriösen Vorgang, und wir trafen uns gleich am nächsten Morgen, um die Lage zu diskutieren. Uns verband die tief sitzende Angst, dass etwas Schreckliches passiert sein könnte. Wenn jetzt der Dienst wieder versagen würde, wie wir es von anderen Fällen her kannten, dann würden wir wohl selbst tätig werden müssen. Sollte der BND nicht sofort mit einer intensiven Suche nach seiner Mitarbeiterin beginnen, so würden wir es in eigener Regie tun. »Dann fliegen wir eben selbst runter und suchen sie. Und glaube mir, wir beide finden sie auch«, hatte Freddy gesagt und damit ganz und gar meine Zustimmung gefunden.

Aber dieses Mal sollte sich unsere Firma von einer besseren Seite zeigen, als wir es gewohnt waren. Mittags riefen wir im Untersuchungsreferat an, um zu erfahren, was es Neues gab. Zufrieden hörten wir, dass der Sicherheitsbeauftragte bereits auf dem Weg zum Flughafen sei, um selbst nach Brasilien zu reisen und nach der Kollegin zu suchen. Wie auch in anderen Fällen, hatte der Verantwortliche für die Sicherheit im BND, Wilhelm, den Fall selbst in die Hand genommen. Gut beraten von seinem Stab, gestand er Fehler der eigenen Behörde ein und übernahm nun die Verantwortung. Dabei unterschied er sich deutlich von den übrigen Kollegen seiner Führungsebene, und nicht nur Freddy und ich hatten ein gutes Gefühl.

Einige Tage vergingen, in denen nichts geschah. Zwischenzeitlich hatten wir alles noch mehrmals hin und her überlegt und versucht, irgendeinen Ansatzpunkt für Susannes Verschwinden zu finden. Wir diskutierten alle Varianten mehrmals durch und drehten uns aber immer wieder im Kreis. Bei den wenigen Alternativen, die es gab, blieb uns eine Lieblingsvariante, und wir hofften, dass sich alles so oder so ähnlich auflösen würde.

Vielleicht hatte Susanne ja nur einen leidenschaftlichen, gut aussehenden Brasilianer kennen gelernt und war mit ihm schlicht und einfach durchgebrannt. Je länger alles dauerte, umso sympathischer wurde uns der Gedanke an diese eleganteste, am wenigsten Schaden anrichtende Version der Ereignisse. Dann erreichte uns eine niederschmetternde Nachricht. Der Sicherheitsbeauftragte Wilhelm befand sich wieder auf dem Rückflug – ohne den Hauch einer Spur von Susanne Hartung.

Ich knallte spontan meinen Terminkalender auf den Schreibtisch: »Verdammt, was machen wir denn jetzt? Sie kann doch nicht einfach so vom Erdboden oder in der Versenkung verschwinden.« Eine Kollegin, die das mitbekam, sagte kurz angebunden: »In Brasilien? Doch, kann sie! Dort schon!« Freddy fragte mich entschlossen: »Wann wollen wir los? Die Susanne finden wir doch! Die müssen wir finden! Ich bin mir ganz sicher!« Wir begannen mit unseren Reiseplänen für das folgende Wochenende. Andere Dienstgeschäfte würden wir kurzerhand zurückstellen.

Aber dann kam es doch nicht so weit. Am nächsten Morgen erreichte uns die Nachricht, die Vermisste sei wieder aufgetaucht. Unterabteilungsleiter Wilhelm befand sich zu diesem Zeitpunkt bereits bei einem Zwischenstopp und wartete auf seinen Rückflug über den großen Teich.

Er telefonierte pausenlos mit der obersten Dienstführung, um das weitere Vorgehen abzustimmen. Die Mitarbeiter seines Stabes baten ihn eindringlich, sofort zurückzufliegen und die Frau möglichst selbst mit nach Deutschland zu bringen. Nur wenige Stunden später stand er wieder dort, wo er gerade hergekommen war, auf dem Flughafen von Brasilia.

Derweil wurde im Untersuchungsreferat ein so genannter Fallführer eingeteilt. Da die Geschichte um die verloren gegangene Mitarbeiterin untersucht werden musste, wählte man einen erfahrenen Mitarbeiter aus, der bekannt war für seine harte und konsequente Arbeitsweise. Es war der Kollege Krausen, wie wir ihn hier nennen wollen. Freddy und ich kannten den kleinen drahtigen Beamten nur von oberflächlichen Begegnungen. Seine freundliche und umgängliche Art war uns aber gegenwärtig. Der zumeist gut aufgelegte, deutlich bayerisch sprechende Sicherheitsmensch hatte immer Zeit für einen kurzen Plausch oder einen freundlichen Gruß.

Wir mussten unbedingt mit ihm reden. Getreu dem Motto, die Kleinen hängt man auf, die Großen lässt man laufen, stieg in uns die Angst hoch, Susanne könne im Nachhinein für Dinge verantwortlich gemacht werden, an denen sie schuldlos war. Also klopften wir kurzerhand bei Krausen an die Tür. Ohne dass jemand von uns bisher überhaupt wusste, was in der Ferne passiert war, wollten wir ein wenig vorbauen, um Susanne zu entlasten. Und so berichteten wir von der Berliner Zusammenarbeit, ihrem Fleiß, ihren Leistungen für die Firma und hielten mit unserer Meinung über die Verfehlungen der Vorgesetzten nicht hinterm Berg.

Natürlich erzählten wir in einem sehr kollegial gehaltenen Gespräch von der Sorge, die wir nun hatten, und dass sich jemand ernsthaft um das Seelenheil der Frau kümmern müsse. Am Ende war es dann doch Glück im Unglück, dass Krausen den Fall übertragen bekommen hatte. Wohl kaum ein anderer hätte sich der Kollegin gegenüber derart anständig und geradezu väterlich fürsorglich verhalten wie er. 2002 traf ich ihn übrigens, lange nach meinem Ausscheiden aus dem Dienst, durch puren Zufall wieder. Auf dem Weihnachtsmarkt am Münchner Marienplatz standen wir uns plötzlich gegenüber. Er blieb für mich einer der Menschen im BND, an die ich mich gerne erinnere und auf die man mit Fug und Recht stolz sein darf.

Aber was war mit der Frau passiert während ihres rätselhaften Verschwindens? Bereits einen Tag nach Wilhelms spontaner Rückkehr war er mit ihr nach Deutschland geflogen. In München wurde sie ärztlich betreut. Man sprach davon, sie sei völlig verwahrlost und total heruntergekommen gewesen und es wäre am besten, sie würde sich einer psychologischen Behandlung unterziehen. Was war geschehen?

O du fröhliche ...

Kurz vor Weihnachten, also wenige Tage später, sahen wir unsere Kollegin endlich wieder. Es geschah auf einer Art Weihnachtsfeier. Die von Berlin nach Nürnberg verlegte Dienststelle feierte ihren Jahresabschluss. Es sollte die erste und zugleich letzte Fete dieser neuen Pullacher Filiale sein. Großes hatte man dort im Sinn gehabt, neue Dienstposten und großzügige Beförderungen bereits eifrig diskutiert.

Alle, vom Kommandanten bis zum Unterabteilungsleiter, wollten die Erfolge der Berliner Zeit weiterführen. Dabei drängte sich aber auch der Eindruck auf, Eigennutzen und das persönliche Fortkommen sei der Hauptantrieb für diese Clique. Dann passierte das größtmögliche Unglück. Ein paar Wochen vorher gab es eine Großrazzia in den Diensträumen und den Wohnungen einiger Mitarbeiter. In der

Vorbereitung dazu hatten Freddy und ich eng mit der Sicherheitsabteilung zusammengearbeitet.

Mitte der 1990er-Jahre wickelten wir viele unserer Aktionen aus dem Hamburger Handelskontor ab, einer erstklassigen Tarnadresse. Das ersparte uns manche unangenehme Begegnung mit den offiziellen amerikanischen Partnern im Berliner Liaisonbüro der BND-Dienststelle 12 YA. Mit der Hamburger Idylle war es vorbei, als uns der BND-Kollege Wulf eines Tages im Frühjahr 1995 besuchte. Beim angeregten Gespräch ging es um dies und das, aber schließlich wurde er ziemlich konkret. Nachdem wir zusammen die absoluten Rekordhalter im Meldungsaufkommen waren, regte er an, einen Teil des Materials abzuzweigen und Extrageld zu verdienen. Als Abnehmer kämen beispielsweise die Engländer in Frage.

Das war starker Tobak. Freddy und ich überlegten angestrengt, ob wir es mit einem echten Geschäftsvorschlag zu tun hatten, oder mit einer Testanordnung aus Pullach, die unsere Loyalität checken sollte. Schließlich wollten wir kein Risiko eingehen, indem wir das Gespräch mit Wulf in der Zentrale verschwiegen. Also meldeten wir es. Und gleichzeitig berichteten wir auch von den »unkeuschen« Angeboten der US-Kollegen, die längst schon versucht hatten, uns zu kaufen. Eine Riesenaffäre nahm ihren Lauf, die Operation der Sicherheitsabteilung mit dem Decknamen »Spielball«.

Dazu gehörte ein von unseren Leuten überwachtes Treffen mit einem der amerikanischen Beschaffer. Es wurde ein Reinfall, weil er aus dem BND heraus gewarnt worden war und deshalb nur dummes Zeug schwätzte.

Unsere Freunde vom US-Militärgeheimdienst DIA hatten das alltägliche Spiel nach ganz eigenen Regeln geführt. Nach der Wende in der DDR waren wir mit ihnen eine Liaison eingegangen, eine gemeinsame Dienststelle am West-berliner Föhrenweg. 12 YA hieß das Joint Venture in einer alten Nazivilla im Kürzel-Sprachgebrauch des BND. In dieser Phase bekamen die Amerikaner alle Informationen, die wir bei unserer Aufklärung des Ostens und vor allem der abziehenden russischen Streitkräfte beschaffen konnten. Unsere großen Brüder sorgten für ein gutes Kooperationsklima, indem sie so manchen wackeren BND-Kundschafter korrumpierten. Aus ihrem Füllhorn kippten sie Zigaretten und Whisky, in Einzelfällen auch Reisen in die USA und großzügige Provisionen.

Die äußerst erfolgreiche Zusammenarbeit wurde später in Nürnberg weitergeführt. Als die Partner irgendwann merkten, dass sie nicht mehr bevorzugt bedient wurden, knöpften sie sich uns einzeln vor. Der US-Agent Hans Diethard wurde auf mich angesetzt. Er sollte mit allen Mitteln an unser Top-Material und nach Möglichkeit sogar an unsere Quellen kommen. Ich merkte rasch, dass er erstaunlich gut über Aktivitäten Bescheid wusste, die wir gegenüber den amerikanischen Agenten aufwändig abgeschirmt hatten.

Als dies alles anlief, schickte ich auch einen Hilferuf an die Sicherheit des BND, Unterabteilung 52. Hans Diethard wollte mich wieder treffen und dabei die künftige, individuelle Zusammenarbeit besprechen. Also verabredeten wir uns in Buchschwabach, einige Kilometer westlich von Nürnberg an der Bundesstraße 14. Bei einem konspirativen, nächtlichen Treffen im Hotel »Zur Post« in Baierbrunn bei München informierte ich unsere Sicherheitsleute. Frank Offenbach, der Cheffahnder des BND, war begeistert. Jetzt, so verkündete er, würde man den unseriösen Amerikanern das Handwerk legen können. Nun war also der Observationstrupp auch im schwankenden Boot.

Man verpasste mir ein ganzes Sortiment an Wanzen. Beim Treffen mit Hans Diethard sollte ich die Technik unsichtbar unter meiner Kleidung tragen. Dann würden sie unser Gespräch aufzeichnen und den Mann überführen. Am nächsten Nachmittag war es so weit. Der Treff fand in einem Landgasthof namens »Rotes Ross« statt. Mein amerikanischer Freund, der in der Regel wie ein »Redneck« aus dem Mittleren Westen aufkreuzte, erschien in einem hellen, eierschalenfarbenen Sommeranzug. Dazu trug er ein weißes Button-Down-Hemd und eine schmale, dunkle Krawatte, die fest verknotet war. So hatte ich ihn noch nie gesehen. Von den 30 Grad Außentemperatur schien er völlig unbeeindruckt zu sein.

Hans blieb nur wenige Minuten. Unser Gespräch verlief ziemlich gestelzt. Er begrüßte mich recht kühl, siezte mich gegen unsere Gewohnheit. Sein Statement klang so, als hätte er es von einem Computerprogramm ins Deutsche übersetzen lassen: »Ich freue mich außerordentlich, Sie hier antreffen zu können. Wir, das heißt, der amerikanische Teil der bilateralen Dienststelle, sind stets bemüht, den positiven Fortgang der gemeinsamen Unternehmungen aktiv zu unterstützen. Die bisher so erfolgreiche Kooperation sollte in beiderseitigem Interesse unter Wahrung aller Grundprinzipien eines offenen und ehrlichen Umgangs miteinander fortgesetzt werden ...«

Damit war die sorgsam vorbereitete Observation natürlich geplatzt. Die Amerikaner schienen von den Maßnahmen des BND Wind bekommen zu haben. Als Hans Diethard seinen Monolog zu Ende gebracht hatte, dankte ich ihm für die warmen Worte. Dann streiften wir noch kurz das Wetter und die laufende Bundesligasaison. Jeder von uns bezahlte sein Mineralwasser. Daraufhin verließen wir gemeinsam das Lokal. Ich sah Hans Diethard nie mehr wieder. Der Tag war für mich gelaufen und auch die Chance, die unlauteren Aktionen der Amerikaner zu beweisen. Gerade diese Panne hatte ein weiteres Mal mein Vertrauen in den Dienst erschüttert. Ich wüsste zu gerne, wer uns damals verraten hat.

Wulf brachte mich auf dem Flughafen Hannover mit einer Residentin des britischen Auslandsdienstes MI 6 zusammen. Auch in München kam es zu einer Begegnung mit den Engländern. Am Nachbartisch saßen unsere Ermittler von der Observationsgruppe. Am Ende wurden drei unserer deutschen Kollegen wegen Betruges, Unterschlagung und Bestechlichkeit angeklagt. Sie kamen glimpflich davon, als das Gericht hohe Geldstrafen verhängte. »Spielball« war unsere erste Zusammenarbeit mit der Sicherheit gewesen.

Danach suggerierten die Vorgesetzten den eigenen Mitarbeitern, Freddy und ich seien schuld an der ganzen Misere und der damit verbundenen Auflösung der Nürnberger Dienststelle. Über Nacht waren wir für den Rest der Truppe als Nestbeschmutzer abgestempelt und zu Buhmännern geworden. Dass die Angehörigen der Außenstelle durch uns vor größerem Schaden bewahrt worden waren, wollten oder konnten sie zu diesem Zeitpunkt nicht erkennen.

Besonders die Führungsleiste, bis hin in die Pullacher Chefetagen, hatte sich in der Vergangenheit mehr als unrühmlich verhalten. Aus Angst vor Konsequenzen wurde im Vorfeld, aber auch danach, die Arbeit der internen Sicherheit torpediert, wo es nur ging.

Entsprechend kalt und abweisend war die Begrüßung, als wir den Gastraum des Lokals betraten, in dem sich die Nürnbergtruppe zur »Weihnachtsabschiedsfeier« niedergelassen hatte. Es war mittags gegen zwölf Uhr, als Freddy die Tür hinter uns schloss. Vor uns sahen wir in der linken

Hälfte einen langen Tisch mit der BND-Truppe. In der rechten Hälfte der Kneipentresen mit fremden Gästen, die ganz augenscheinlich gespannt den Gesprächen an der Tafelrunde lauschten. Kaum jemand begrüßte uns. Die meisten Mitarbeiter würdigten uns keines Blickes. Die Chefs bis zum Referatsleiter schüttelten uns nur mit ernster Miene die Hand. Die Gespräche verstummten, als wir unsere Mäntel ablegten.

Lediglich eine Frau, die uns bisher nur ihren Rücken gezeigt hatte, drehte sich plötzlich um und strahlte uns mit leuchtenden Augen an. Es war Susanne. Sie stand auf und nahm uns beide herzlich in den Arm. Bei so viel Kälte und Ablehnung in dem Raum war das eine ehrliche Demonstration des Wohlwollens und der Freude. Wir waren erleichtert, sie im Kreise der Kollegen wiederzusehen.

Aber Freddy und ich waren nicht ihretwegen gekommen und auch nicht ganz unvorbereitet. Eigentlich ging es uns nur darum, nochmals unsere Entrüstung gegenüber der Führungsetage freien Lauf zu lassen. Deren feiges Verhalten während der Operation »Spielball« hatte uns schlichtweg angekotzt. Darum wollten wir ein Zeichen setzen. Ein Zeichen im Beisein der Kollegen. Eigens zu diesem Zweck hatten wir für die Chefs Geschenke mitgebracht. Es waren kleine Marzipantörtchen.

In einer kurzen Ansprache erklärte ich den Sinn dieser vorweihnachtlichen Gabe: »Dieses Marzipan hat nämlich sehr viel Ähnlichkeit mit dem Verhalten einiger Führungskräfte in der Behörde«, führte ich aus. »Ich hoffe, es fühlt sich niemand direkt angesprochen. Von außen sieht alles tadellos aus und ist mit feinster Schokolade überzogen, die sich aber, will man zupacken, als schmieriger Film herausstellt. Es wird automatisch glitschig. Kommt man also in Berührung damit, macht man sich unwillkürlich die Finger schmutzig. Beim leichtesten Druck merkt man sofort, wie weich alles ist. Man findet einfach nichts Festes. Egal, an welcher Stelle man anfasst. Und zu allem Übel lagert das Ganze auch noch auf einem weichen Keks.«

Einer der Anwesenden zischte mir entgegen: »Dannau [so lautete mein Deckname im Dienst], das reicht jetzt!« Aber ich war eh fertig. Nur Freddy komplettierte meine Ausführungen noch mit dem Satz: »Leider nur Marzipantaler, die Marzipanschweinchen waren alle!« Einige der Kollegen konnten sich das Grinsen nicht verkneifen. Verbunden mit den besten Weihnachtswünschen, überreichten wir ein halbes Dutzend der süßen Gaben. Dann zogen wir von dannen.

Montevideo, ach Montevideo

Susanne schloss sich uns an. Da ich Richtung Hannover fuhr und sie die Feiertage bei ihren Eltern in Hamburg verbringen wollte, hatten wir den Großteil der Strecke einen gemeinsamen Weg. Und so kam sie mit mir. Sie sparte Reisekosten und ich musste nicht alleine fahren. Aus Rücksicht auf Susanne Hartung berichte ich hier nicht alles, was in Brasilien passiert ist, sondern beschränke mich lediglich auf das Wesentliche und gerade auf Fakten, die für eine Einschätzung der damaligen Situation nötig sind.

Wir erzählten gegenseitig, was uns in den letzten Monaten widerfahren war. Das war nicht gerade wenig. Besonders übel kam dabei natürlich der eigene Arbeitgeber weg. Susannes Report war ziemlich niederschmetternd. Immerhin, sie wirkte sehr erleichtert, wieder in Deutschland zu sein. Auch über die Behandlung durch die Sicherheitsleute nach ihrer Rückkehr konnte sie sich nicht beklagen.

Das sind die wichtigsten Punkte ihrer brasilianischen Geschichte: Nachdem sie ihre Kurzeinweisung an der deutschen Botschaft erhalten hatte, war sie auf Reisen geschickt worden. In diesem Moment begannen ihre ersten Probleme. Sprachlich kam sie zwar zurecht, aber sie hatte wenig Übung und musste sich erst wieder daran gewöhnen, Portugiesisch und Spanisch zu parlieren. Susanne Hartung flog zunächst nach Buenos Aires. Dort sollte sie die aktuellen Entwicklungen studieren. Also setzte sie sich, so die Weisung der Dienstführung, in eines der kleinen Cafés der argentinischen Metropole.

In der Thomas A. Edison Av. saß sie nun, gut bestückt mit ein paar Tageszeitungen und Illustrierten, die Aussicht auf den Rio de la Plata genießend. Sie durchstöberte die Zeitungen nach den neuesten Meldungen und diesem und jenem Klatsch. Susanne machte sich Notizen und schrieb kleine Anmerkungen. Nach zwei Tagen kehrte sie zurück nach Brasilien. Dort setzte sie das, was sie in Erfahrung gebracht hatte, als wichtige strategische Meldung aus Südamerika in Richtung Deutschland ab. Danach ging es in die nächste Stadt.

Sie begann, wie einige ihrer anderen Botschaftskollegen, den gesamten Kontinent systematisch-unsystematisch zu bereisen. Mal war es Asuncion in Paraguay, dann wieder Santiago de Chile. Von der Region Santa Catarina, einer von Deutschen stark frequentierten Gegend, über die Küstenregionen von Bahia bis zum Amazonas war nichts vor ihr sicher, was nicht mit einem Flugzeug erreicht werden konnte. Der Ablauf deckte sich in den meisten Fällen. Zeitungsstudium in La Paz und Rio de Janeiro. Gesprächsaufklärung mit einem Taxifahrer oder Hotelpagen in Manaus. Dann zurück nach Brasilia, die zumeist schon fertigen Kurzmeldungen oder Zeitungsausschnitte nach Pullach gemeldet und weiter ging die Reise.

Erhebliche Zweifel an der Effizienz und der Sinnhaftigkeit ihres Schaffens stiegen in Susanne auf. Die nicht gerade geringen Reisekosten bereiteten ihr ein schlechtes Gewissen. Lateinamerikas Hotelpreise waren horrend teuer und die Flugkosten ebenfalls höher als in Europa. Als sie ihre ersten Meldungsbewertungen in den Händen hielt, traute sie ihren Augen nicht. Dieser Informationsmüll, den sie wöchentlich nach Deutschland absetzte, war hervorragend bewertet. Besser noch als das, was sie in der Berliner Zeit in den Beurteilungen der Auswertung gesehen hatte.

Mussten sich die Verbindungsführer in Berlin jedes Bahnticket hart erkämpfen, so wurden hier Kosten verursacht, die in keinem Verhältnis zu den Ergebnissen standen. Hatte es sich in der Berliner Zeit fast ausschließlich um streng geheime sowjetische Dokumente gehandelt, so befasste sich das Meldungsaufkommen nun mit Unfallstatistiken und anderem öffentlich zugänglichen Krempel. Hier konnte doch irgendetwas nicht stimmen.

In der Zwischenzeit waren längst ein paar Wochen vergangen und sie saß wieder einmal in einem Café, bewaffnet mit einem Packen Zeitungen aus der Region. Diesmal ganz in der Nähe des Hauptbahnhofes von Montevideo. In der Rambla Franklin D. Roosevelt schaute sie nachdenklich auf den Hafen und das bunte Treiben. Die junge Frau begann zu vereinsamen. Aus Angst, fremde Dienste könnten versuchen, mit ihr Kontakt aufzunehmen, sprach sie mit niemandem, der von sich aus die Unterhaltung begann. Nur wenn sie selbst den Kontakt einleiten konnte, fühlte sie sich sicher. Dann hatten die Gespräche aber immer einen dienstlichen Recherchehintergrund.

Hinzu kamen die immer größer werdenden Zweifel, ob ihre Tätigkeit überhaupt sinnvoll war. Susanne erkrankte an der Situation, in der sie nun leben musste. Sie nahm sich fest vor, beim nächsten Aufenthalt in Brasilia ihren Vorgesetzten zur Rede zu stellen. Der hatte aber bedauerlicherweise kein Verständnis für die Probleme der Neuen. Barsch fertigte er sie ab wie ein dummes Gör. Sie habe eben keinerlei Ahnung von echter nachrichtendienstlicher Arbeit und solle sich um Dinge kümmern, die sie verstünde.

Ihr Frust wuchs, ihre Einsamkeit auch. Eines kam zum anderen. Susannes Zigarettenkonsum nahm immens zu, und dazu das tägliche Alkoholpensum. Allein gelassen, ohne Fürsorge oder Betreuung, reiste sie durch die Lande. Sie vernachlässigte sich selbst immer mehr und wurde unstet. Ihr ganzes Wesen veränderte sich. In der BND-Residentur von Brasilia wurde das nicht bemerkt. Der »Schrott«, wie sie ihre wöchentlichen Meldungen mittlerweile bezeichnete, erfüllte alle Anforderungen. So fiel es auch anfänglich niemandem auf, als sie irgendwann im November gar nicht mehr erschien.

Am Ende war sie körperlich kaputt und seelisch erschöpft, und jegliches Vermögen, sich selbst einzuschätzen, und vor allem zu kontrollieren, war verloren gegangen. Susanne trieb sich in den Slums herum und wäre fast gänzlich verloren abgestürzt. Um ein Haar hätte der BND diese einst so engagierte, hochintelligente Frau auf dem Gewissen gehabt. Nur ihr selbst war es schließlich möglich, sich drei Minuten vor Zwölf am eigenen Schopf aus dem Morast zu ziehen. In einem Anflug von Wirklichkeitsnähe war sie im richtigen Moment in ihre Wohnung zurückgekehrt. Es war mehr als nur Glück, dass sie am Ende einigermaßen wohlbehalten heimgefunden hatte.

Der eigentliche Skandal lag aber letztlich in der Tatsache, dass keiner der Verantwortlichen zur Rechenschaft gezogen wurde. Nach dem ungeschriebenen BND-Grundsatz: »Die Dame soll froh sein, dass wir sie nicht bestrafen«, wurde jegliche Selbstkritik von vornherein verhindert. Stattdessen erfolgte die übliche und in Pullach weit verbreitete Selbstbeweihräucherung der verantwortlichen Stellen. Ein aussagekräftiges Zeugnis für die fleischgewordene Unfähigkeit im Nadelstreifen.

Jedem Mitarbeiter des Geheimdienstes sollte immer gegenwärtig sein, wie unwichtig er wird, wenn es zum Schwur kommt. Darum sind ernsthafte Zweifel angebracht, ob dieser BND, mit seiner jetzigen Struktur und den momentan geltenden Gesetzen, den Regeln unserer freiheitlich demokratischen Ordnung gerecht wird.

Als ich die Kollegin am Hauptbahnhof in Hannover absetzte – den Rest der Strecke bis Hamburg wollte sie mit der Bahn reisen –, wirkte sie zwar schon wieder recht aufgeräumt, aber trotzdem konnte man deutlich ihre tiefe Verletztheit und die Wut über den Dienst spüren. Zweimal habe ich sie noch gesehen: Das erste Mal, als sie einige Tage später meine Familie und mich in der Nähe von Celle besuchte. Und dann noch einmal, rein zufällig, im darauf folgenden Frühsommer. Freddy und ich fuhren gerade von unserem Hamburger Büro zu einem Quellentreff nach Kiel.

Auf dem Mittelweg, eine Parallelstraße zur Rothenbaumchaussee, überquerten zur Mittagszeit zwei Frauen die Straße. Eine davon war unsere Susanne Hartung. Wir hielten an und begrüßten sie herzlich. Die beiden waren auf dem Weg zur Dienststelle des BND-Verbindungsreferenten in Hamburg. Der residierte in der nahe gelegenen Magdalenenstraße, in einer Nobelvilla mit herrlichem Blick auf die Alster. Dort hatte der Dienst Susanne seit Beginn des Jahres geparkt. Sie wollte die Firma unbedingt verlassen und wartete auf eine Anstellung in einer anderen Behörde. Was aus ihr geworden ist, konnte ich leider nicht in Erfahrung bringen. Ich habe danach nie wieder etwas von ihr gehört!

Erkennungszeichen
Dollarnote

Der Strafprozess, den der BND gegen meinen Partner
Freddy und mich angestrengt und mit aller Macht durchge-
setzt hatte, war schon in seinem Vorfeld sehr anstrengend
gewesen. Schließlich handelt es sich um keine Lappalie,
wenn einem vorgeworfen wird, den Arbeitgeber bewusst
betrogen zu haben. Zur Erinnerung: Wir hatten die Herkunft belastender Dokumente, die einen hochrangigen russischen Spion im Bundesnachrichtendienst entlarven sollten, getarnt, um unsere ohnehin stark gefährdeten Quellen
zu schützen. Wie notwendig diese Maßnahme war, zeigte
gerade auch eine Aktion, die zum Ende meiner aktiven
Dienstzeit für viel Aufregung sorgen sollte.

Es handelte sich um eine »James-Bond-Geschichte«, die
mir heute eher wie ein Krimi vorkommt. Dass sie in dem
späteren Gerichtsverfahren eine so untergeordnete Rolle
gespielt hat, lag wohl daran, dass ich erheblich entlastet
worden wäre. Das durfte aber zum damaligen Zeitpunkt
nicht geschehen. Trotzdem sind diese Abläufe sehr wichtig,
weil auch sie zeigen, wie nahe wir der unerwünschten
Wahrheit gekommen sein müssen. Alles begann mit einem
unscheinbar wirkenden, kleinen weißen Briefumschlag.

Ich war gerade aus München an meinen Wohnort in Nord-
deutschland zurückgekehrt. Nachdem ich meinen blauen
Opel Vectra wie immer auf dem Einstellplatz vor unserem
Haus geparkt, meine Frau und die Kinder begrüßt hatte,
ging ich wie gewohnt in mein Büro, um zunächst die dienst-

lichen Unterlagen aus meinem Aktenkoffer in einen kleinen Panzerschrank umzupacken. Bei einer Tasse Kaffee sichtete ich die Post, die sich in den letzten Tagen angesammelt hatte. Unter den zahlreichen Briefen war auch besagter Umschlag, der keinerlei Beschriftung trug. Weder eine Adresse noch ein Absender waren erkennbar.

Ich vermutete eine mögliche Einladung an einen unserer Söhne, vielleicht zu einem Kindergeburtstag. Deshalb reichte ich den Umschlag ungeöffnet über den Tisch zu meiner Frau: »Sicherlich für Jonas oder Ole«, sagte ich knapp. Die öffnete rasch das Kuvert. Darin lag aber keine Einladung an eines der Kinder, sondern die Hälfte einer Eindollarnote. Der Geldschein war ganz offensichtlich in der Mitte durchgerissen worden. Sprachlos und nichts ahnend betrachteten wir den Papierfetzen, den meine Frau in die Höhe hielt. Kopfschüttelnd steckte sie die Geldnote zurück in den Umschlag und sah mich fragend an: »Und was ist das jetzt wieder?« – »Keine Ahnung«, erwiderte ich achselzuckend und ein wenig genervt, »ich weiß es doch auch nicht!«

Rasch sollte ich erfahren, was es mit der mysteriösen Banknote auf sich hatte. Sehr bald sogar. Nur wenige Stunden später klingelte das Telefon. »Ja, bitte?«, sprach ich die für einen Anrufer sicherlich ungewohnte und etwas unhöflich anmutende Grußformel in den Hörer. Ich hatte mir schon vor Jahren diese Art der Begrüßung am Telefon angewöhnt. Damit war sozusagen eine dienstinterne Gepflogenheit in meinem Privatbereich angekommen.

Beim BND war es durchaus üblich, sich nicht mit Namen zu melden. Ohne mir darüber Gedanken zu machen, übertrug ich dieses Verhalten in mein anderes Leben. Noch heute gerate ich manchmal in diese dumme Gewohnheit, wenn ich den Hörer abhebe. Damals war es aber schon deshalb nötig, weil ich seit Monaten von zu Hause arbeitete und damit meine dienstlichen Angelegenheiten mehr und mehr in die eigenen vier Wände holte. Dass sich Dienst und Privates zu sehr vermischten, das sollte ich noch zu spüren bekommen.

»Ja, bitte?«, wiederholte ich, als ich keine Antwort bekam. Eine dunkle Männerstimme meldete sich: »Ist da Herr Norbert Juretzko?« Deutlich war ein osteuropäischer Akzent zu hören. »Ja, wer ist dort?«, fragte ich vorsichtig. »Ich bin ein Freund und würde gerne einmal mit Ihnen ein vertrauliches Gespräch führen«, erwiderte der Mann ausgesucht freundlich. »Worum geht es denn?«, wollte ich erfahren. »Ach, wissen Sie, das ist vielleicht nichts fürs Telefon. Haben Sie den Geldschein erhalten? Wenn wir uns treffen würden, wäre er doch ein gutes Erkennungszeichen, oder?«, säuselte der Unbekannte weiter.

Ich fühlte mich völlig überfahren von dieser Situation und hielt dagegen: »Ich wüsste nicht, warum wir uns treffen sollten, was soll das?« Seine Antwort überraschte mich: »Wie geht es Ihrer Tochter? Ist sie wieder gesund?« Ich war völlig konsterniert und antwortete zunächst nicht. Er setzte sofort nach: »Ich hoffe, sie ist wieder wohlauf – das war ja eine böse Erkältung. Aber sie müssen sich ja nicht sofort entscheiden. Ich könnte mir Prag als Treffort gut vorstellen. Geld spielt keine Rolle.« Noch ehe ich antworten konnte, verabschiedete er sich höflich: »Es wäre sehr gut, wenn das Gespräch unter uns bliebe. Ich wünsche Ihnen einen schönen Abend.«

Ich war wie vom Blitz getroffen. Was bedeutete das alles? Woher wusste der Fremde von der Erkrankung meiner Tochter? Oder wollte mich irgendwer auf die Schippe nehmen?

Kriegsrat mit Freddy

Eines war mir aber sofort klar. Ich musste handeln. Wer weiß, was noch alles passieren würde. Also rief ich meinen engsten Vertrauten Freddy an. Freddy, ein ehemaliger Fallschirmjäger, ist technisch begabt. Das merkte ich ganz schnell, wenn es um Funktechnik ging. Freddy ist ein ziemlich jovialer Typ, der gerne Witze erzählt, aber auch in seiner lockeren Art häufig die ganze Runde mit sich reißen kann. Das steigert seine große Popularität, und dies wiederum verschafft ihm die Gelegenheit, sehr häufig rein rhetorisch den Finger auf die Wunden zu legen. Freddy ist ein Unikum, aber so einen wie ihn brauchte ich, um nicht lange vor der Zeit das Handtuch zu schmeißen.

Mit betont freundlicher Stimme meldete sich mein Partner, der gerade zu Hause ein paar Tage Urlaub genommen hatte: »Monsignore! Was kann ich für dich tun?« – »Wir müssen uns dringend sprechen«, antwortete ich. »Na, du bist so ernst. Ist irgendetwas passiert?«, fragte er besorgt nach. »Das weiß ich nicht – noch nicht«, war meine knappe Erwiderung. »Also, Freddy, wann und wo?«, hakte ich nach. »Wenn du willst, kannst du noch heute zu mir kommen. Hab auch eine Übernachtungsmöglichkeit für dich. Ist kein Problem.«

Wir führten unseren kurzen Plausch noch einen Moment weiter und am Ende verabredeten wir uns dann für den nächsten Morgen in seiner Wohnung.

Freddy lebte nur zwei Autostunden von München entfernt und ich war mir jetzt schon ziemlich sicher, dass die Reise einen außerplanmäßigen Aufenthalt in Pullach notwendig machen würde. Also hatte das geplante Treffen im Frankenland durchaus Sinn.

Am nächsten Tag, morgens gegen vier Uhr, lenkte ich meinen Dienst-Vectra auf die A 7 Richtung Süden.

Es wird so etwa 8.15 Uhr gewesen sein, als mein Handy klingelte. »Na, wie weit bist de?«, erkundigte sich Freddy neugierig. »Seit zehn Minuten von der Piste runter!« Ich hatte gegen acht Uhr die Autobahn verlassen und nun noch etwa zwanzig Minuten zu fahren.

»Da bist ja wieda gefahrn wie a Wahnsinniger«, frotzelte er in seinem Heimatdialekt und fügte an, »Kaffee lafft, bis glei!«

Als ich vor Freddys Haus vorfuhr, stand er rauchend, an den Zaun gelehnt, auf seiner Veranda. Er war, wie gewohnt, außerordentlich zuvorkommend: »Grüß dich, mein Lieber, was ist denn schon wieder passiert? Wenn du extra und außerplanmäßig vorbeigerauscht kommst, wird das bestimmt wieder was Größeres, oder?« Der Schalk stand ihm ins Gesicht geschrieben. »Hör mir bloß auf«, konterte ich genervt. »So langsam hab ich vom Agentenspielen die Schnauze voll.«

Wir ließen uns in Freddys geräumiger Küche nieder, ein rustikaler Ort bayerischer Gemütlichkeit. Während mein Gastgeber Kaffee einschenkte, zog ich den kleinen weißen Umschlag aus dem Aktenkoffer und schob ihn über den Tisch. »Was ist das?« Freddy blickte mich fragend und zugleich misstrauisch an. Er nahm das Kuvert und betrachtete es. Dann zog er die halbe Dollarnote heraus. Das grüne Puzzleteil schien ihm von Anfang an suspekt zu sein.

»Was ist das?«, wiederholte er etwas geistesabwesend. »Die Hälfte einer durchgerissenen Eindollarnote!«, antwortete ich ebenso kurz und trocken. Freddy legte den Kopf zur Seite und lächelte gekünstelt. Er zog die Augenbrauen hoch und hielt den Geldschein in die Höhe. Dann konterte er: »Donnerwetter – tatsächlich – die Hälfte einer durchgerissenen Eindollarnote. Gut, dass du mir das erklärt hast. Ich hätte das nicht so schnell rausgekriegt.« Er ließ den Geldschein wie ein Herbstblatt auf den Küchentisch segeln und hakte nach: »Nun red schon. Was ist das für ein Fetzen?«

Ich stand auf und ging zum Küchenfenster, um hinauszublicken. Das Wetter war an diesem Tag so herrlich. Strahlender Sonnenschein und keine Wolke am Himmel. Ganz im Gegensatz zu meinem Innenleben. Hier sah es eher trübe und bedeckt aus.

Ich bemerkte einmal mehr dunkle Wolken am Horizont. In den letzten Jahren war mein Vertrauen zum BND immer öfter in den Keller gerutscht, und das hatte gute Gründe gehabt. Die Enttäuschung aus der Berliner Zeit wirkte noch nach. Mangelnde Fürsorge der Vorgesetzten hatte mich geprägt und das Fehlen von Führung war zermürbend gewesen. Ganz zu schweigen vom üblen Menschenbild im Dienst selbst. Eigentlich war das alles schon lange nicht mehr meine Welt.

Allerdings, und jetzt kommt die Einschränkung, ein paar Umstände hielten mich noch. Da ging es vor allem um Menschen, die mir etwas bedeuteten. Zuallererst mein treuer Kumpel Freddy. Auf ihn war immer Verlass gewesen und er hatte mich nie enttäuscht. Mit ihm bereitete mir die Arbeit Spaß. Dann gab es da ein paar Quellen und Beschaffungshelfer, zu denen wir beide freundschaftliche Beziehungen pflegten. Die rechtfertigten es, weiterzumachen. Und nicht zuletzt trieb uns die Einschätzung voran, wir würden gute und wichtige nachrichtendienstliche Informationen sammeln. Alles zusammen veranlasste mich, noch nicht zu kapitulieren. Die positive Resonanz der Chefauswerter war ungebrochen. Was allerdings jetzt passieren sollte, überstieg meine Vorstellungskraft. Und doch, langsam mischten sich dunkle Vorahnungen in die Grübeleien.

Plötzlich war ich wieder im Hier und Jetzt. Freddy telefonierte kurz. Als er aufgelegt hatte, fragte er erneut: »Nun red doch endlich. Was ist das für ein Fetzen? Was ist eigentlich los mit dir?« Mit dem Rücken zum Fenster gewandt, beide Hände nach hinten auf die Fensterbank gestützt, begann ich zu erzählen. Ich berichtete, wie wir den Umschlag gefunden hatten, und auch über das Telefonat mit dem Fremden. Dessen Detailkenntnisse meiner Lebensverhältnisse waren mir besonders unangenehm in Erinnerung geblieben.

Freddys Reaktion kam eindeutig und direkt: »Das hat uns gerade noch gefehlt. Da sind wohl einige von der anderen Feldpostnummer in Aufruhr geraten, was?« Dann lachte er laut auf: »Ich sehe schon unsere Spezialisten von der ›Bundesvereinigung Notorischer Dilettanten‹.« Ein neues, böses Wort für den BND. Freddy schlug sich gegen die Stirn: »Norbert, das wird was Größeres! Glaub mir, das wird was Größeres!« Sprach's, wippte mit seinem Stuhl und schlürfte wissend und schmunzelnd an seinem Kaffee.

»Tja, mein Lieber, watt nu?«, fragte ich. »Da bleibt uns nichts anderes übrig, als nach unten zu fahren«, entfuhr es ihm. Pullach war gemeint. »Für mich ist die Sache eindeutig!« Er begann langsam in seiner Küche auf und ab zu gehen. Dabei entwickelte er eine Kurzanalyse, die unsere Lage auf den Punkt bringen sollte: »Die Russen haben ein Problem. Sie haben sich den falschen ›Rübezahl‹ geschnappt.«

Zum Hintergrund: Im März 1997 hatte der russische Geheimdienst einen Obristen verhaftet, den er für einen BND-Agenten gehalten hatte. Der Klarname dieses Offiziers stand zwar beim Bundesnachrichtendienst in der Operativakte der Quelle »Rübezahl«, einer unserer Top-Quellen. Da gab es allerdings einen gewaltigen Schönheitsfehler. Wir hatten den richtigen Namen der Quelle »Rübezahl« gar nicht benutzt, sondern eine andere Person, die zwar real existierte, aber niemals zu uns oder dem Bundesnachrichtendienst Kontakt gehabt hatte, als Klaridentität angegeben. Irgendwer mit Zugang zu den sensibelsten Operativakten musste den vermeintlichen Klarnamen aus dem BND heraus an die Russen verraten haben. Er konnte freilich nicht gewusst haben, dass es sich dabei um eine falsche Identität handelte. Als der russische Geheimdienst den Fehler bemerkte, war es aber bereits zu spät. Mit der Verhaftung des falschen »Rübezahl« wurde offensichtlich, dass Moskau einen Spion im BND haben musste.

Freddy analysierte weiter: »Nun wird man sich im FSB ein paar Fragen stellen. Weshalb meldet ihr Top-Spion im BND plötzlich einen falschen Namen? Absichtlich? Hat man ihn in Pullach enttarnt und dazu veranlasst, gezielt falsche Informationen zu geben? Was ist dann mit all den anderen Hinweisen, die er womöglich liefert? Vielleicht sind sie auch falsch? Oder füttert der BND die Quelle absichtlich mit falschen Daten, ohne dass er davon weiß? Fragen über Fragen – der arme russische FSB!«

Diese oder ähnliche Gedanken waren mir in den letzten Stunden natürlich auch gekommen, und so setzte ich seine Ausführungen fort: »Jetzt wissen sie nicht mehr weiter, und was liegt da näher, als an den Quellenführer selbst heranzugehen. Der muss doch wissen, um welche Person es sich bei der Quelle handelt. Aber Freddy, weshalb kommen sie zu mir? Die hätten dich doch auch anquatschen können?«

Freddy sinnierte kurz: »Erstens, du bist der Verbindungsführer. Ich spiele ja eigentlich nur den Finanz-Fuzzy. Außerdem kam man an deine Identität leichter heran. Als Kronzeuge gegen unsere Ex-Kollegen warst du ja bekannt wie ein bunter Hund. Der BND lässt grüßen.«

Seltsame Zufälle

Zwei Stunden später saßen wir beide im Wagen und rollten Richtung München. Weiterhin diskutierten wir die Lage und überlegten uns, wie wir mit ihr umzugehen hatten. Eigentlich wären wir überhaupt nicht verpflichtet gewesen, nach München zu reisen. Freddy war seit März des Jahres krankgeschrieben und mich hatte der Dienstarzt im Mai wegen psychischer Überlastung aus dem Verkehr gezogen.

Dennoch mussten wir in mehr oder weniger regelmäßigen Abständen die Zentrale in der Pullacher Heilmannstraße besuchen. Denn unsere Quelle »Rübezahl« sollte, so die Oberen im Dienst, unbedingt von uns weitergeführt werden. Das heißt, in das BND-Objekt selbst gingen wir schon lange nicht mehr. Zumeist bezogen wir Zimmer im »Waldgasthaus Buchenhain«, hin und wieder auch in Grünwald oder in der Münchner Innenstadt. Unser Vertrauen in diesen Spionageverein war grenzenlos zerrüttet. In der Regel riefen wir jeweils erst sehr kurzfristig einen unserer Kontaktleute an und bestellten ihn ins Hotel. Es war stets eine mehr als bizarre Situation. Und so beschränkte sich unsere Tätigkeit lediglich auf das absolut Notwendige in Sachen Quellenführung.

Freddy beteiligte sich zwar nicht mehr an Reisen zu Quellentreffen, aber ich war dazu verdammt, trotz Krankenstand zumindest diesen Pflichten weiterhin nachzukommen. Er sah es als kameradschaftliche Pflicht, mich zu entlasten und, wo es nur irgendwie ging, mir zu helfen. So erledigte er zum Beispiel den gesamten Bürokram für mich – vom Dienstreiseantrag über die Verwaltung der operativen Gelder bis hin zur Abrechnung von Treffkosten. Dass wir uns auf dieses seltsame und unüberschaubare Abenteuer im Jahr 1997 noch eingelassen haben, kann ich heute selbst nicht mehr verstehen. Ohne Zweifel, der psychische Druck, den die Chefs der BND-Sicherheit aufgebaut hatten, war beispiellos. Jedenfalls reichte er aus, um zu verhindern, dass wir konsequenterweise »Nein« sagen würden. Eine verrückte Situation.

Als wir in Richtung München fuhren, sagte Freddy kampfeslustig: »Aber ich will keinen Einzigen von denen sehen. Ich bleib in der Nähe, falls du in Bedrängnis kommst, aber das ist auch alles. Ich will keinen sehen, sonst garantiere ich für nichts.«

»Was denkst du? Soll ich anrufen?«, fragte ich ihn. Bisher wusste ja eigentlich keiner von unseren vielen Pullacher Chefs, dass wir auf dem Weg waren.

»Na, na, na«, polterte er, »lass uns erst mal unterkommen. Die Herren erfahren es ohnehin rechtzeitig. Außerdem, lass uns abwarten, was heute geschieht, wenn wir bei der Abfahrt Eching sind.« Er schmunzelte wissend über das gesamte Gesicht. Auch ich konnte mir ein Lachen nicht verkneifen: »Gute Idee, schauen wir doch mal, was passiert.« Freddy, der chauffierte, drehte mir den Kopf zu, zog seine Augenbrauen hoch und blickte über den oberen Brillenrand.

Fürsorge oder technischer Trick?

Uns war nämlich in den letzten Monaten eine Besonderheit aufgefallen. Immer wenn wir mit dem Dienstwagen nach München fuhren, ereignete sich pünktlich und an ein und derselben Stelle das Gleiche.

Der Dienststellenleiter der BND-Observanten rief uns auf dem Handy an. Mit Oberst Frank Offenbach, dem alten Fuchs, hatten wir uns in den letzten Monaten angefreundet. Und eben dieser Frank rief immer pünktlich bei uns an, wenn wir das Autobahnkreuz Eching passierten. Zunächst hatten wir an einen Zufall gedacht. Aber als sich sein Anruf zum fünften Mal wiederholt hatte, wurden wir doch stutzig. Selbst als Freddy mich eines Tages vom Münchner Flughafen abholte und wir kurze Zeit später von der A 92 auf die A 9 Richtung München wechselten, klingelte prompt das Mobiltelefon. Wohlgemerkt, wir waren nie oder zumindest selten im Camp vorher angekündigt. Nun saßen wir also wieder gespannt wie die Flitzebogen in unserem blauen Opel und harrten erwartungsvoll darauf, was sich heute beim Passieren des Neufahrner Kreuzes ereignen würde.

Zweieinhalb Kilometer vorher wechselte Freddy plötzlich die Spur nach rechts und lenkte unser Gefährt auf den Parkplatz gegenüber der Tank- und Raststätte Fürholzen.

»Was ist los?«, fragte ich. »Musst du mal?« – »Nein! Ich will nur einen Augenblick stehen bleiben. Schauen, ob er auch anruft, wenn wir hier warten.« Wir stiegen aus und versuchten herauszufinden, ob uns jemand gefolgt war. Nach einer Zigarettenlänge sagte ich leicht genervt: »Ich glaub, wir beide leiden schon unter Verfolgungswahn. Vielleicht war es bisher doch immer nur Zufall, wenn Frank uns anrief.« – »Warten wir mal, wir sind ja noch nicht ganz am Punkt«, entgegnete mir Freddy und schwang sich zurück in das Auto, als wolle er einen Angriff starten.

Er schaute mich an, als er den Motor anließ, und zeigte wieder sein aufgeklärtes Schmunzeln. Zwei Minuten später überquerten wir die A 92. Da klingelte es. Freddy lachte so laut auf, dass er Tränen in den Augen hatte: »So was gibt es doch gar nicht.« Er schlug sich auf den Oberschenkel.

Ich meldete mich vorsichtig am Telefon: »Ja, bitte?« – »Hier ist der Frank! Na, was treibt ihr beiden?« Er lachte.

Ich antwortete höflich genervt: »Wir sind auf dem Weg nach unten. Können wir uns heute Mittag sehen?« – »Kein Problem«, war seine schnelle Antwort, »und wo?« – »Wir werden im Buha einziehen! Sofern wir noch etwas kriegen«, erwiderte ich. »Buha« war das Kürzel für das »Waldgasthaus Buchenhain« im gleichnamigen Münchner Vorort. Es lag nur zwei S-Bahnstationen von Pullach entfernt. Wir hatten uns schon häufig dort getroffen.

Er beendete das kurze Telefonat mit den Worten: »Gut, Jungs, wenn ich nichts mehr von euch höre, dann um 16 Uhr draußen in eurem Domizil.« Lachend fügte er hinzu: »Und nicht gleich wieder Pause machen, ihr habt doch eben erst!«

Nachdem ich das Gespräch beendet hatte, fragte mich mein Partner: »Und – was hat er gesagt?« – »16 Uhr im Buha und du sollst nicht schon wieder eine Pause einlegen!« Freddy rückte nervös auf seinem Fahrersitz herum: »Ja, Sakrament, woher weiß dieser Hundslump, wo wir sind? Ich krieg bald zu viel. Die haben doch mit der Kiste«, damit war das Auto gemeint, »etwas gedreht!« Dabei fingerte er nervös herum. Durchsuchte die Seitentasche der Fahrertür, klappte den Aschenbecher auf und zu und schaltete das Radio ein und aus. Er griff zum Handschuhfach, öffnete es und schloss es gleich wieder.

Kopfschüttelnd saß ich da und beobachtete, wie er, während er weiterfuhr, die Sonnenblenden rauf- und runterklappte. Zuletzt schlug er mit der Handfläche auf das Armaturenbrett und rief laut: »Test, Test, hört ihr mich? Test, Test, ihr könnt mich alle mal am A… lecken, hier ist der liebe Freddy …!« Ich musste anfangen zu lachen. Eine junge Dame im Wagen neben uns hatte das Schauspiel beobachtet und machte vor ihrem Gesicht eine wischende Handbewegung.

Wir standen nämlich mittlerweile in dem üblichen Verkehrsstau zwischen Garching und dem Autobahnkreuz

München Nord. Ich forderte Freddy lachend auf: »Schau mal vorsichtig links raus.« Als er die kopfschüttelnde Frau nebenan bemerkte, erstarrte er zu einer Salzsäule. Blickte stur geradeaus, biss die Zähne zusammen und flüsterte durch seine fast unbeweglichen Lippen: »Ihr könnt mich trotzdem alle mal – Test – Test!«

Dass der BND unseren Dienstwagen verwanzt oder zumindest mit einem Peilsender versehen hatte, war nun eindeutig. Offenbach, den ich kurze Zeit später einmal direkt darauf ansprechen konnte, lächelte nur und zuckte mit den Schultern. Der alte Fuchs hätte eine verdeckte Observation niemals verbal zugegeben. Dazu war er viel zu loyal seinen Chefs und der Arbeit gegenüber eingestellt. Aber ich hatte den Eindruck, er gab uns so viele Signale, die darauf hindeuteten, dass wir es bemerken mussten.

Es besagte, dass er sich in einem echten Loyalitätskonflikt befinden musste. Er ließ uns auf der einen Seite von seinen Leuten beschnüffeln, glaubte aber in Wahrheit nicht daran, dass dies eine begründete Maßnahme war. Je länger diese Situation dauerte, die sich über viele Monate hinzog, und desto weniger man über Freddy und mich an Negativem in Erfahrung gebracht hatte, umso deutlicher erreichten uns von ihm und anderen Hinweise auf die Beschattung im Auftrag der eigenen Firma.

Wissend, dass der Dienst uns »auf dem Schirm« hatte, wie wir zu sagen pflegten, durchquerten wir München. Freddy saß am Lenkrad. Das war schon zu einer Gewohnheit geworden. Spätestens in München wechselte er immer auf den Fahrersitz. Er kannte die Stadt wie seine Westentasche und hatte keine Probleme, die bekannten Staus der Innenstadt zu umfahren.

Heute nahm er den Weg entlang der Isar Richtung Süden. Als wir von der Isartalstraße kommend weiter der Schäftlarnstraße folgten, waren wir im so genannten Endanflug. Wir erreichten die Wolfratshauser Straße. Sie führt einen unwillkürlich an Großhesselohe und Pullach vorbei. Hier wimmelte es immer nur so von BND-Leuten. Viele fahren von oder zum Dienst. Einige verbringen ihre ausdehnten Pausen in den Lokalen und Biergärten der näheren Umgebung.

Der kurze Bustrip zum Betriebshof

Einige tausend Mitarbeiter des BND bemühen sich mehr recht als schlecht konspirativ und unauffällig zu sein. Das trieb schon immer tolle Blüten. Als in den 1980er-Jahren der alte Isartalbahnhof Großhesselohe nach langen und aufwändigen Umbau- und Renovierungsarbeiten wieder im originalgetreuen Glanz erstrahlte, hatten die Kalabreser ein Problem.

Es war nicht etwa der Münchner Verkehrs-Verbund, kurz MVV genannt, der das historische Gemäuer am Wöllnerplatz neu restauriert hatte. Das war vielmehr das Hofbräuhaus Traunstein. Es ließ hier im direkten Schlagschatten der Sonnenbrillenträger eine alte bayrische Tradition wieder aufleben und eröffnete als Patronatsbrauerei ein Wirtshaus mit integrierter Braustätte.

Das war ungefähr so, als hätte man vor einem Kindergarten ein McDonald's-Restaurant, einen Burger King und eine Pizza-Hut-Filiale nebeneinander eröffnet.

Die Sicherheitsleute hatten schon seit jeher Probleme mit den Lokalitäten in der näheren Umgebung. Ihre Angst, die eigenen Mitarbeiter könnten auf dem kurzen Weg zwischen Büro und Biergarten leichter ausgespäht werden, war groß. Wer weiß, wer sich dort alles tummelte? Risiko! Möglicherweise würde die BND-Fachkraft nach einigen Bieren – oder dem berühmten Schoppen Wein zu viel –, unbedachterweise sogar Dienstinterna ausplaudern. Nicht auszudenken!

So hatten die BND-Oberen bereits in der Vergangenheit strikte Verbote für die umliegenden Gast- und Wirtshäuser mit Namen wie »Waldwirtschaft«, »Brückenwirt«, »Rabenwirt« oder »Treibhaus« ausgesprochen. In regelmäßigen Abständen mussten von uns sich wiederholende Belehrungen und Umläufe unterzeichnet werden. Ich entsinne mich noch deutlich an einen Vormittag, als Freddy und ich erneut unsere Paraphe unter einen dieser Vorgänge gesetzt hatten. Direkt danach gingen wir in genau die »Waldwirtschaft« zum Kaffeetrinken.

Einer unserer Chefs hatte uns dorthin gebeten. Den scherten diese Verbote überhaupt nicht. Der weit über Münchens Grenzen hinaus bekannte Biergarten liegt nur knapp tausend Meter vom Haupttor des Camps entfernt, nördlich der großen Mauer, die das geheime Gelände einfriedet. Freddy hatte die Anordnung unseres Chefs damals mit einem kopfschüttelnden »Befehl ist Befehl!« kommentiert. Als wir Platz genommen hatten, sahen wir nicht weit von uns noch jemanden aus dem Camp sitzen, den wir gut kannten. Er trank in Begleitung der eigenen Sekretärin genüsslich ein Weißbier. Bei diesem Kollegen handelte es sich um keinen anderen als den Verfasser der neuerlichen Denkschrift, die den Aufenthalt gerade in diesem Lokal untersagte. »Jetzt hab ich es begriffen«, kommentierte ich die damalige Situation, »der will hier womöglich nur allein und ungestört sein Rendezvous verbringen.« Anderntags mussten wir dann tatsächlich unseren Aufenthalt an diesem Ort schriftlich rechtfertigen.

So weit unsere Hinweise zur Kombination von Konsequenz und allgemeiner Sicherheitslage.

Nun war also im Ortsteil Großhesselohe ein weiteres gastronomisches Sicherheitsrisiko entstanden. Die Zugangsbeschränkungen und Ausführungsbestimmungen folgten auf dem Fuße. Erschwerend kam hinzu, dass unter anderem sogar eine Tschechin dort im Service arbeitete, was das Gefährdungspotenzial nach Einschätzung der Fachleute ins Unermessliche trieb. Ein Wust an Papier kam in den Umlauf, und selbst diejenigen, die von der neuen Kneipe nichts bemerkt hatten, wurden dadurch direkt mit der Nase darauf gestoßen.

Der ganze Aktionismus bewirkte natürlich nichts. Trotz aller Drohungen mit härtesten Sanktionen feierte bereits im ersten Dezembermonat nach Eröffnung die komplette Mannschaft eines Referats aus der Unterabteilung 33 seine Weihnachtsfeier in den gemütlichen Räumen. Inzwischen ist der »Isartalbahnhof« zu einem festen Stammlokal der BNDler geworden. Will jemand mehr über das aktuelle Seelenleben des Nachrichtendienstes erfahren, so liegt er hier immer richtig.

Nirgends sonst wird so öffentlich und ungeniert über Dienstinterna gesprochen wie hier. Zumeist sind es kleine Grüppchen, die sich ihren Dienstfrust von der Seele reden und trinken. Während der eine oder andere ab und zu verstohlen in die Runde schaut, um sich zu vergewissern, dass kein Fremder lauscht, ist es den meisten mittlerweile völlig egal, ob da jemand horcht. Sogar Quellentreffs werden gelegentlich in dem heimeligen Ambiente durchgeführt. Es liegt so praktisch nah und senkt die Reisekosten ungemein.

Manch einer der hauptberuflichen Agenten kommt schon morgens zum »Frühstück«. Für den einen heißt das Kaffee, für den anderen Weißbier, für den nächsten Cognac. Besonders das Schauspiel am Morgen ist wirklich sehenswert. Wer Lust und Zeit hat, kann es selbst einmal testen. Dazu setze man sich morgens gegen 7.30 Uhr in die S 7 Richtung Wolfratshausen. Die Bahn ist voll belegt von Geistesarbeitern, die in den Münchner Süden westlich der Isar müssen.

Füllt sich der Zug an Hacker- und Donnersberger Brücke immer noch, so lichten sich wenige Stationen weiter die Reihen etwas. Spätestens am Haltepunkt Siemenswerke trennt sich der Weizen von der Spreu. Die Mitarbeiter des deutschen Großkonzerns verlassen die Großraumwagen und geben den Blick auf jene frei, die noch zwei Stopps vor sich haben. Ein paar wenige Dienstkollegen verlassen dann in Solln den Zug, um bei Kollegen ins Auto zu steigen und so mehr oder weniger unerkannt das Camp zu erreichen.

Die große Masse steigt in Großhesselohe aus. Schweigend begeben sie sich zum Bahnhofsvorplatz. Den Blick stur geradeaus, manche mit Sonnenbrille, selbst im trübsten Herbst. Konspirativ eben. Vor dem Gebäude steht ein Gelenkbus. Nun ist Pendelverkehr angesagt. Das Fahrziel ist an der Front in großen Buchstaben zu lesen: Betriebshof.

Kaum haben die Leute den Bus betreten, begrüßen sich einige mit freundlichem Handschlag oder höflichem Kopfnicken, obwohl sie zwei Minuten vorher noch stumm nebeneinander hergelaufen waren. Dann setzt sich der Bus in Bewegung. Durch die Kastanienallee nach rechts in die Pullacher Straße und geradeaus weiter, vorbei an der großen BND-Toreinfahrt in der Heilmannstraße. Kurz danach links auf den Betriebshof, ganze 950 Meter davon entfernt.

Einige Unentwegte, bei schönem Wetter sind es ein paar mehr, gehen vom Bahnhof aus zu Fuß. Es ist eine kleine Karawane, die sich durch die Kreuzstraße parallel zur Busstrecke und danach über eine große Freifläche Richtung Camp bewegt. Dort hat sich über Jahre hinweg ein breiter Trampelpfad gebildet. Am Grundelberg stoßen sie ebenfalls auf die Heilmannstraße. Niemand redet, alle geben sich geheim und nur ab und an dreht sich jemand prüfend um. Ein unwirklicher Anblick.

Begegnungen in Buchenhain

Dieses Treiben im näheren und weiteren Umfeld um die Zentrale und die damit verbundenen Assoziationen konnte Freddy nicht mehr ertragen. Also umfuhr er heute zum wiederholten Mal dieses Zentrum des Verdrusses, wie er sagte. Vorbei am Tierpark Hellabrunn und über die Thalkirchner Brücke weiter nach Buchenhain. Nachdem wir unser Gepäck in den Zimmern verstaut hatten, schlenderten wir am Fluss entlang und philosophierten darüber, was wohl als Nächstes geschehen würde. Pünktlich kam Frank mit seinem roten Dreier-BMW vor unsere Unterkunft gerollt. Heike begleitete ihn.

Die bildhübsche Blondine strahlte uns an: »Na, ihr beiden, was ist passiert?« Bei einer Tasse Kaffee erzählte ich von dem Geldschein und dem Anruf. Ich hielt auch nicht mit der Sorge hinterm Berg, dass es mich beunruhige, wie sehr die andere Seite über detaillierte Kenntnisse aus meinem Privatleben verfügte. Heike war aschfahl im Gesicht geworden, Frank dagegen puterrot vor Wut: »So eine Schweinerei, da liefert doch jemand an die Russen! Wenn ich dieses Schwein erwische!«

»Mist«, fuhr Heike dazwischen, »und der Uli ist ausgerechnet im Urlaub. Kommt übermorgen erst wieder.« Uli war das Kürzel für Ulbauer, den Leiter des Untersuchungsreferats. Er galt als altgedienter ND-Fuchs, und alles, was im BND sensibel war, lief durch seine Hände. Auch dadurch hatte er die wohl umfangreichste operative Erfahrung von allen erworben. Und gerade »Uli« war nun nicht zu greifen. »Schöner Mist«, sagte ich. Frank dachte einen Moment nach: »Wir müssen sofort reagieren. Dann muss Olgauer halt ran.« Dabei atmete er tief durch und schaute Heike fragend an. Sie verdrehte die Augen und wackelte mit dem Kopf. Dann entwich ihr ein seufzendes: »Na, Klasse!« Freddy sah zu mir herüber, zog die Mundwinkel nach unten und die Schultern hoch.

Ich hakte nach: »Was ist? Ist was mit Olgauer?« Sie antwortete stotternd: »Nee, nee nix, gar nix, ist alles okay!« Dann blickte sie Frank tief in die Augen und zuckte mit den Schultern. Sie griff sich die Autoschlüssel und stand auf: »Bin in einer halben Stunde zurück.« Frank erhob sich ebenfalls und brachte sie bis zur Tür. Dort sprachen sie kurz miteinander. Heike gestikulierte dabei wild herum.

Dann kam Frank mit schlurfendem Schritt zurück. Es war für uns schon ein gewohntes Bild. Mit vorgestrecktem Kopf und leichtem Rundrücken stand er vor uns. Sein Gesicht war grau und er sah überarbeitet aus. Aber seine blauen Augen funkelten intelligent und neugierig. Er trug wie meist eine dunkelgraue Flanellhose mit einem teuer wirkenden Gürtel. Ein dunkelblaues, fast schwarzes Sakko. Der Zweireiher hatte verzierte silberne Knöpfe und schien bei dem Mann mit eher mittlerer Statur etwas überdimensioniert. Sein graublondes Haar war ordentlich gescheitelt und gekämmt, die Schuhe blitzblank und bestens poliert.

Bei jedem anderen hätte das alles aalglatt und nach einem Lackaffen ausgesehen. Nicht so bei ihm. Er strahlte trotz seines formellen Äußeren eine gewisse Herzlichkeit und Wärme aus. Das kam nicht nur von seinen klaren Augen und dem wettergegerbten Gesicht. Er vermittelte einfach etwas Positives. Sein markantes Lachen war unverwechselbar, die Sprache eindeutig und für eine Führungsfigur im

BND erstaunlich ehrlich und geradlinig. Ein aufrechter und schnörkelloser Typ, wie man ihn selten findet.

So stand er nun vor uns. Eine Hand in die Hüfte gestemmt und mit der anderen nach dem unvermeidlichen Zigarillo greifend, das im Aschenbecher auf ihn wartete. »Jungs, das kriegen wir hin«, sagte er in väterlichem Ton und fügte nach ein paar Sekunden Pause hinzu, »wir müssen nur aufpassen, dass dabei keiner von uns unter die Räder kommt.«

»Immer schön vorsichtig«, ergänzte ich, »Schritt für Schritt, wie in einem Minenfeld!« Er fing laut an zu lachen: »Norbert, Freddy, wir haben hier im Dienst auch ein Minenräumkommando!« Wir beide schauten uns verdutzt an. »Wisst ihr, wie die beim BND das machen?« Prustend vor Lachen, stand er auf: »Also, Minensuche beim BND, das machen die so!« Er schloss die Augen, steckte beide Zeigerfinger in seine Ohren und patschte mit dem linken Fuß suchend auf dem Boden herum. Nach dieser Pantomime gab es kein Halten mehr für ihn. Grölend vor Lachen schlug er sich mit beiden Händen auf die Oberschenkel. Ob wir mehr über dieses Sinnbild oder seinen Auftritt lachten, weiß ich heute nicht mehr. Jedenfalls waren für einen Moment lang unser aller Sorgenfalten verschwunden.

Nach einer halben Stunde wollte Heike zurück sein. Als aber mehr als die doppelte Zeit verstrichen war, begann Frank zu telefonieren. Ich spürte, wie alles irgendwie hektischer wurde. Es dauerte noch eine Weile, bis Heike wieder kam. »Entschuldigt bitte meine Verspätung. Aber bis du da drinnen jemanden zu fassen kriegst, der eine Entscheidung fällt, ist der Krieg längst vorbei.« Sie ließ sich auf die Eckbank fallen und orderte Kaffee. »Also, Uli war ja nicht da. Ich hab es erst bei ihm daheim versucht, aber er ist nicht zu erreichen gewesen. Ich also zu Olgauer!« Da war wieder das Augenrollen in Richtung Frank.

»Norbert, ich soll dir von ihm ausrichten, du sollst doch bitte heute Abend, wenn es ruhig im Camp ist, mit Frank reinfahren. Dann will er alles im Detail besprechen. Der hat wohl etwas Größeres vor.« Dann lehnte sie sich gestresst zurück. Das kannte ich doch irgendwoher. Erst wird ein riesiger Wirbel veranstaltet mit den bekannten Heimlichkeiten, Konspiration und all dem Gedöns und hinterher werde ich wieder der Gelackmeierte sein. Nein, diesmal nicht – bestimmt nicht – und schon gar nicht ins Camp. Mein Entschluss stand felsenfest.

Ich wollte lediglich melden, was passiert war, und mir Verhaltensregeln abholen, sonst nichts. Eine längere Diskussion zwischen Freddy und mir auf der einen Seite und Frank und Heike auf der anderen folgte. Zahlreiche Telefonate mit der Zentrale wurden von den beiden Sicherheitsleuten geführt.

Gegen 19.30 Uhr erschien Olgauer höchstpersönlich. Er wirkte genervt, bemühte sich aber dennoch, Verständnis für meine Situation aufzubringen, und akzeptierte letztendlich meine Weigerung, das BND-Gelände zu betreten.

Und wieder Personenschutz

Es sollte die verrückteste Zeit meiner Dienstzeit werden. Hätte ich gewusst, was nun auf mich zukommt, nicht einmal im Traum wäre ich auf den Gedanken gekommen, auch nur einen einzigen Schritt für diesen BND vor die Tür zu setzen.

Zunächst musste ich Olgauer alles noch einmal im Detail berichten. Es war spät geworden und so verabschiedeten wir uns, um am nächsten Tag auf konkrete Anweisungen zu warten.

Gegen halb zehn Uhr kam Heike mit einem bordeauxfarbenen BMW auf den Parkplatz des Hotels gerauscht. Sie brachte eine ganze Reihe von Neuigkeiten. Noch in der Nacht hatte Frank ein Observationskommando an meinen Wohnort geschickt. Sie sollten dort die Familie bewachen und das nähere Umfeld im Auge behalten. Die guten Kenntnisse der Russen über meine privaten Verhältnisse hatte doch zu einer gewissen Besorgnis der BND-Oberen geführt. Nun ging das Spektakel also wieder los. Ich kannte das gesamte Drumherum schon aus den früheren Ermittlungen im Fall »Spielball«.

Vier Observanten der Außenstelle QB lösten sich nun zu zweit zu einer Tag- und Nachtschicht ab. Nach ein paar Wochen sollte dieses Engagement des Dienstes auf zwei Personen reduziert werden, die rund um die Uhr für die Sicherheit der Juretzkos verantwortlich waren. Sie zogen in ein kleines Backhaus, das meine Frau und ich in den Jahren zuvor auf unserem Grundstück neu errichtet hatten.

Zunächst aber gab es mündliche Anweisungen, die mir Heike und Frank überbrachten. Es sollte eine heikle Mission werden, die mir der BND da vorschlug. Unter dem gewaltigen Druck der damaligen Situation – ich hatte Angst davor, was wohl passieren würde, wenn ich mich weigerte, die Anweisungen meiner Chefs zu befolgen – stimmte ich den Plänen von Olgauer & Co. zu. Freddy hatte meine Lage präzise und knapp zusammengefasst: »Du hast doch gar keine andere Chance! Jetzt bist du ein ganz armer Hund!«

Also Augen zu und durch, dachte ich. Zunächst bekam ich den Auftrag, das nächste Telefonat mit dem fremden Anrufer auf Band aufzuzeichnen. Dabei sollte ich zum Schein auf das Gesprächsangebot eingehen. Es galt, den Treff in Deutschland durchzuführen oder im westlichen Ausland. Dabei trat schon das erste Problem auf. Es gab kein geeignetes Aufzeichnungsgerät, das man mir an die Hand geben konnte. Ich polterte genervt los: »Was ist das hier wieder für ein Mist! Wenn ihr wollt, dass das Gespräch aufgezeichnet wird, dann sorgt bitte auch für die Technik.« Heike quittierte das nur mit Achselzucken. Nach langem Hin und Her erklärte ich mich bereit, mit eigenen Bordmitteln das nächste Telefonat mitzuschneiden. Das würde aber nur mit meinem Festnetztelefon funktionieren, nicht beim Handy.

Unruhig und genervt trat ich die Heimreise an. Bei strahlendem Wetter saß ich im ICE nach Hannover. Nun hatte ich einmal mehr ein dienstlich bedingtes Problem, das mein Privatleben über Gebühr zu beeinflussen drohte. Hinzu kam dieses Gefühl des völligen Alleingelassenseins. In der Zentrale herrschte wegen der neuen Situation Hektik und Betriebsamkeit.

Um mich, den eigentlich Betroffenen, kümmerte man sich überhaupt nur am Rande. Zunehmend kamen in mir tiefe Zweifel auf, ob es überhaupt richtig gewesen war, den Vorfall zu melden und die Sache weiterzuverfolgen. Ich bezweifelte auch, ob es richtig war, für die eigene Sicherheit und zum Schein auf das russische Angebot einzugehen. Es konnte nicht gut sein, den Anrufer möglicherweise gar zu treffen.

Wie ich im Einzelnen vorzugehen hatte, sagte mir freilich niemand. »Das spielen wir mit«, hatte Olgauer selbstbewusst gesagt. Dabei hatte er den Eindruck vermittelt, als ob er eine kühne Attacke gegen den russischen Geheimdienst reiten wolle. Er strotzte nur so vor Tatendrang, dass es mir angst und bange wurde. Über das Wie hatte er sich leider nicht näher ausgelassen. Keine konkreten Anweisungen, schon gar kein Training in irgendeiner Form. Es blieb alles so unverbindlich, wie es für diesen Nachrichtendienst üblich war und ist. Im Gegenteil, die Sicherheitsleute verunsicherten mich noch zusätzlich.

Auf der einen Seite war man gewillt, diese Nachrichtendienstnummer durchzuziehen. Auf der anderen Seite kamen von denen, die aus meiner Sicht über wirkliche Fachkompetenz verfügten, nicht viel mehr als Stirnrunzeln und offenkundige Zweifel. Eine vertrackte Situation, die nicht zu meiner Beruhigung beitrug.

Ulbauers Zweifel

Am Nachmittag erreichte ich endlich meinen Wohnort. »Wie lange willst du eigentlich noch für diese Scheißfirma arbeiten?«, begrüßte mich meine Frau an der Haustür betont herzlich. Sie war sichtlich genervt. Die zum Personenschutz abkommandierten Observanten aus Offenbachs Außenstelle hatten nicht nur unser Backhaus bezogen und mit ihrer Bodyguard-Tätigkeit begonnen, sondern auch sonst schon ganze Arbeit geleistet.

Ein Team hatte meine Frau beim Spaziergang mit unserem Hund begleitet. Sie war zu Fuß gegangen, die »Beschatter« mit dem Auto langsam hinterhergefahren. Quer durch den Wald! Dabei hatten sie einen Alfa Romeo in Metallic-Silber benutzt. Um der Konspiration das i-Tüpfelchen aufzusetzen und der Umwelt zu demonstrieren, dass es sich bei dem Gefährt nicht nur um ein Observationsfahrzeug handelte, hatten die Münchner Spezialisten seinerzeit das edle Auto sogar tiefer legen lassen. Weshalb die Schlingel von QB 30 es nunmehr als Geländewagen einsetzten, sollte ihr Geheimnis bleiben.

Jedenfalls verloren sie bei dieser Off-Road-Nummer die höchstdienstlichen Wechselkennzeichen. Dabei handelt es sich üblicherweise um fiktive Nummernschilder, die für das entsprechende Fahrzeug von einem Deckkennzeichengeber im Auftrag des BND angemeldet werden. Je nach Auftrag haben die Mitarbeiter mehrere Sätze im Kofferraum liegen. Damit das eigentliche Umtauschen, beispielsweise von einem Stuttgarter auf ein Hamburger Kennzeichen, möglichst schnell geht, befinden sich auf der Rückseite der Kennzeichen, hinter den Befestigungsschrauben, zwei fünf Zentimeter lange Metallstifte mit je einem Sprengring.

So konnte man die Nummernschilder einfach aufstecken. Allerdings hatte das System einen Nachteil! Die zur Sicherung eingesetzten Sprengringe gingen leicht kaputt oder leierten aus, was dazu führte, dass immer wieder Kennzeichen verloren wurden. So auch hier. Der Querfeldeinfahrt hatten die besagten Teile nicht standgehalten und sich lautlos in Richtung Waldboden verabschiedet.

Nun waren also die beiden Off-Road-Observanten damit beschäftigt, nach den verlorenen Dienstschildern zu suchen. In der Dämmerung und zu Fuß, seit Stunden und vorsichtshalber schon mit Taschenlampen bewaffnet. Immerhin hatten sie enorme Angst, dass irgendwer die Dinger finden könnte. Die Vorstellung, was der Verlust an Schreibkram und Erklärungsbedarf mit sich gebracht hätte, ließ sie ihren eigentlichen Auftrag vergessen.

Das zweite Team hatte einen Zusammenstoß mit einem tief fliegenden Bussard gehabt und weilte deshalb seit geraumer Zeit in einer Werkstatt, wo Scheinwerfer und Kühlergrill repariert bzw. ersetzt werden mussten.

Meine Frau jedenfalls war bedient: »Wie lange wird der Zirkus denn dieses Mal dauern?« Ich hatte keine Ahnung. Wenn ich gewusst hätte, wie sich alles weiterentwickelt, ich hätte sofort angefangen zu heulen.

Am Montag darauf erreichte mich ein Anruf: »Na, Meister? Wie geht es?« Der Mann hatte seinen Namen nicht genannt, aber mittlerweile war mir die Stimme sehr vertraut. Es war Ulbauer, Referatsleiter im Untersuchungsreferat und seit einigen Monaten mein Chef. »Na ja«, antwortete ich, »eher so lala!«

»Ich habe schon davon gehört!«, sprach er ruhig weiter. »Wir müssen uns unbedingt sehen. Ich möchte noch mal alles von Ihnen im Detail erzählt bekommen. Gibt es aktuell was Neues?« Ich verneinte. »Das ist absoluter Blödsinn, was der O [Olgauer war gemeint] da vorhat. Das kommt gar nicht in die Tüte. Mitarbeiter verheizen. Außerdem können wir so ein Spielchen gar nicht. Also machen Sie sich keine Sorgen und kommen Sie noch einmal nach München. Dann werden wir die Geschichte kurzerhand beerdigen. Ich mag diese Räuber- und Gendarmspielchen nämlich nicht«, dozierte er.

Irgendwie erleichtert, dass da offensichtlich jemand ganz cool und ohne Hektik reagierte, vereinbarten wir einen Termin für den übernächsten Tag. Und ehe ich mich versah, fand ich mich schon wieder in München. Nach alter Gewohnheit trafen wir uns nicht etwa in seinem Pullacher Büro, sondern außerhalb der großen Spionageherberge.

Außer unserem akuten Problem hatten wir noch einige andere, die Quellenführung betreffende Dinge zu besprechen. Deshalb war Freddy mit angereist. In dieser Phase war ich hin- und hergerissen. Im BND-Camp mochte ich nicht mehr sein. Meine Zeit war dort für mich schon längst beendet. Zu Hause hielt ich es aber auch nicht aus, in diesem Chaos von Observation und Personenschutz. Ich lebte mit dem akuten Gefühl, wie ein Kaninchen vor der Schlange zu sitzen und stoisch zu warten, was passieren würde. Am wohlsten fühlte ich mich unterwegs. Auf dem

Weg nach München, wo mich vielleicht doch einmal eine gute Nachricht oder etwas Positives erwarten würde. Oder auf dem Weg nach Hause, mit der Vorfreude auf Frau und Familie. Eine seltsame Zerrissenheit hatte von mir Besitz ergriffen.

Als Freddy und ich endlich unser Trefflokal erreichten, wartete Uli, wie wir ihn kurz nannten, schon auf uns. Er saß, wie so oft zuvor, im inzwischen nicht mehr existierenden » Wienerwaldrestaurant« an der Fraunbergstraße, einen Steinwurf von der Thalkirchner Brücke entfernt. Dort konnten wir uns sicher fühlen vor etwaigen unliebsamen Zuhörern.

Uli rührte in seinem Kaffee herum und strahlte, als er uns sah: »Na, ihr zwei Helden, wie schaut es aus?« – »Ernst, aber nicht hoffnungslos«, erwiderte Freddy mit einem breiten Grinsen im Gesicht. »Aber auch nicht hoffnungsvoll«, ergänzte ich besserwisserisch. Uli lachte: »Nur immer mit der Ruhe. Wir werden jetzt alles durchsprechen.«

Dann musste ich ihm zunächst den akuten Fall im Einzelnen vortragen. Jedes noch so kleine Detail wollte er wissen. Immer und immer wieder ließ er sich den Verlauf des Telefonats und alle anderen Besonderheiten der letzten Tage berichten. Er lauschte nachdenklich und schweigsam, ließ nur gelegentlich mal sein vertrautes »Ahaaa?!« hören.

Ulbauers Analyse bestand aus zwei Teilen und war jeweils eindeutig:

»Erstens! Die Russen müssen unter ungeheurem Druck stehen. Keiner wusste, dass ihr die Quellennamen vertauscht hattet. So haben sie ganz offensichtlich Quelleninformationen von einem Informanten im BND erhalten, die falsch waren. Weder der russische Dienst noch ihr Informant konnten davon ausgehen, dass die Namen und Daten nicht der wahren Identität eurer Quellen entsprachen.

Sie müssen aber unbedingt den Sachverhalt aufklären. Tun sie das nicht, ist ihr Informant im BND wertlos. Seine Angaben könnten von ihm selbst gefälscht sein, oder aber der BND hat ihn enttarnt und versorgt ihn gezielt mit Desinformationen. Vielleicht füttert der BND diesen Informanten ohne sein Wissen mit falschen Daten und Fakten. Dann wäre die hochrangige russische Quelle bei uns in Gefahr.«

»Was bedeutet das?«, fragte ich.

»Das bedeutet, dass die andere Seite uns ernster nimmt, als wir in Wirklichkeit sind. So ein Spielchen mit einer umgedrehten Quelle oder gar gezielter Desinformation können wir doch gar nicht! Wir haben keinen Apparat, der so was beherrschen würde. Keine Unterabteilung oder kein Referat, die in der Lage wären, so etwas zu bewerkstelligen. Wir sind wohl der einzige Dienst auf der Welt, der sich eine solche Komponente nicht leistet.«

»Kann er ja auch nicht«, entfuhr es mir, »dafür bräuchten wir auch intelligentes Personal! Ist ja wohl eher etwas für Schachspieler.« Freddy prustete vergnügt in seinen Kaffee. »Hallo, hallo, meine Herren«, ermahnte uns Ulbauer. Dann griente er wissend und fuhr fort:

»Noch erstens! Die einzige Möglichkeit, die Hintergründe zu erhellen und damit ihren eigenen Maulwurf zu enttarnen, seid deshalb ihr zwei. Oder besser gesagt, einer von euch beiden. Da der Bundesnachrichtendienst dich, Norbert, damals in der Nürnberger Sache enttarnt hat und du ja auch der eigentliche Quellenführer bist, ist dieser Ansatz auf dich nur logisch. Was nicht bedeutet, dass man es auch bei dir, Freddy, versuchen wird, wenn es bei Norbert nicht funktioniert.

Aber nun zweitens! Was Olgauer da vorhat, ist – entschuldigt – absoluter Blödsinn. Ich sehe keinen Zweck in der Aktion. Wir sind hier zum Scheitern verurteilt und werden uns mit Sicherheit total blamieren. Was soll das Ganze? Was bezweckt er? Nun gut, wenn es zu einem Treffen kommt, erfahren wir, wer da Kontakt aufnimmt. Aber dann, was dann?

Mehr als ich bisher weiß, werde ich dann auch nicht erfahren. Wohin will er das Spiel treiben? Dabei werden unsere eigenen Leute immer stärker gefährdet. Je länger es dauern wird, sofern die Aktion nicht gleich von Anfang auffliegt, desto schwieriger wird ein Ausstieg aus der Sache. Und gefährlicher für euch. Also, was soll das dann? Olgauer hat sich förmlich in diese Geschichte verrannt. Aber wo ist der Nutzen? Ich sehe keinen. Bedenken Sie das, bei allem, was jetzt kommen wird.«

Ulbauer lehnte sich zurück und zog tief an seiner Zigarette. Nachdenklich blies er den Tabakrauch gegen die Decke. Na vielen Dank, dachte ich bei mir. Und nun? Freddy schüttelte ungläubig den Kopf. Da versuchte mein nächsthöherer Chef, mich in ein ND-Abenteuer zu hetzen, und mein direkter Vorgesetzter erklärte mir seine grundlegenden Vorbehalte gegen genau diese ganze Aktion.

Ulbauer war der Erfahrenere von den beiden. Seine Einwände waren plausibel. Olgauer aber hatte das Sagen. Was sollte ich tun? »Also beerdigen wir das Ganze?«, fragte ich vorsichtig nachhakend und ergänzte: »Ich ändere alle meine Telefonnummern. Dann gibt es auch keinen zweiten Anruf. Jedenfalls nicht in der nächsten Zeit. Außerdem bin ich seit Wochen im Krankenstand, darf gar nicht reisen.«

Stolz auf meinen Vorschlag und froh, dass er sich eindeutig gegen ein solches ND-Spiel stellte, zündete ich mir eine Zigarette an und wartete auf eine Reaktion meines Chefs. Der wiegte seinen Kopf langsam hin und her: »Nee, nee! Schon zu spät! Übrigens, ich bin bereits raus aus der Sache.

Der Alte ist voll auf die Geschichte angesprungen. Will das alles selbst machen. Wittert wohl 'ne große 007-Nummer. Ich hab noch versucht, ihn zu überreden, die Aktion abzublasen. Aber er hat mir die ganze Angelegenheit aus der Hand genommen, obwohl ich eigentlich zuständig wäre. Er will es unbedingt selbst machen. Ich kann von jetzt an nicht mehr tun, als dagegen zu sein.«

Freddy wurde sauer: »Das kommt mir irgendwie bekannt vor! Da wollen sich ein paar Herren profilieren. Okay! Wenn es gut läuft, dann lassen sie sich feiern. Geht die Geschichte aber in die Hose, ist er wieder die arme Sau.« Freddy deutete auf mich und fügte an: »Scheißladen! Ich hab so die Schnauze voll von diesem Scheißladen!« Unser Boss zog nur die Schultern hoch und antwortete: »Abwarten! Warten wir doch erst einmal ab, was passiert. Vielleicht meldet sich der Typ ja gar nicht mehr und wenn, ich bin ja auch noch da. Wir besprechen jedenfalls alles, was noch in dieser Sache anliegt. Okay? Ich werde Sie jedenfalls unterstützen, so weit es geht.«

Wir nickten beide artig und trotz allem reichlich betreten. Unzufriedener denn je, trat ich meine Heimreise an. Das alles ließ nichts Gutes ahnen. Wenn ich doch nur damals schon gewusst hätte, was bald passieren sollte.

Der Lockvogel meldet sich wieder

Es waren nur wenige Tage vergangen, unsere »Beschatter« vom Observationskommando QB 30, wie meine Frau Karin sie nannte, waren mittlerweile auf ein zweiköpfiges Team reduziert worden. Wöchentlich kam die Ablösung. Da passierte es dann doch noch. Insgeheim hatte ich ja gehofft, der fremde Anrufer mit dem östlichen Klang in der

Stimme würde sich nie wieder melden und für alle Zeiten in der Versenkung verschwinden. Aber diese Hoffnung zerschlug sich schneller, als ich es erwartete.

»Hallo, mein Lieber! Na – wie geht es dir? Erinnerst du dich an mich? Hier ist Wolfgang – du verstehst?«, klang es aus meinem Handy. Und ob ich verstand. Nun war es also doch so weit. Keine Eintagsfliege oder Provokation der russischen Seite, sondern mehr. Wie viel mehr, dass sollte ich noch erfahren.

Mein Herz pochte. Er hatte nicht bei mir zu Hause angerufen, wie beim letzten Mal, sondern auf meinem Handy. Ausgerechnet auf dem dienstlich gelieferten Mobiltelefon mit der Geheimnummer. Woher hatte er sie nur?

Mein Privattelefon hatte ich präpariert, um den Anruf aufnehmen zu können. Hier, beim Handy, ging nichts in Sachen Mitschnitt. Für einen Moment verfluchte ich den Dienst, der wieder einmal nicht in der Lage gewesen war, sicherzustellen, dass meine Anrufe insgesamt aufgezeichnet werden.

Sie hatten wie so häufig mit sich selbst zu tun und planten theoretische Folgetreffen, ohne zu wissen, wohin die Reise überhaupt gehen sollte. Im übertragenen wie auch im ursprünglichen Sinn des Wortes. Dabei wäre es für eine vernünftige Bewertung doch so wichtig gewesen, die telefonischen Kontakte zu analysieren und entsprechende Konsequenzen daraus zu ziehen. Ganz abgesehen von den notwendigen Handlungsanweisungen, die sich für mich daraus ergeben hätten. Aber nichts dergleichen.

In München plante man ins Blaue und mich ließ man mit der eigentlichen Sache im Regen stehen. Der Personenschutz, der meine Kinder zur Schule begleitete und meine Frau zum Einkaufen, half da keinen Deut. Dadurch hatte man mir auch wieder auf besonders clevere Weise das Risiko übertragen, falls mir ein Fehler unterlief. Eine scheußliche Situation, in der ich mich befand. Ich kannte dieses Gefühl, allein gelassen zu sein, und ich hasste es mittlerweile.

Der fremde Anrufer hatte mich vertrauensvoll geduzt, als wären wir alte Freunde, und deshalb antwortete ich ihm in der gleichen Weise. »Natürlich erkenne ich deine Stimme«, sprach ich ins Telefon zurück, »woher hast du denn diese Rufnummer?« Er lachte: »Na ja, weißt du – mein Lieber, wir haben doch auch ein bisschen Ehrgeiz. Das ist doch normal, nicht wahr?« – »Ja, das scheint ganz so zu sein«, improvisierte ich nachdenklich eine Antwort.

»Wolfgang«, wie er sich nannte, hakte sofort nach: »Na, und wie geht's, wie steht's? Sollten wir nicht einmal persönlich miteinander reden? Was denkst du?« – »Also, im Prinzip können wir miteinander reden. Aber ich wüsste gern den Grund. Worum geht es?«, fragte ich ihn. Er machte eine kleine Pause: »Weißt du, es gäbe da sicher eine Möglichkeit des konstruktiven Gedankenaustauschs. Wir müssten dringend über ein paar Dinge sprechen. Du brauchst dir auch keine Sorgen zu machen, ich garantiere für deine Sicherheit. Und ich habe dir ja schon gesagt – Geld spielt keine Rolle.«

»Wo wollen wir uns treffen?«, fragte ich nach. »Na ja, was hältst du von Prag? Das ist eine sehr schöne Stadt. Wäre das für dich möglich?«, schlug er vor. »Im Prinzip ja«, entgegnete ich, »allerdings kann ich noch nicht genau sagen, wann ich Zeit haben werde. Aber es müsste an einem Wochenende sein.« – »Das ist okay. Ich melde mich in drei Tagen und wir vereinbaren einen Termin, möglichst bald«, regte er an und fragte noch einmal nach: »Einverstanden?«

»Ja, einverstanden!«, war meine Antwort.

In den ersten Jahren nach dem Anbruch der neuen Zeitrechnung ging es in Prag drunter und drüber. Der KGB hatte sich spätestens 1969 in der alten Tschechoslowakei mit Legalresidenturen festgekrallt und wollte auch jetzt nicht von diesem traumhaften Standort lassen. Man stelle sich das vor, ein Land, das gerade dabei war, von der NATO und von der Europäischen Gemeinschaft aufgenommen zu werden, und wo man als ehemaliger Besatzer trotzdem die alten, bewährten Strukturen pflegen konnte. Die neuen Geheimdienste der Tschechen waren kein Hindernis für die mit allen Wassern gewaschenen Offiziere des längst der Zellteilung zum Opfer gefallenen Geheimbundes von Lenin und Dscherschinski.

Gerade der neue tschechische Inlandsdienst BIS wurde von handwerklichen Pannen und Personalquerelen erschüttert. Als schließlich ein kleiner, unglücklicher Angestellter des Auslandsdienstes UZSI in einem typischen Prager Wirtshaus seines Laptops mit unzähligen Dienstgeheimnissen verlustig ging, geriet die gesamte Struktur der Geheimen durcheinander. Da waren sie erst einmal zu keiner normalen Arbeit mehr fähig. Die restlichen Ordnungskräfte wurden in einem Kleinkrieg mit ukrainischen, tschetschenischen, russischen und albanischen Banden verschlissen, die ihrerseits auf offener Straße gegeneinander das Feuer eröffneten.

Der ehemalige große Bruder nutzte die Formschwäche der tschechischen Schlapphüte und benahm sich so, als sei er hier immer noch zu Hause. Als die verlorenen Brüder merkten, was gespielt wurde, da war es schon fünf vor zwölf. In einem geheimen Bericht hielten sie fest, dass die Hälfte der 63 russischen Diplomaten und 104 andere Mitarbeiter der gewaltigen Botschaft zur Spionagezunft gehörten.

Da waren die so genannten »Illegalen« noch nicht dabei, das sind Agenten, die sich unter einer möglichst guten Legende niedergelassen hatten. Unter ihnen auch russische

Geschäftsleute und andere, die irgendwann mit einer ranken Tschechin die Ehepapiere unterschrieben hatten. Ganz zu schweigen von der fatalen Allianz zwischen den Geheimen und den zunehmend brutaleren Gangstern ihrer weiträumigen Heimat.

In Prag merkte man eines Tages dann doch, dass die alten Besatzer einen vorgeschobenen Brückenkopf aufgebaut hatten. Das regionale Operationszentrum des Militärdienstes GRU war bereits im Schatten des Hradschins neu etabliert worden. Dann gab es natürlich die von weitem erkennbaren, unmodischen Späher des SWR, Jelzins neuem Auslandsnachrichtendienst. Und auch die alten Staatsschützer vom FSB, die sich noch gut an die glücklichen Tage im westlichsten Ausläufer des Warschauer Pakts erinnern konnten.

Noch immer ging es ihnen gut, da die Tschechen während der gesamten 1990er-Jahre nur einen einzigen russischen Diplomaten nach Hause schickten, die Deutschen allein 150. Jedenfalls soll das so der Brauch gewesen sein, bevor Schröder und Putin ihr Techtelmechtel begannen.

Das ist des Pudels Kern: Den russischen Spionen in Prag ging es auch deshalb gut, weil ihre Gastgeber jahrzehntelang nicht gelernt hatten, wie man sich ihrer entledigen konnte. In Richtung Osten funktionierte die Abwehr erst, als Schwejks Nachkommen zur Gänze im Westen angekommen waren.

Der Marschbefehl nach Prag

Wie verabredet, setzte ich mich gleich am nächsten Morgen in ein Flugzeug nach München. Es war vereinbart, direkt nach der neuen Kontaktaufnahme von »Wolfgang« bei

Olgauer Bericht zu erstatten. Zuvor lief aber das bewährte Ritual ab. Freddy holte mich am Flughafen Franz-Josef-Strauß mit seinem Privat-Pkw ab. Auf dem Weg in die Stadt besprachen wir die Lage, sicher war sicher. Dann ging es zu Ulbauer. Zum damaligen Zeitpunkt vertrauten wir ihm schon blind. Er schien einer der ganz wenigen aus der »Firma« – und von den Vorgesetzten wahrscheinlich der Einzige – zu sein, auf den tatsächlich Verlass war. Da das Gespräch mit ihm nur halboffiziellen Charakter hatte, obwohl er ja unser direkter Vorgesetzter war und wir ohnehin nicht mehr ins Camp gingen, trafen wir uns außerhalb in unserem Stammhotel Buchenhain.

Er hatte Frank und Heike mitgebracht. Wir diskutierten nun zu fünft die neue Lage. Ulbauer saß quasi als unser Vertrauter am Tisch. Heike und Frank waren hochoffiziell von Olgauer entsandt worden, der selbst keine Zeit hatte. Ulbauer als Sachgebietsleiter im Untersuchungsreferat war Chef von uns allen. Er musste in dieser Situation sehr umsichtig vorgehen. Bei Freddy und mir war das ziemlich egal, aber zumindest den beiden anderen gegenüber musste er bedachtsam, ja sensibel mit seinen Argumenten taktieren. Immerhin waren sie mit der Durchführung des Falles betraut und dadurch Olgauer gegenüber zu besonderer Loyalität verpflichtet. Und das, obwohl sie eigentlich ihrem Uli näher standen. Ich wusste, dass sie befreundet waren und auch privat miteinander verkehrten. Eine wirklich bizarre Situation, aber bezeichnend für die verkorkste innere Struktur dieser Behörde.

So diskutierten wir über mehrere Stunden den Fall rauf und runter. Mir wurde zunehmend unbehaglicher bei der Sache. Ich merkte, wie mich Heike immer wieder fixierte. Sie spürte wohl, dass die Geschichte zu kippen begann. Mit einigen wenigen Augenaufschlägen signalisierte sie Frank den Rückzug. Der reagierte auch postwendend: »Leute, nehmt es mir nicht übel, aber ich hab auch noch was anderes zu tun, als hier herumzudebattieren. Wir haben es eh nicht in der Hand. Wenn Olgauer sagt, wir fahren nach Prag, können wir machen, was wir wollen, dann ist das so.«

»Und wenn ich sage, ich fahre nirgendwohin, dann fährt auch keiner nach Prag!«, gab ich ihm entnervt zurück. Er legte seine väterliche Platte auf: »Norbert, du hast ja Recht. Im Prinzip sind die Zweifel, die Uli vorbringt, gerechtfertigt. Aber wir sollten tatsächlich mal überlegen, ob uns die Aktion nicht weiterbringt. Dass hier ein Riesenleck im BND ist, das sieht doch wirklich der Dümmste. Da können wir doch nicht tatenlos zusehen. Dann mache ich lieber irgendetwas, als die Hände in den Schoß zu legen.«

Freddy lächelte ihn an: »Ja, ja, Monsignore! Und wenn wir dann schon Scheiß machen, dann machen wir aber auch gleich richtigen Scheiß mit Schwung!« Frank schaute gequält, Heike stieß einen Seufzer aus und Uli quittierte alles mit einem: »Schauen wir mal!« Dann erhob sich das Trio und zog von dannen. In zwei Stunden wollten Heike und Frank zurück sein, um mir die neuesten Direktiven von Olgauer zu überbringen. Da saß ich nun wie ein Häuflein Elend.

Nur gut, dass Freddy an meiner Seite war. Was hätte ich nur ohne ihn gemacht?

Die Agenten-Abenteuer-Tour beginnt

Die Operation der geheimdienstlichen Gegenseite nahm also ihren unheilvollen Lauf.

Ein paar Jahre später wird der Nachfolger von Olgauer eine ganz persönliche Bewertung über das, was nun passieren sollte, abgeben. Es habe sich um die hohe Schule des ND (Nachrichtendienst) gehandelt, wird er staatstragend und theatralisch sagen. Kein Außenstehender hatte auch nur den Hauch einer Ahnung, was dieser 007-Verschnitt unter »hoher Schule« verstand. Wenn die Öffentlichkeit erfahren würde, was hohe Schule des ND beim Bundesnachrichtendienst bedeutet, sie würde wohl keinen Cent mehr für diesen Laden ausgeben.

Mit neuen Anweisungen ausgestattet und mit aufrichtigen Beileidsbekundungen meines Partners, ging es zurück nach Hause. Die Botschaft meiner Vorgesetzten war glasklar. Beim nächsten Anruf von »Wolfgang« sollte ich einen Termin vereinbaren. Dabei sei Prag oder Wien als Treffort der Vorrang zu geben.

Die Kontaktaufnahme ließ nicht lange auf sich warten. Pünktlich klingelte das Telefon. Aber weder eine meiner Handynummern wurde angerufen noch mein Festnetztelefon. Er rief auf der gesonderten Rufnummer meiner Alarmanlage an. Nach den massiven Morddrohungen, die mich und meine Familie kurz nach der Operation »Spielball« in Angst und Schrecken versetzt hatten, war von den Technikern des Dienstes in meinem Haus eine sehr aufwändige Alarmanlage installiert worden. Mit mehreren Videokameras und Bewegungsmeldern, Lichtschranken und Überfallhandsendern wurde mein Privathaus zu einer kleinen Festung umgebaut.

Dazu war es seinerzeit notwendig geworden, die Einbruchmeldeanlage und den Überfallalarm direkt bei der Polizei per Telefonleitung aufzuschalten. Hierfür gab es eine gesonderte Geheimnummer und ein Telefon, das neben der Anlage stand. Genau auf diesem Apparat rief »Wolfgang« an. Offensichtlich wollte er sein Herrschaftswissen demonstrieren und dabei seinem Ansinnen Nachdruck verleihen. Jedenfalls brauchte ich einen Moment, bis ich realisiert hatte, welches Telefon überhaupt geläutet hatte. Da stand ich nun in meinem Hauswirtschaftsraum neben der Alarmanlage und telefonierte zwischen Gefriertruhe und Wäschetrockner mit meinem russischen Interessenten. Das Gespräch verlief kurz und bündig. »Wolfgang« war höflich und verbindlich. Er bemühte sich merklich um ein Zustandekommen des Treffens. Wir einigten uns schnell auf einen Termin und legten Prag als Treffort fest.

Per Kurier übermittelte ich die Daten an die Pullacher Zentrale. Ich wurde angewiesen, zwei Tage vor dem Treffen nach München zu kommen. Wieder einmal empfingen mich Frank und Heike. Ihnen war eine gewisse Anspannung und Neugier anzumerken. Jetzt bekam auch ich meine genauen Instruktionen. Frank wies mich in die Pläne ein. Er wollte mit fünf Teams seines großen Observationskommandos mit dem Pkw anreisen. Eventuell sollten Olgauer und Heike den Flieger nehmen. Man wusste allerdings nicht, ob sie noch eine Reservierung auf der Linienmaschine München–Prag bekommen würden.

Dabei hatten sie über Wochen Zeit gehabt, alles vorzubereiten, und nun traten die ersten Probleme schon bei der Anreise auf. Über meinen Reiseweg hatte sich die Truppe überhaupt noch keine Gedanken gemacht. Es war einfach trostlos. »Wie willst du denn anreisen?«, fragte Frank. Die Antwort erhielt er prompt: »Auf einem Esel! Du weißt schon – konspirativ! Oder vielleicht hat die Bahn ja noch eine Draisine für mich. Dann brauche ich nur noch zwei Helfer, die das Ding bewegen!« Da er merkte, dass ich das Thema nicht besonders sexy fand, sagte er: »Tja also, du kannst ja, wenn du willst, auch ...« Ich unterbrach ihn: »Ich fahre mit dem Zug. Basta! Macht euch mal um mich keine Sorgen. Ich werde pünktlich am Ort sein. Dann sehen wir ja, ob ihr alle rechtzeitig kommt. Wenn nicht, fange ich schon mal ohne euch an.«

Heike duckte sich weg und verzog die Mundwinkel nach unten: »Also, wenn du etwas brauchst, oder wir dir helfen können?« Ich warf ihr einen Kuss zu: »Ach, Heike – bitte keine Hilfe bei der Anreise! Bitte nicht!« Beide lachten.

Allerdings währte ihre Erheiterung nur sehr kurz.

Der Leiter dieser Agenten-Abenteuer-Tour ließ mich fragen, unter welcher Legende und mit welchen Deckpapieren ich reisen würde. Ich traute meinen Ohren nicht. Ich sollte Deckausweispapiere einsetzen? Wenn ich diese Reise von der anderen Seite, nämlich von der russischen aus betrachtete, konnte ich doch unmöglich dienstliche Papiere einsetzen. Und ich brauchte keine Legende für die Fahrt nach Prag. Ich wollte eine ganz normale Wochenendreise in die Goldene Stadt machen, so wie es tausende andere Menschen auch tun. Jegliches konspirative Gehabe hätte die Russen nur misstrauisch werden lassen. Denn wenn ich ohne Wissen meiner Vorgesetzten diese Reise unternahm, und davon sollte ja die andere Seite ausgehen, verbot sich automatisch auch der Einsatz von Deckpapieren oder einer Tarnfirma zum Beispiel für das Einchecken im Hotel. Die beiden Kollegen bekamen nun meinen angesammelten Unmut zu spüren. Das ging ja alles »schön« los. Frank wiegelte schließlich ab: »Mach das, wie du willst, es war ja auch nur eine Frage.«

Dann gaben sie mir einige Telefonnummern, damit ich in Prag mit ihnen Kontakt aufnehmen konnte. Mir fiel auf, dass die Handynummern für das damalige D2-Netz aufeinander folgende Rufnummern hatten (...884, ...885, ...886 und ähnlich).

»Was ist das denn?«, fragte ich Frank. Der verdrehte die Augen: »Die Verwaltung hat uns untersagt, selbst Telefonverträge abzuschließen. Die machen das günstiger und kaufen im Paket. Das ist sicher wirtschaftlicher, aber unter nachrichtendienstlichen Gesichtspunkten völlig bescheuert!« – »Ich find das toll, denn so kann ich sie mir auch viel leichter merken«, feixte ich zurück. Er atmete einmal tief durch, um dann über das ganze Gesicht zu strahlen und wie ein Reklamemacher zu rufen: »Diese Nummern laufen in der Verwaltung unter dem Motto: ›Hast du eine – hast du alle!‹« Anschließend machte er eine Pause, in der sich sein Gesicht verfinsterte. Mit Blick auf Heike fragte er: »Was ist? Soll ich mich über so was noch aufregen? Dort sitzen halt nur Universaldilettanten.«

Da sprach der reine Galgenhumor aus seinen Worten. Frank, der seit Jahren die sensibelsten Aktionen für den BND durchführte, konnte nur schwer mit all diesen Unzulänglichkeiten leben. Er war selbst viel zu engagiert und pedantisch, als dass er sich an diese Fülle von Systemmängeln gewöhnen wollte. Und er litt sichtlich daran.

In Prag sollte ich am Zentralbahnhof aussteigen und mit dem Taxi zum Hotel »Intercontinental« fahren. Dort musste ich, so war der Plan, zunächst ein Zimmer beziehen, in das dann später die Techniker von QB 30 eine komplette Videoüberwachung installieren würden. Kopfzerbrechen bereitete mir aber eine ganz andere Anweisung. Olgauer hatte sich lediglich auf dieses Hotel fixiert und angeordnet, dass ich mein Zimmer auf keinen Fall verlassen dürfe.

Kaum einer aus dem Team glaubte, dass es auf diese Weise überhaupt zu einem Treff kommen könne. Blieben wir bei der Verabredung, Treff nur in meinem Hotel, sonst nirgends, bedeutete dies von vornherein, dass es zu keinerlei Zusammentreffen kommen würde. Es wäre jedenfalls völlig unprofessionell, käme der Fremde zu mir. Aber wozu dann der ganze Aufwand? Unbehagen machte sich beim

Offenbachteam, bei Frank selbst und auch bei mir breit. Heike, die Fallführerin, quittierte das alles nur noch mit Achselzucken. Aber der Chef hatte das Sagen.

Strategische Abstimmung

Während wir in München noch tagten, waren die Teams von QB 30 bereits mit ihren zugeteilten Dienstfahrzeugen auf dem Weg in die Tschechische Republik. Das Führungskommando sollte später folgen.

In der Zwischenzeit war ich einigermaßen verunsichert, was die kommenden Tage wohl bringen würden. Am nächsten Morgen trat ich meine Reise so an, dass ich am frühen Nachmittag in Prag war. Der Treff sollte dann irgendwann am Vormittag des übernächsten Tages stattfinden, wenn er unter diesen Voraussetzungen überhaupt zustande kam.

Obwohl ich ja im Zentrum der ganzen Aktion stand, kümmerte man sich herzlich wenig um mich. Es gab keine detaillierten Maßregeln und keine weitere Betreuung in München. Niemanden, der mit mir im Zug reiste. Es war wie immer ein Gefühl der Einsamkeit, der Angst, etwas falsch zu machen und am Ende wieder der Dumme zu sein. Könnte ich doch alles noch ungeschehen machen. Aber hätte ich mich jetzt verweigert, egal, aus welchem Grund, sofort wäre ich unter Generalverdacht genommen worden. Trifft er sich vielleicht heimlich mit den Russen? Warum macht er jetzt einen Rückzieher? Ist etwas faul an der Geschichte?

Es war vertrackt. Der Dienst hetzte mich in dieses Abenteuer; dabei hatte ich doch lediglich einen Sicherheitsvorfall gemeldet. Aber jetzt stand ich unter Druck. Ich redete mir deswegen ein, einfach alles so zu machen, wie ich es für richtig hielt, und fertig. Also Augen zu und durch. Irgendwer würde später schon irgendein Haar in der Suppe finden. Da war ich mir ganz sicher – und ich sollte am Ende Recht behalten.

Zunächst kaufte ich mir ein Buch, in dem ich mir wichtige Notizen machen konnte. Ich wollte kein Schriftstück oder sonst einen Fetzen Papier bei mir haben, der auf meine berufliche Herkunft hindeutete. Also notierte ich mit Bleistift und in Kleinstschrift, penibel verteilt über das ganze Buch, alles was ich an Telefonnummern und Decknamen brauchte und mir irgendwie merken musste. Inklusive aller Tarnfirmendaten, unter der QB 30 reiste, den Hotels, in denen Olgauer und Heike absteigen würden. So füllten sich die letzten Lücken im neuen Kochbuch von Alfred Biolek. Der Titel lautete: *Die Rezepte meiner Gäste*.

Nachdem ich alles säuberlich übertragen hatte, dachte ich im Stillen, wenigstens hatte ich eine gute Reiselektüre erstanden. Dass es das Beste sein würde, was ich von dieser Episode behalten sollte, konnte ich damals nicht ahnen. Dann fuhr ich zurück nach Hannover. Der Plan sah eine Anreise zum Treffen in Prag von dort aus vor.

Gleich am nächsten Vormittag stieg ich am Hannoverschen Hauptbahnhof in den Zug. Meine Zweifel und der Kummer über diesen sonderbaren BND waren großer Neugier und unverkennbarer Spannung gewichen.

Kaum hatte ich mich in meinem Abteil niedergelassen, da klingelte auch schon das Handy. Freddy war dran. »Ich wollte dir nur noch mal alles Gute wünschen. Ich bleibe ständig in Horchbereitschaft. Lass dich von den Deppen nicht verheizen. Wenn es zu arg wird, ruf einfach an, ich hole dich dann raus. Glück ab.« Mit diesem Fallschirmspringergruß verabschiedete er sich selten.

Es zeigte mir aber an, wie sehr er sich Sorgen machte. Ein gutes Gefühl, dachte ich bei mir. Auf den kann ich mich jedenfalls verlassen, wenn etwas schief läuft. Eines war mir jedoch sonnenklar. Sollte mein Gesprächspartner bemerken, dass ich nicht allein in Prag war, könnten sicherlich ungute Situationen heraufbeschworen werden. Denn davon ging ich aus. Der Fremde, der sich »Wolfgang« nannte, würde einen derart heiklen Treff nicht alleine unternehmen.

Als ich die Grenze passierte, stieg mein Puls für einige Minuten an, ein bedingter Reflex aus der Zeit des Kalten Krieges. Danach vergaß ich eine Zeit lang, was ich eigentlich in Prag vorhatte, und genoss den Ausblick. Anschließend ging ich in den Speisewagen, blätterte in meinem neuen Kochbuch und ließ die Landschaft an mir vorbeiziehen. Die Fahrt verging schneller, als es mir lieb war. Eine Stunde, bevor ich mein Ziel erreichen sollte, begann ich, alles zu sortieren und zu verstauen. Handy, Lesebrille, Reiselektüre und so weiter. Alles musste an seinem Platz sein. Das zweite Handy mit der D2-Nummer schaltete ich ein. Vorsichtshalber, denn auf diesem Netz erwartete ich den Anruf meines Treffpartners.

Ich saß immer noch allein in meinem Raucherabteil, als mein Blick auf das kleine Faltblatt fiel, welches in jedem Eurocity ausliegt. *Ihr Reiseplan* – ich nahm ihn zur Hand und dabei schossen mir ein paar Gedanken durch den Kopf. Reiseplan – dachte ich – Reiseplan.

Sollte mein Gesprächspartner wissen wollen, wie ich angereist war und ob ich auch alleine gekommen war, würde er zuvor die verschiedenen Reisepläne checken. Meine Anreise mit dem Flugzeug war unwahrscheinlich, denn auf diese Weise wäre ich gleich mehrfach registriert gewesen. Über die Fluggesellschaft und die Videoüberwachungen an den Flughäfen. Nicht zu vergessen die intensiveren Pass- und Zollkontrollen in den Airports.

Mit dem eigenen Pkw machte auch wenig Sinn, denn der würde ebenfalls auffallen und wäre leicht zu lokalisieren. Möglicherweise würde das Kennzeichen an der Grenze notiert. Die unauffälligste Reiseart war letztlich die mit der Bahn. Setzte man das alles voraus, wäre es nahe liegend gewesen, dass am Bahnhof ein Posten meine Ankunft überwachte. Oder was wäre, wenn man mich dort direkt bei der Ankunft abfinge?

Ich wäre völlig allein und könnte mich dem Ansinnen des Fremden schwer entziehen, ohne sein Misstrauen auf mich zu lenken, denn ich war ja eigens seinetwegen angereist. Dann würde ich möglicherweise ein Gespräch mit ihm führen müssen, ohne dass es unsere Teams überhaupt bemerkten. Keiner hatte an diese Eventualität gedacht, kein Mensch Vorbereitungen für diesen Fall getroffen. Nichts war vorher bedacht worden, rein gar nichts, schoss es mir durch den Kopf.

Ich starrte kummervoll auf den Reiseplan des EC, las und hatte plötzlich eine Idee, die das Risiko eines vorzeitigen Zusammentreffens mit dem Fremden zumindest vermindern würde. Mein Zielbahnhof war Praha Hlavni Nadrazi, der Hauptbahnhof. Also musste ich den Zug einfach eine Station vorher verlassen, um einem vorzeitigen Treffen zu entgehen. Wenige Minuten später stand ich auf dem Vorstadtbahnhof Praha Holesovice. Als ich kurz danach in einem Taxi Richtung Innenstadt fuhr, wusste ich, dass ich zumindest unbemerkt von Freund und Feind Prag erreicht hatte.

Am Wenzelsplatz stieg ich aus und setzte meinen Weg zu Fuß fort. Im dunkelblauen Wintermantel, mit knallrotem Wollschal und meinem grauen Lufthansa-Airbag am langen Arm, schlenderte ich durch Prag, in Richtung Hotel »Intercontinental«. Das Wetter war schön und so ließ ich mir Zeit. An der Rezeption erwartete man mich bereits. Eigentlich wollte ich unauffällig und dezent, ohne großes Aufsehen in mein Zimmer verschwinden.

Denkste! Ich hatte die Rechnung ohne den BND gemacht. Allerdings – im Jahre 1997, durch meine bisherigen Erfahrungen mit der Schnüffelfirma – hätte ich längst mit dem Folgenden rechnen müssen! Denn kaum betrat ich das großräumige Foyer der noblen Herberge, da stürzte auch schon ein Mitarbeiter der QB-Truppe auf mich zu und mimte den alten, lange Zeit nicht mehr gesehenen Freund. Eh ich mich versah, umarmte er mich und nuschelte mir etwas von Reservierung oder so ins Ohr. Ich hatte vorsorglich nicht vorgebucht, denn eine Einzelperson bekam in den Hotels dieser Kategorie stets ein Zimmer.

Immerhin war es noch gar nicht so lange her, dass die Tschechen zum Ostblock nach sowjetischem Muster zwangsrekrutiert waren. Entsprechend eng waren seinerzeit auch die nachrichtendienstlichen Verbindungen. Ich musste daher davon ausgehen, dass die Möglichkeiten und der Einfluss des traditionellen großen Bruders noch nachwirkte und deshalb die Fähigkeiten, eine einzelne Person in einem Prager Hotel ausfindig zu machen, nicht verloren gegangen waren. Nicht ohne Grund wählte mein Gesprächsteilnehmer Prag als Treffort. Schon darum hatte ich es vermieden, vorab ein Zimmer zu bestellen. Das praktizierten wir seit Jahren, und es hatte sich immer bewährt.

Plötzlich und völlig unerwartet stürzte also ein BND-Kollege auf mich zu, um mich vor ein paar Dutzend Hotelgästen, die sich gerade in der Lobby aufhielten, überschwänglich zu begrüßen. Dass er mich dabei nicht auch noch mit einem meiner Decknamen ansprach, die ich ja auf keinen Fall einsetzen wollte, sei hier nur am Rande erwähnt. Sicherlich ging sein Begrüßungsritual im allgemeinen Trubel des Hotelbetriebs unter. Aber durch Zufall kannte ich sein Gesicht genau. Er hatte vor einigen Tagen noch brav seinen Bewacherjob bei mir zu Hause wahrgenommen. Ob es nun sinnvoll war, mit zum Teil denselben Leuten nach Prag zu reisen, die auch bei meiner Familie Schutzdienste ausübten, wage ich zu bezweifeln. Ein Fachmann würde darüber mit Sicherheit den Kopf schütteln.

Auf der anderen Seite wäre es auch nicht gerade glücklich gewesen, wenn mich einer von denen angesprochen hätte, die ich nicht persönlich kannte. Im ersten Moment hätte ich es nicht geschafft, Freund und Feind zu unterscheiden. Aber das Dickste kam noch. Zuerst begrüßte er mich, als habe er mich seit Jahren nicht gesehen, um mir im nächsten Satz zu erklären, dass er bereits ein Zimmer für mich gebucht habe. Es war so peinlich. Wäre ich nicht von der netten Dame an der Rezeption mit meinem richtigen Namen angesprochen worden, ich wäre selbst mit meinen Identitäten durcheinander gekommen.

Beim Ausfüllen des Meldezettels stand mein überschwänglicher Kollege neben mir und musterte meine Eintragungen. Für einen Moment stockte ich und schaute ihn über meine schmale Lesebrille finster an. Er lächelte verlegen und rückte einen kleinen Schritt beiseite.

»Sie gehören auch zur Firma Schmidt-Elektrotechnik aus München?«, fragte die junge Tschechin auf Englisch. Ich war verblüfft: »Äh, tja, äh!« Mein Blick wanderte wieder zu meinem behinderten Begrüßungskomitee und signalisierte so viel wie: Gleich bringe ich dich um. Hier mitten in der Lobby und vor allen Leuten.

Er hingegen strahlte wie ein Honigkuchenpferd und nickte verkrampft. Langsam drehte ich meinen Kopf wieder zurück und strahlte noch mehr als der »dem Tod Geweihte« neben mir: »Ja, äh natürlich«, ich räusperte mich kurz,

»selbstredend, ich gehöre auch zu dieser Münchner Firma Schmidt!« Wobei ich den Namen Schmidt so betonte, dass es laut zu vernehmen war. Als mich mein Betreuer auch noch in den Fahrstuhl begleiten wollte, zischte ich ihn breit lächelnd an: »Mach dich vom Acker!« Der reagierte prompt mit einem: »Ach ja, äh, ich musste, ich wollte, haha, hab ich doch ganz vergessen ...«, und trollte sich von dannen. Als die Fahrstuhltür zuging, verfinsterte sich mein Blick schlagartig. Genau diesen Zirkus hatte ich vermeiden wollen.

Holterdiepolter

Es war wie sooft. Der Anspruch war großdeutsch, die Planung bayerisch und die Ausführung Pullach lokal! Mein Zorn gegen diesen Kollegen verflog recht schnell, immerhin war er nur Befehlsempfänger gewesen. Eines stand jedenfalls für mich nun fest. Kein Aufsehen mehr, so ruhig und still wie nur irgend möglich bleiben. Rasch beschloss ich, an diesem Abend das Hotelzimmer einfach nicht mehr zu verlassen.

Pah – genau das stellte sich nämlich bald als Tagtraum heraus. In Sachen Pleiten, Pech und Pannen darf man diesen Nachrichtendienst niemals unterschätzen. Seine Führungskräfte sind immer bereit, sich neuen Fauxpas leidenschaftlich hinzugeben. Warum hatte ich nur gedacht, hier in Prag könne das anders sein?

Kaum war mein Koffer ausgepackt und die Kulturtasche im Mini-Bad abgestellt, klopfte es auch schon an der Zimmertür. Ich öffnete und Heike schwebte mit verdrehten Augen und wehenden Fahnen herein. Noch ehe ich die Tür schließen konnte, entfuhr ihr ein: »Scheiße!« – »Das kannst du laut sagen«, bekam sie von mir postwendend zurück.

»Was sollte denn dieser Quatsch an der Rezeption?« Mein Ärger stieg wieder an. »Hör mir bloß auf«, unterbrach sie mich. »Der Alte wollte das so. Ich habe auch schon zweimal die Faxen dicke! Er musste unbedingt die ganze Technik einbauen, bevor du da warst. Das war die einzige Möglichkeit, vorab in das Zimmer zu kommen.« – »Hattet ihr den Zimmerschlüssel denn schon vor meiner Ankunft?« – »Nein, den wollten wir, aber sie haben ihn uns nicht gegeben. Deshalb musst du jetzt auch wieder umziehen.«

Dabei zog sie beide Schultern hoch und streckte mir die Handflächen entgegen, als wolle sie einen Friedensvertrag mit mir schließen. »Heeiikeeee«, entfuhr es mir genervt, »tickt ihr alle noch ganz richtig? Offiziell bin ich auf Zimmer 325 und inoffiziell …« Sie unterbrach mich: »418!« Und da war es wieder, dieses Schulterzucken des Bedauerns. Ich konnte es nicht mehr sehen. Wenn es eine typische Geste für diesen BND gab, der das ganze Wesen seiner Fachkompetenz beschreibt, dann war es genau dieses Schulterzucken. Diese O-pardon-Geste.

Im Geiste sah ich das große Tor in Pullach vor mir. Unter dem blau erleuchteten Schild »Bundesnachrichtendienst« prangte ein noch Größeres. Darauf stand »O VERZEIHUNG«!

Ich musste lachen und begann damit, meine Utensilien wieder im Koffer zu verstauen. Dabei schüttete mir Heike, als wollte sie sich entschuldigen, ihre Seele über das Anreisechaos von QB aus. Auf die Schnelle hatte man alle Pkws, die hier zum Einsatz kamen, mit neuen Kennzeichen ausgestattet. Genauer gesagt, man hatte sie unter der Legendenfirma angemeldet und entsprechende Papiere besorgt. Die Kennzeichen selbst hatten noch gefehlt. Als alle Formalien abgeschlossen waren, hatte sich aber die zuständige Dienststelle schon in den Feierabend begeben. Niemand war mehr zu erreichen gewesen und einen Notdienst für solche Fälle gab es nicht.

Dem Engagement eines QB-Mitarbeiters, der in seiner Privatzeit nebenbei als Taxifahrer arbeitete, war es aber gelungen, in München jemanden zu finden, der in der Nacht die notwendigen Kennzeichen noch geprägt hatte. Es war allerdings wie immer alles unter Hektik und Zeitdruck abgelaufen. Immerhin: Mit den Ausweispapieren war an der Grenze diesmal alles ohne Probleme abgelaufen.

Passprobleme

Einige Wochen vorher hatte es eine mehr als peinliche Panne gegeben. Bei der heimlichen Überwachung eines eigenen Mitarbeiters, der im Nahen Osten seine Kreise zog, war die Offenbachtruppe eingesetzt worden. Eigens für diese Operation hatte der Dienststellenleiter für alle Teilnehmer neue Reisepässe anfertigen lassen. Der schwerfälligen Administration im Pullacher Camp gelang es trotz großen Zeitvorlaufs, nur in letzter Sekunde die Ausweisdokumente zu liefern. Am Zielflughafen angelangt, übergab der Leiter des Kommandos die noch druckfrischen Reisepässe en bloc der dortigen Einreisekontrolle.

Der Beamte verschwand mit dem Stapel der Ausweise und das zehnköpfige Team wartete auf die Rückgabe. Dabei ging man davon aus, man würde die Papiere auch wieder als Paket zurückerhalten. Nun war aber den dortigen Kontrolleuren aufgefallen, dass alle Ausweise neu und mit demselben Ausstellungsdatum versehen waren. Das war aber noch nicht alles. Der Satz Reisepässe hatte sinnigerweise auch noch fortlaufende Seriennummern, was die dortigen Sicherheitsorgane zusätzlich stutzig machte.

Aber das eigentlich Unerfreuliche passierte bei der Rückgabe der Papiere. Ein halbes Dutzend Soldaten erschien plötzlich, bis an die Zähne bewaffnet, und baute sich vor dem BND-Observationskommando auf. Ihr Befehlshaber stand mit dem ganzen Paket Reisepässen vor ihnen. Er hielt sie in der Rechten und schlug damit immer auf seine linke Handfläche. Dabei musterte er tief misstrauisch seine deutschen Gegenüber. Dann geschah das Furchtbare, er klappte den ersten Pass auf und las den Namen laut vor. Keine Reaktion bei den deutschen Gästen. Niemand der Heimlich & Co.-Mannschaft kannte den Decknamen seiner neuen Reisepapiere.

Als das Verlesen des dritten Namens immer noch keinen Abnehmer für das Dokument gefunden hatte, fing der Uniformierte schallend an zu lachen. Er drückte das gesamte Paket einem der Deutschen in die Hand und winkte kopfschüttelnd ab. Mit den Worten: »Sie können passieren«, gab er die Einreise frei. Bevor er hinter einer Tür verschwand, drehte er sich noch einmal zu den Gästen um, die damit begonnen hatten, die Ausweise ihren Fotos nach zuzuordnen und zu verteilen. Mit erhobenem Zeigefinger sagte er in bestem Englisch: »Und keinen Unsinn anstellen!« Dann murmelte er noch etwas auf Arabisch und entschwand lachend.

Sightseeing mit Frank und Co.

Also wechselte ich mein Zimmer. Es wartete bereits einer der Techniker auf mich, um mir die Abhörinstallation zu erklären. Das Zimmer war absoluter Standard. Man betritt es durch einen kleinen Flur. Das Bad ist an der linken Seite durch eine Tür abgetrennt. Geradeaus der große Wohnraum mit einem Doppelbett links und einer kleinen Sitzgruppe davor, direkt am Fenster. Daneben ein Sideboard mit einem Fernseher.

Die Techniker hatten hinter den Lamellen des Luftschachts der Klimaanlage, die sich über der Tür befand, die Kamera installiert. Im Fernseher waren das Mikrofon und eine weitere Kamera eingebaut. Als sie mich endlich wieder in Ruhe ließen, kroch ein mulmiges Gefühl in mir hoch. Im Nebenzimmer saß die Führungstroika und verfolgte jede meiner Bewegungen am Bildschirm. Ich konnte es mir nicht verkneifen, die eine oder andere Bemerkung in Sachen Spannertum und Voyeurismus abzugeben.

»Das ist doch völlig bescheuert, was wir hier tun. Der kommt doch niemals in dieses Zimmer!«, redete ich auf die Lamellen der Klimaanlage ein. Langsam stieg der Ärger in mir hoch: »Nun spreche ich schon mit der Hoteltechnik. Um in dieser Firma zu arbeiten, muss man entweder bereits bekloppt oder ernsthaft dazu bereit sein.«

Es klopfte! »Ja, bitte!«, ermunterte ich zum Eintreten. Heike stand wieder vor der Tür. Nicht ohne einen gewissen Galgenhumor empfing ich sie mit den Worten: »Heike, die Zweite! Na, was ging jetzt wieder in die Hose?« Ehe ich mich versah, hatte sie die Tür hinter sich geschlossen, die seitliche Badezimmertür geöffnet und mich am Arm ins Bad gezogen. Schnell schloss sie auch diese Tür. Sie lehnte sich mit dem Rücken dagegen, als wolle sie den Raum verriegeln. Dabei hatte sie immer noch meinen Unterarm fest in der Hand. Lächelnd sagte ich: »Aber Heike! Du gehst ja ran! Wäre es im Wohnraum nicht gemütlicher?«

»Hä, hä, hä«, schnaufte sie ganz außer Atem und zischte: »Sehr witzig, der Herr! Hier ist der einzige Platz, wo wir momentan ungestört reden können.« – »Schade eigentlich«, flachste ich weiter, »also ist doch wieder etwas danebengelaufen.« – »Nein, noch nicht!« – »Wie, noch nicht!?«, stellte ich sie zur Rede. Heike, kurz und knapp: »Olgauer will jetzt mit uns allen zum Essen gehen.« Ich schob mein Kinn nach vorn, legte den Kopf leicht schräg und bat sie: »Könntest du das noch mal langsam wiederholen? Ich glaube, du hast eben ein klein wenig in Kladde gesprochen.«

»Nix in Kladde! Ich versteh es ja auch nicht. Er hat alle zum Essen eingeladen. Frank, meine Wenigkeit, dich und …«, sie machte eine Kunstpause. »Uuuund?«, wollte ich wissen. Sie zögerte einen Augenblick, dann schoss es aus ihr heraus: »… das ganze Observationskommando von QB 30. Fahrer, Techniker, Observanten, alle! Jetzt kommst du!« – »Zieh jetzt bloß nicht deine Schultern entschuldigend hoch!«, ermahnte ich sie. »Hä? Wieso?« Sie verstand es natürlich nicht.

Aber sie wollte von mir wissen: »Sag schon, was hältst du davon?« Ich war resigniert: »Was soll ich davon halten? Dasselbe wie du! Arschkram ist so was! Absoluter Arschkram! Haben wir die Herren vom FSB auch mit zum Essen eingeladen? Das sollten wir dringend tun. Dann besprechen wir alles gemeinsam beim Abendessen und morgen früh geht es entspannt wieder nach Hause. Was sagt Frank dazu?« – »Der findet das genauso bescheuert. Aber was soll er machen? Wir beide wollten dich nur vorwarnen«, entschuldigte sie sich.

Frank und Heike saßen zwischen Borke und Rinde. Die ausgesprochen intelligente, schöne Blondine und der alte ND-Fuchs wussten natürlich genau, dass ein gemeinsamer Auftritt in der Öffentlichkeit, am Vorabend eines so wichtigen und äußerst konspirativen Treffs, höchst unprofessionell war. Besonders die junge Fallführerin litt unter dieser

Situation, war aber nicht in der Lage, gegen ihren Chef aufzubegehren.

Hier hatten wir es wieder, das typisch unkritische und fahrlässige Verhältnis zum Vorgesetzten, das im BND weit verbreitet ist und als Ursache für so viele Pannen angesehen werden muss. Ein Verhaltensmuster, stark von Angst geprägt. Früher oder später wachsen da alle hinein, sollten sie nicht vorher schon aufgeben. Nirgendwo, in keinem öffentlichen Dienst oder Großunternehmen, ist die persönliche Abhängigkeit von direkten Vorgesetzten größer als im BND.

Das Schottensystem, das die einzelnen Abteilungen und Referate aus Sicherheitsüberlegungen voneinander abgrenzt, bietet Vorgesetzten einen größeren Spielraum für Manipulationen als anderswo. Aus Geheimschutzgründen können die Mitarbeiter kaum Kritik üben. Nicht öffentlich innerhalb des Dienstes und außerhalb schon gar nicht. Konstruktive Kritik muss in den meisten Fällen dann direkt mit den Chefs ausgetragen werden. Sollte sich diese Kritik gegen den Nächsthöheren richten, ist er natürlich in der Sache der schlechteste Filter, den man sich denken kann.

Dadurch spielen sich viele Chefs wie die Herrscher aller Reussen auf. Sie wissen genau, dass Kritik gleichzeitig auch immer eine gewisse Verletzung des Geheimschutzes bedeutet. Das nutzen sie weidlich aus. Mitarbeiter werden dadurch gezielt verunsichert, was bewirkt, dass Kritik nur inoffiziell und hinter vorgehaltener Hand geäußert wird. Das hat in den vergangenen Jahren zu einem drastisch verschlechterten Betriebsklima geführt. Die Arbeitsebenen beäugten sich zunehmend misstrauischer. Selbst der, der mit dem oberen oder unteren Level gut und vertrauensvoll zurechtkommt, wird voller Argwohn betrachtet.

Es ist aber nicht nur der Ärger, den viele in sich hineinfressen – einige werden dadurch ernsthaft krank –, sondern es bleibt auch ein gerütteltes Maß an Fachkompetenz auf der Strecke. Alles zum Schaden des Dienstes, verursacht durch eine unfähige Führung und eine veraltete Struktur.

Da befand ich mich nun zusammen mit meiner schönen Kollegin im Bad meines Zimmers 418 im »Intercontinental«-Hotel zu Prag und diskutierte mit ihr Sinn und Unsinn des BND. War das alles noch normal?

»Ich habe das Gefühl, Olgauer will den Treff absichtlich gegen die Wand fahren. Ich darf die Besprechung nur in meinem Hotelzimmer durchführen. Sehr unwahrscheinlich, dass das überhaupt funktioniert. Dann macht er heute noch ein Schaulaufen mit der ganzen Truppe durch Prag. Nur eine Zeitungsannonce wäre noch wirkungsvoller«, schimpfte ich desillusioniert. Wenn das so war, konnte ich getrost mit allen zum Essen gehen. Missmutig verließ meine Kollegin unsere Badezimmersession.

Gegen halb sieben Uhr abends traf ich mich mit ihr erneut im Foyer des Hotels. Unser Chef wartete bereits. Gut gelaunt begrüßte er mich: »Keine Sorge, wir können getrost zum Essen gehen. Heute passiert ja noch nichts!« Ich schüttelte ihm die Hand und dachte heimlich bei mir, morgen auch nicht Chef – morgen auch nicht!

Er war guter Dinge, um nicht zu sagen bester Laune. Woher er allerdings diesen Optimismus nahm, blieb mir zunächst verborgen. Nun schlenderte ich mit Olgauer, Heike und Frank in ein nahe gelegenes Restaurant in der Prager City. Mir ließ die Leichtfertigkeit meines Referatsleiters keine Ruhe. Besorgt fragte ich schon fünf Minuten später nach: »Meinen Sie wirklich, dass es richtig ist, wenn wir hier gemeinsam durch die Stadt laufen?«

»Das ist doch kein Problem«, antwortete er, »der Treff ist erst morgen. Sofern der Fremde überhaupt kommt. Auch haben wir nichts Außergewöhnliches festgestellt. Wo ist also das Problem? Das geht schon so in Ordnung.« Frank schüttelte resigniert den Kopf und Heike warf mir einen Blick verbunden mit einer Geste entgegen, was wohl so viel wie »Siehst du, sagte ich es doch« bedeuten sollte. Aber mir ging mein für morgen früh avisierter Gesprächspartner nicht aus dem Kopf. Er musste davon ausgehen, dass ich heute schon in Prag war. Wenn er der Profi war, für den ich ihn hielt, müsste sein Interesse an mir latent sein. Keine Ahnung, warum Olgauer hier kein Problem sah.

Doch ehe ich meinen Gedanken und bösen Vorahnungen weiter nachhängen konnte, erreichten wir das von ihm ausgewählte urige Lokal, ein Hort böhmischer Spezialitäten. Rein optisch wirkte es wie eine Wienerwaldfiliale. Vielleicht kam das durch die separaten Sitznischen, die ich schon von der österreichischen Restaurantkette her kannte. Das Wirtshaus war gut besucht. Zwei dieser Separees, die nebeneinander lagen, wiesen nur noch jeweils zwei leere Plätze auf.

Was ich bis dahin nicht für möglich gehalten hatte, wurde nun Wirklichkeit. Das gesamte Observationskommando saß dort. Einige kannte ich bereits. Den Techniker hatte ich kurz zuvor getroffen. Auch ein paar Observanten, die einst an meinem Wohnort tätig gewesen waren, winkten uns Nachzüglern freundlich zu. Sie begrüßten mich freudig. »Hallo, wie geht es? Wie ist die Lage zu Hause?«, fragte mich einer. Ein anderer: »Schön, dich hier zu sehen!« Es war, als sei die Betriebssportgruppe eines BND-Referats zum alljährlichen Herbstausflug losgezogen.

Ich schwieg und schüttelte allen brav die Hände, während mir Frank diejenigen vorstellte, die ich bisher noch nicht kennen gelernt hatte. Olgauer hatte in der einen Ecke Platz genommen. Ich wählte die andere Box. Appetit hatte ich keinen. Trotz mehrfacher Ermunterung unserer Führung beließ ich es bei einer klaren Brühe mit etwas Brot. Mehr ging nicht.

Fritz, den ich schon seit vielen Jahren kannte, saß direkt neben mir. Er hatte für mich bereits im Jahre 1995 Bodyguard gespielt. Damals war der Personenschutz notwendig geworden, weil gegen mich kurz vor einer Zeugenaussage für die Bundesanwaltschaft im Zusammenhang mit der Operation »Spielball« massive Morddrohungen eingegangen waren. Ich selbst hatte dem nicht so viel Bedeutung beigemessen. Aber die Leitung in Pullach sah das damals ganz anders. Also durfte er als Personenschützer wochenlang hinter meiner Frau und den Kindern herlaufen.

Kürzlich erst war er wieder für eine Woche bei mir zu Hause gewesen, um Wachdienst für meine Familie auf unserem Grundstück zu schieben. Fritz vertraute ich. Eine ehrliche und anständige Haut. Schnörkellos und geradeheraus. Nie um ein offenes Wort verlegen, aber sehr fleißig und motiviert. Ich hatte mich mit dem intelligenten Observanten, der nach dem Abitur zum BND kam und dort eigentlich weit unter seinen Fähigkeiten Dienst tat, angefreundet. Es war ein gutes Gefühl, ihn hier zu sehen.

»Was denkst du«, raunte ich ihm zu, »ich meine, was hältst du hier von unserem gemeinsamen Meeting?« – »Kannst du alles vergessen. Das hier ist doch eine Beerdigung erster Klasse. Fehlt nur noch, dass wir unseren Firmenstander auf den Tisch stellen. Meiner Meinung nach hat der da«, er deutete auf Olgauer, »kalte Füße gekriegt. Wer so naiv durch die Stadt stolpert, der braucht sich nicht zu wundern, wenn morgen keiner auftaucht.«

Frank, der zumindest den letzten Halbsatz mitgehört hatte, warf Fritz einen bösen Blick zu und erntete von ihm ein versöhnliches: »Ist doch aber wahr, Chef.« – »Worum geht es?«, kam prompt die Nachfrage aus der Nachbarbox. »Alles bestens, alles okay«, fuhr Frank dazwischen und wechselte das Thema, »was liegt als Nächstes an?« Er wollte ganz offensichtlich einer Grundsatzdiskussion entgehen, denn daraus war nichts Gutes zu erwarten.

Aber genau das war der Punkt. Obwohl der QB-30-Chef dasselbe dachte wie sein motivierter Mitarbeiter, schaffte er es nicht, über seinen Schatten zu springen und ihm Recht zu geben. Es war diese spezielle Art von Ergebenheit und falsch verstandener Treue, die ich im Dienst so häufig erlebt habe, diese völlig Abwesenheit von aufrichtiger Loyalität. Ich schätzte Frank mehr als jeden anderen, der sich im BND für kompetent hielt. Aber hier hatte er eine Schwachstelle, eine Achillesferse. Und genau das war so schrecklich entlarvend. Aber benahm ich mich denn anders?

Wer nun geglaubt hatte, nach dem Essen würde der Befehl zum getrennten Rückzug gegeben, wurde eines Besseren belehrt. Kein dezentes Ausweichen in die Quartiere. Nein, der Chef persönlich bot eine Innenstadtführung unter seiner Leitung an. Die beiden Techniker warfen sich vielsagende Blicke zu: »Sorry, aber wir können nicht, wir müssen noch«, und mit Blick zu ihrem Kommandoführer, »die Akkus. Chef, die Akkus müssen noch mal gecheckt werden.«

Jeder spürte, dass es eine Ausrede war, und trotzdem schwiegen alle wissend. So fand die Mehrheit der Truppe irgendeine faule Entschuldigung, was bei Offenbach mit großer Erleichterung zur Kenntnis genommen wurde. Heike hatte »nicht das geeignete Schuhwerk dabei« und verabschiedete sich ebenfalls. Nebenbei gesagt, wir trafen fast alle bei unserem anschließenden Stadtbummel wieder. Aber just in diesem Moment, als die Rechnung bezahlt war und die Stadtführung beginnen sollte, waren die meisten irgendwie getürmt. Den Rest verloren wir im Laufe der ersten halben Stunde dieser obskuren Sightseeing-Tour.

Es entstand eine wirklich lustige und bizarre Situation. Der kleine BND-Trupp taperte durch die Prager Altstadt. Vorneweg dozierend der Oberst, wir trotteten hinter ihm her. Wenn es sich ergab, Olgauer war gerade dabei, das Altstädter Rathaus oder die Teynkirche zu erklären, animierte Frank wild gestikulierend hinter dem Rücken des Chefs den Nächsten von unserer Truppe zum Abrücken. Drehte sich sein Boss dann unerwartet um, verfiel er in eine Art Bewegungslosigkeit. Dabei zeigte er ein Gesicht, bei dem hohes Interesse und gütiges Wohlwollen ineinander liefen.

Wir hatten echte Probleme, uns das Lachen zu verkneifen. Wandte sich Olgauer wieder ab, forderte Frank mit wilden Gebärden seine Leute erneut zum Rückzugssolo auf. Am Ende waren wir nur noch zu dritt. Unser Oberst, Frank und ich. Zwischenzeitlich fragte »Stadtführer« Olgauer schon mal beiläufig, wo denn der Rest geblieben sei, lenkte sich aber gleich wieder selbst ab, um eine andere Sehenswürdigkeit zu erklären, wodurch wir uns vor der Beantwortung der Frage drücken konnten.

Es mag aus heutiger Sicht ein wenig albern klingen, aber dieser Rundgang hatte etwas Besonderes. Auf der einen Seite waren Frank und ich voll Frust und zudem ziemlich angespannt. Die Erwartung wuchs, was wohl am nächsten Morgen passieren würde. Auf der anderen Seite erlaubten wir uns für den Moment die Freiheit, alles nicht mehr so ernst zu nehmen und herumzualbern. Olgauer erklärte uns die Stadt und wir gestikulierten heimlich hinter seinem Rücken. Als er uns gegen halb elf Uhr abends dann noch auf die Prager Burg schaffen wollte, gaben wir auf. »Nein danke, wirklich nicht. Heute reicht es mit dem Spazierengehen. Ich hab ja schon Rundbögen unter den Füßen«, wehrte ich ab. Frank atmete erleichtert durch: »Chef, mir reicht es auch für heute.«

Also traten wir den Rückmarsch in Richtung Hotel an. Auf dem Weg kamen wir an einer Bar vorbei, in der uns Olgauer unbedingt noch einen Drink spendieren wollte. Er kannte das Etablissement, das eher den Charakter eines Wiener Kaffeehauses hatte, von früher. Schließlich hatte er einige Jahre lang für den BND als Resident in Prag gearbeitet. Daher rührte auch seine ausgeprägte Affinität zur Stadt und die damit verbundene immense Ortskenntnis.

Als er sich für einen Moment zur Toilette verabschiedete, fragte ich Frank: »Wusstest du, dass er hier stationiert war?« Der nickte und erklärte: »Umso weniger verstehe ich, warum er sich hier draußen blicken lässt. Der ist möglicherweise bei den hiesigen Diensten bekannt wie ein bunter Hund. Aber ehrlich gesagt, ist mir das mittlerweile völlig egal. Außerdem habe ich mir heute, bei unserer Nachtwanderung, Blasen gelaufen.«

»Du solltest nach unserer Rückkehr«, schlug ich ihm lachend vor, »das Kriegsverwundetenabzeichen beantragen. Am besten gleich zwei.« Er lachte laut auf: »Zwei Abzeichen, warum zwei?« – »Na, für jeden Fuß eins«, erklärte ich. Frank lachte immer noch lauthals, als Olgauer wieder zurückkam. »Na, die Herrn sind ja bestens gelaunt«, sprach er. Aber in Wahrheit war es eher Galgenhumor, der uns so belustigte.

»Der weiße Schwan«

Als ich in den Aufzug stieg, um in den Frühstücksraum zu fahren, traf ich auf mehrere Personen, die ebenfalls nach unten unterwegs waren, unter ihnen auch zwei Kollegen.

Heute waren sie befehlsgemäß absolut konspirativ und diskret. Sogar jener Mitarbeiter, der mich gestern noch als »alten Freund« in der Lobby empfangen hatte.

Sie schauten alle an mir vorbei oder durch mich hindurch. Ich reagierte genauso. In mir stieg die Spannung. Pünktlich um zehn Uhr kam der erwartete Anruf. Jetzt nichts falsch machen, dachte ich. Es war eine grauenhafte Situation. Der Chef, Frank, Heike und einer der Techniker hatten im Zimmer alle Betten und Stühle besetzt. Ich stand mittendrin und sollte nun möglichst locker und normal mit dem Fremden telefonieren. Gedanken schossen mir durch den Kopf: Nur nichts Falsches sagen! Die werden es dir sonst nachher um die Ohren hauen. Hoffentlich passiert jetzt nichts Unerwartetes, das keiner einkalkuliert hat. Ich konnte doch schlecht sagen, Moment, ich frage erst einmal meinen Chef.

»Ja, bitte, wer ist da?«, begrüßte ich den Anrufer. »Hallo, mein Lieber. Ich bin das. Bist du schon am Ort, ja?«, begann er vertraulich das Telefonat, als würden wir uns bereits lange und gut kennen. »Ja natürlich. Ich bin hier, wie verabredet«, antwortete ich. – »Na prima, wa«, kam es zurück. Er versuchte sich im Berliner Dialekt: »Watt machen wa, wollen wir uns doch sehen, oder?« – »Ja natürlich! Am besten, du kommst hierher zu mir ins Hotel«, konfrontierte ich ihn sehr schnell mit dem eigentlichen Problem. »Ach nee – machen wir mal anders. Verstehst du? Es gibt hier ein Hotel *Bela Labut* – ›Der weiße Schwan‹. Verstehst du? ›Weiße Schwan‹ – *Bela Labut*! Sagen wir um elf, okay?«, gab er vor.

Ich spielte den Ängstlichen: »Das ist für mich aber viel zu riskant! Ich kann hier unmöglich durch die Stadt laufen. Wenn mich durch Zufall jemand sieht. Falls du mit mir sprechen willst, musst du schon zu mir kommen. Ich bin im Hotel ›Intercontinental‹!«

Er wich aus und avisierte einen weiteren Anruf in einer halben Stunde. Mir standen die Schweißperlen auf der Stirn. »Gut gemacht«, sagte Olgauer, »sehr gut!« Frank klopfte mir auf die Schulter und Heike streckte den Daumen nach oben. »Und was, wenn er nicht hierher kommt?«, wollte ich wissen. Die Antwort meines Chefs war prompt und eindeutig: »Dann brechen wir hier ab. Aber versuchen Sie alles, um ihn in ›unser‹ Hotel zu ziehen. Am besten, Sie gehen jetzt in Ihr Zimmer und telefonieren von dort. Wir bleiben in Rufweite und können ja zumindest Ihren Teil des Gesprächs mithören.« Ich ging also nach nebenan und wartete ab.

Das Handy meldete sich erneut und ich sprach wieder mit dem Fremden. »Hallo«, sagte er zögerlich, »das ist etwas kompliziert. Verstehst du? Ich kann nicht so ohne weiteres in dein Hotel kommen. Na, du kennst das, es gibt so ein paar Regeln. Komm mal hierher. Ich hole dich im Foyer ab. Da nimmst du ein Taxi, das ist doch kein Problem.«

Ich erklärte ihm nochmals meinen Standpunkt und wich keinen Zentimeter von den Weisungen ab. Am Ende drohte ich mit der unverzüglichen Abreise: »Also, wenn du nicht herkommen willst, kann ich es natürlich nicht ändern. Aber ich verstehe es nicht. Du wolltest unbedingt mit mir sprechen. Hier bin ich. Also überleg es dir!« Er versprach, nach fünfzehn Minuten erneut anzurufen. Es vergingen aber deutlich mehr als fünfzehn Minuten. Das Warten kam mir wie eine Ewigkeit vor. Unruhig marschierte ich in meinem Zimmer auf und ab. Endlich meldete er sich wieder. Nach einem kurzen und recht oberflächlichen Versuch, mich doch noch zum »Weißen Schwan« zu lotsen, stimmte er plötzlich einem Besuch in meinem Hotelzimmer zu.

Mein Puls raste. Damit hatte ich wirklich nicht gerechnet. Wenn das nur gut geht, dachte ich ein wenig argwöhnisch. Hoffentlich verhielten sich die anderen in der Lobby und vor dem Hotel nicht ungeschickt oder auffällig.

Überraschenderweise klopfte es schon nach wenigen Minuten an meiner Tür. Ein Herr mit schwarzer Baskenmütze, einer Dreivierteljacke und Wollschal stand davor. Er schaute nach links und rechts, bevor er eintrat.

Als ich die Tür geschlossen hatte, begrüßten wir uns mit Handschlag. »Na ja, ich bin also der Wolfgang«, sprach er, »wie soll ich zu dir sagen? Vielleicht Werner? Ist das okay für dich?« Dabei lächelte er mich wissend an. Ich erschrak, ohne dass ich es mir äußerlich anmerken ließ. Werner war einer der Vornamen, die ich bei der Quellenführung benutzte. Wir gingen in den Wohnraum und er setzte sich mit dem Rücken zum Fernseher an den kleinen Tisch. Ich bot ihm aus der Minibar ein Getränk an. Schließlich saßen wir uns gegenüber, jeder vor einem Glas Cola. Meine innere Anspannung von damals ist für mich heute kaum mehr nachzuvollziehen. Ich saß dort wie auf dem Präsentierteller und sollte einen potenziellen Überläufer mimen. In welch eine Lage hatte mich der Dienst gebracht?

Die Foertsch-Gerüchteküche

Monate und Jahre später wurde durch dienstinterne Schlamperei und eine gegen mich gerichtete Desinformationskampagne sehr viel Unsinn über diesen Treff berichtet. Besonders stark engagierte sich dabei der ehemalige Abteilungsleiter 5 Volker Foertsch. Er unterstellte mir in einem Interview, das er Wilfried Huismann gab und das am 16. September 2004 von der ARD ausgestrahlt wurde, dass ich gezielt einen getürkten Treff inszeniert hätte. Eine stichhaltige Begründung für diese Behauptung blieb Foertsch jedoch bis heute schuldig.

In der um 21.45 Uhr ausgestrahlten Sendung mit dem Titel »Die Story: Russisch Roulette« konnte man folgenden Dialog über den Pragtreff zwischen Huismann, der den Film gemacht hat, und Foertsch hören:

Huismann: *Die* [damit ist das KGB gemeint] *haben doch im Dezember 1997 versucht, Juretzko mit einer großen Geldsumme, eine Million Dollar, in Prag dazu zu bewegen, den Klarnamen von Rübezahl herauszurücken.*
Foertsch: *Das war ja 'ne gestellte Sache.*
Huismann: *Gestellt?*
Foertsch: *Ja, das hat Juretzko gestellt mit irgendwem, der äh also den Russen spielte, um noch mehr Druck auf den Präsidenten und auf wer weiß wen zu machen und nun endlich da gegen mich etwas zu unternehmen.*
Huismann: *Aber da war doch ein ganzes Kommando vom BND dabei, die das observiert und gefilmt und abgehört haben?*
Foertsch: *Das hab ich dann später auch äh wurde mir später erzählt, der – also wenn das so gewesen wäre, wie Juretzko dann behauptete –, der Russe wollte ihn anwerben, dann muss der Russe auf den Juretzko einreden. Umgekehrt war es der Fall. Auch das wieder so ein Fehler, der keinen wach machte.*
Huismann: *Aber es wurden auch russische Abschirmungsobservanten beobachtet, um das Hotel »Weißer Schwan« herum, hat Juretzko die auch alle gestellt?*
Foertsch: *Also wenn ich so ein Spiel spielen würde, dann würde ich zum Studentenschnelldienst gehen und sagen, Leute kommt mal her, stellt euch mal auf, macht ein bisschen Kragen hoch und so, das kann man doch alles stellen.*
Huismann: *Und da fällt der BND drauf rein?*
Foertsch: *Leider ja!*

Für mich hat Foertsch sich dadurch, und wirklich erst durch dieses Verhalten, sehr verdächtig gemacht. Den Fremden, der an diesem Vormittag vor meinem Hotelzimmer stand, hatte ich niemals zuvor gesehen und nur wenige Male mit ihm telefoniert. Sämtliche Teilnehmer der Pragreise kamen zum selben Schluss. Keiner zweifelte auch nur einen Moment an der Echtheit unseres Zusammentreffens. Lediglich aus dem muffigen Dunstkreis des in Verratsverdacht gekommenen Foertsch wurden derartige Unterstellungen gestreut. Foertsch sagt nicht die Wahrheit. Aber warum?

Die BND-Führung hätte diesen falschen Unterstellungen leicht entgegenwirken können. Sie tat es nicht. War sie etwa erpressbar? In Prag entstandene Videoaufzeichnungen durfte ich nicht ansehen. Darüber hinaus war niemals eine offene Kritik zugelassen, nicht einmal eine kritische Selbstüberprüfung oder Manöverkritik. So sieht die Fürsorge des Dienstherrn BND gegenüber einem langjährigen Mitarbeiter aus. Das folgende Gespräch zwischen »Wolfgang« und mir habe ich nicht anhand der Videoaufzeichnungen rekonstruiert, sondern so, wie ich es in Erinnerung habe.

Ein Versuch der Anwerbung

Ich nippte an meinem Glas und musterte mein Gegenüber. Er tat dasselbe. Der Mann war etwa Mitte fünfzig und hatte kurze, an den Schläfen ergraute Haare. Seine Augen waren klar und sein Blick offen. Seine Körpersprache signalisierte Souveränität. Er schien ein sehr erfahrener Operateur zu sein. Und doch stand er offensichtlich unter großem Druck. Was veranlasste diesen »Wolfgang« nur, in ein solches Risiko zu gehen? Nachdem ein paar Höflichkeitsfloskeln ausgetauscht worden waren, kam er sehr schnell zum Wesentlichen.

Langsam griff er in die Tasche seines dunkelgrauen Sakkos. Er holte etwas heraus und legte es auf den Tisch. Es war das Gegenstück zu meiner halben Dollarnote. Wortlos zückte ich meine Geldbörse und entnahm daraus die andere Hälfte des Geldscheins. Wir schoben die beiden Teile gegeneinander. Sie passten exakt zusammen, wie zwei Puzzlestücke. Einen kurzen Augenblick schauten wir gebannt auf die Geldnote, bevor jeder seine Hälfte wieder einsteckte. Dann begann unsere Unterhaltung.

»Wolfgang« zeigte sich gut informiert und ließ immer wieder seinen umfassenden Kenntnisstand, was das BND-Quellenbild betraf, durchblicken. Ich hatte zuweilen das Gefühl, er wusste mehr über meinen Nachrichtendienst als ich selbst. Dabei gab er unumwunden zu, dass es noch ein paar Wissenslücken im russischen Geheimdienst FSB gab. Insbesondere was die wirkliche Identität meiner Quellen anbetraf, herrschte große Neugier.

Diese partielle Unwissenheit wollte er offenbar mit meiner Hilfe beseitigen. So wurde auch sehr schnell deutlich, dass er es auf einen meiner Informanten besonders abgesehen hatte – auf die Quelle mit dem Decknamen »Rübezahl«. Was die finanzielle Gegenleistung für meine Informationen anging, so gab er sich überaus spendabel.

Ich redete auf ihn ein, um ihm meine Sorgen zu verdeutlichen, im Hinblick auf den Super-GAU, falls unser Kontakt auffliegen sollte. Dabei versuchte ich zusätzlich auszuloten, wie groß sein finanzieller Spielraum war. Es wurde mir rasch klar, dass die Russen – um ihr Leck im eigenen Nachrichtendienst zu schließen – sehr unprätentiös handeln würden. Schon allein »Wolfgangs« Auftritt war ungewöhnlich, auch seine unverblümte Offenheit, was die Ziele anbetraf.

Das gipfelte, zur Halbzeit unserer gut dreißig Minuten dauernden Unterredung, mit einer Bemerkung, die mir besonders in Erinnerung geblieben ist. Das Gespräch war gerade etwas lockerer geworden, da fasste er sich ein Herz und sagte halb im Ernst und halb im Spaß: »Na los – nun nenne mir doch einfach den Namen deiner Quelle.« Dabei bewegte er seine Hand ein bisschen kumpelhaft, als wolle er mir ermunternd zur Seite stehen. Er verhielt sich in dem Moment eher wie ein Kollege, dem man den Namen zwar auch nicht anvertrauen durfte, aber wenn man es doch tat, es nicht so schlimm sei, da es ja trotzdem in der Familie bleiben würde. Schlitzohr – dachte ich – raffiniertes Schlitzohr.

Dann lachte er: »Wie viel willst du? Eine Million? Zwei? Wohin? Auf ein Schweizer Konto? Na? Das ist kein Problem für mich. Überleg es dir.« Um mich weiter zu motivieren, versprach er freies Geleit und Schutz für meine russischen Informanten. Wie er das wohl einhalten wollte? Ich konnte mich nicht festlegen. Auftragsgemäß zauderte ich und bat um Bedenkzeit. Dazu versprach ich aber, dass wir uns auf alle Fälle nochmals treffen würden – egal, wie ich mich entscheiden sollte. Einen Folgetreff zu provozieren war ebenfalls einer meiner Aufträge gewesen.

Mein russischer Besucher war sichtlich zufrieden. Mehr hatte er allen Ernstes nicht erwarten können. Und das tat er offensichtlich auch nicht. Dieser »Wolfgang« wirkte plötzlich gelöst. Er war, aus seiner Perspektive betrachtet, einen großen Schritt weitergekommen. Ich kannte das Gefühl, wenn man mit einer Zielperson das erste Mal sprach. Da gab es zusätzlich zu den normalen Hemmungen beim Umgang mit einem gänzlich fremden Menschen in diesem besonderen Geschäft auch besondere Befürchtungen. War der Treff sauber und der andere wirklich allein? Würde die Chemie stimmen und käme man in seinem Ansinnen gut voran, ohne gleich Porzellan zu zerschlagen? Wird es einen

Folgetreff geben? Gerade das bedeutete immer ein positives Signal. Dann musste man sich natürlich permanent unter Kontrolle haben. Es durfte einem kein Fehler unterlaufen. All das bewegt den Anbahner vor einem Erstkontakt. Wenn später alles »wie am Schnürchen« läuft, ist die Erleichterung umso größer. »Wolfgang« hatte diese Phase bereits erreicht. Es war ihm deutlich anzumerken. Wir plauderten noch über einige Banalitäten. Dabei fiel mir wieder sein sehr gutes Deutsch auf. Sein östlicher Akzent blieb jedoch allzeit unüberhörbar. Seine Aussprache erinnerte mich ein wenig an die typisch schlesische Mundart, die in meinen Ohren sympathisch klingt.

Der Folgetreff im Januar sollte in Wien stattfinden.

Nun passierte noch etwas, das weder ich noch irgendein anderer meiner Truppe, schon gar nicht mein Chef, bedacht hatten. »Wolfgang« fragte mich nach meinen Auslagen. Schließlich hatte ich ja die Bahnfahrt bezahlen müssen und dazu eine Hotelübernachtung. Das lag, wenn man einen normalen Tagessatz addierte, deutlich unter tausend Mark. Ich überlegte einen Moment, weil mich diese Frage wirklich überrascht hatte.

Er hakte nach: »Nun sag schon, wie viel brauchst du? Du hattest doch Auslagen. Kein Problem.« Da witterte ich eine Chance, zu testen, wie ernst es den Russen war und wie locker das Geld für eine Bahnfahrt nach Prag saß. »Na, dann gibst du mir, sagen wir einmal, fünftausend«, schlug ich vor und hatte an deutsche Mark gedacht. »Fünftausend Dollar? Reicht dir das?«, wollte er wissen. Ich versuchte meine Überraschung zu überspielen und antwortete: »Ja, ja, das reicht, ist schon okay.« Daraufhin schlüpfte er in seine Jacke und verließ mein Zimmer, um das Geld zu holen.

Es vergingen vielleicht fünfzehn Minuten und »Wolfgang« stand wieder vor meiner Tür. Ohne große Worte übergab er mir einen Umschlag, klopfte mir auf die Schulter und verabschiedete sich. Eine Unterschrift oder einen Beleg wollte er nicht. »So etwas brauchen wir nicht«, sagte er und erklärte dazu, »das ist nicht wie bei euch. Das ist ein viel zu großes Sicherheitsrisiko. Sicherheit steht bei uns an oberster Stelle. Weißt du?« Dann verschwand er so unauffällig, wie er gekommen war.

Ich atmete dreimal tief durch. Nach einer gewissen Zeit ging ich mit dem dicken Geldbündel in der Hand in das Nebenzimmer, wo die anderen saßen.

Mit einem entsprechend süffisanten Kommentar warf ich das Geld aufs Bett: »Ich bin wohl der Einzige in unserer Firma, der noch Kohle mit nach Hause bringt. Alles sauber abrechnen, Herr Olgauer, nicht, dass ihr mir von der Kohle 'ne Betriebsfeier organisiert.« Ich war mehr als erleichtert, dass nun alles hinter mir lag. Die Reaktionen der Anwesenden fielen entsprechend aus und ich wurde von allen Seiten gelobt.

Frank Offenbach schlug mir überschwänglich mehrmals auf die Schultern. Alle waren regelrecht aus dem Häuschen. Trotz all dieser Spontanreaktionen gab es niemanden, der später dagegen hielt, als im Dunstkreis des Abteilungsleiters 5 diese dummen Gerüchte über einen angeblich »getürkten Treff« in Umlauf gebracht wurden. Zurück in ihrer Münchner Außenstelle, gab sich das QB-30-Team stolzer denn je. Alles hatte, legt man den BND-Maßstab an, gut geklappt. Sowohl »Wolfgang« als auch ein russisches Observationsteam waren gesehen und dokumentiert worden.

Sichtlich zufrieden, präsentierten der Referatsleiter und sein Teamchef Offenbach, gemeinsam mit der Fallführerin Heike, die filmische Dokumentation dem Präsidenten persönlich. Nach der Vorstellung bei Hansjörg Geiger berichtete mir Frank Offenbach alles im Detail. Die Anwesenden hätten im Präsidentenbüro vor einem kleinen Monitor teils gekniet, gehockt und gelegen, um die Aufzeichnung mitzuverfolgen. Dass sich die Tonaufzeichnung sodann als miserabel herausstellte, störte niemanden wirklich. Man könne da technisch noch mehr herausholen, versicherten die Experten. Geiger soll begeistert gewesen sein. Fehlte nur noch, dass er gesagt hätte: »Und so etwas können wir? Donnerwetter!« Er zeigte sich mehr als zufrieden über den Verlauf der Operation und stimmte dem weiteren Vorgehen spontan zu.

... auf in den Kampf!

Nun bekam Olgauer erst einmal Probleme mit der Verwaltung. Damit die Pragreise dem restlichen Dienst verborgen blieb, hatte sein Stellvertreter und Sachgebietsleiter Ulbauer einen operativen Sondertitel einrichten lassen. Nur der Präsident, der Abteilungsleiter 4, verantwortlich für den gesamten Verwaltungsapparat, und die Beteiligten rechneten ihre Reisekosten über diesen Titel ab. Damit wurde eine seltene Ausnahme geschaffen, die es sonst im BND nirgends gab – Reiseabrechnungen ohne die direkt vorgesetzte Dienststelle. Für einen schwerfälligen und verbeamteten Apparat, wie den Bundesnachrichtendienst, ging das erstaunlich zügig und problemlos vonstatten.

Dieses Ausnahmeverfahren war notwendig, weil alle Beteiligten wussten, dass die Abrechnungsstelle ein Sicherheitsrisiko bedeutete. Mein Partner Freddy hatte sich seit jeher darüber beklagt, dass ein paar Dutzend Mitarbeiter des Verwaltungsapparates bereits Tage vor einem Auslandseinsatz wussten, wohin wir fuhren, welche Quelle wir trafen und wie viel Gelder wir an unsere Informanten auszahlen würden. Ein System, bei dem man nur mit dem Kopf schütteln konnte und das noch heute so gehandhabt wird. Unter Sicherheitsgesichtspunkten eine Katastrophe.

So hatte der Skeptiker Ulbauer, was zumindest diesen Fall betraf, alles schön geregelt und Unmögliches möglich gemacht. Aber jetzt stand plötzlich sein Chef mit einem Bündel Hundert-Dollar-Noten vor ihm und fragte, was er damit anfangen solle. An das Ausgeben von Geldern waren alle mehr oder weniger gewohnt. Aber die Einnahme? Das gab es eigentlich nicht.

Ulbauer lachte: »Nun bin ich aber gespannt, wie wir das vereinnahmen sollen, ohne dass es irgendwelche Wellen schlägt oder sonst auffällt?« Wie es dann schließlich und endlich gemacht wurde, habe ich nie erfahren. Ich hörte nur viel später einmal, es habe wochenlang im Panzerschrank der Dienststelle gelagert, bis man am Ende doch einen Weg gefunden hatte. Der damit befasste Sachbearbeiter wurde allerdings immer wieder mit folgendem Satz zitiert: »Verfluchtes Geld! Hätten sie es doch nur verjubelt! Das wäre den Dienst billiger gekommen!« Was immer er auch damit gemeint haben mag, es war offensichtlich nicht so einfach gewesen, die Dollars in den internen Kreislauf zu übernehmen.

Mit einem flauen Gefühl im Magen gingen wir in die Weihnachtszeit. Die Bewachung meiner Familie dauerte immer noch an. Oder war es mehr eine Art Kontrolle meiner Person? Oder vielleicht beides? Egal!

Erneut stiegen Zweifel in mir hoch. Wie weit würden die Pullacher das Spiel noch treiben wollen? Irgendwie akzeptierte ich zwar den Wunsch meiner Oberen, mehr über die Intentionen der anderen Seite zu erfahren, andererseits hatte ich wenig Lust, jemanden an der Nase herumzuführen. Schon gar nicht den gegnerischen Nachrichtendienst, der, würde die Sache bekannt werden, nicht besonders gut auf mich zu sprechen wäre. Und das mit Recht. Wer schützte mich dann? Der unfähige Apparat des BND? Allerdings beruhigte es mich wiederum, dass die andere Seite offensichtlich meine Quellen noch nicht enttarnt hatte. Insofern sah ich mich nach wie vor verpflichtet, die eigene Firma in allen Aktivitäten zu unterstützen Und auch deshalb, da alles zusammen der Sicherheit meiner Quellen diente. Mulmig war mir trotzdem.

Ring frei für die zweite Runde

Der Anruf von »Wolfgang« kam Anfang Januar, wie er ihn angekündigt hatte. Er gab sich freundschaftlich und ich bemühte mich auftragsgemäß, ebenfalls jovial und dennoch vorsichtig und zurückhaltend zu sein. Viel war aber gar nicht zu besprechen. Am 30. Januar 1998 sollte der Folgetreff in Wien stattfinden. Die Uhrzeit und ein telefonischer Kontakt wurden verabredet.

Der schon gewohnte Trubel begann aufs Neue. Hickhack um Art und Zeitpunkt der An- und Abreise. Einsatz der Observation und vieles mehr. Zweimal musste ich nach München fahren, bis alles geklärt war. Ulbauer blieb weitestgehend abgetaucht. Der vehemente Kritiker dieser Aktion wollte wohl seinen Oberen nicht in den Rücken fallen. Ich respektierte das mit ebensolcher Zurückhaltung, wenngleich es mir mehr und mehr Kopfzerbrechen machte.

Mein blaues Sakko ließ ich aus einem ganz besonderen Grund in der Weißwurst-Metropole zurück. Es war von den Technikern eigens angefordert worden. Da beim letzten Einsatz der Ton so miserabel gewesen war, wollte die Offenbachtruppe dieses Mal alles perfekt machen. Also sollte ein Mikrofon mit Antenne in meine Jacke eingenäht werden. Diese Jacke würde ich nach dem Einchecken im Hotel in meinem Zimmerschrank wiederfinden. Das war jedenfalls der Plan!

Erstaunlicherweise zeigten sich die zuständigen Verantwortlichen dieses Mal sehr großzügig, was meine Reisekosten anbetraf. Ein Lufthansaflug in der Business Class von Hannover nach Wien und zurück wurde genehmigt. Was mich in Wirklichkeit überhaupt nicht begeistern konnte. Im Gegenteil. Nun wäre ich ja, um Zeit zu sparen, in der Vergangenheit gerne häufiger geflogen, aber dieses Mal schien es mir doch ein fataler Fehler zu sein.

Wer würde wohl, wenn er Wien heimlich besuchen wollte, auch noch mit einem Flugzeug reisen? Wenn ich in meiner Legende als potenzieller Überläufer glaubwürdig bleiben wollte, müsste ich doch alles unternehmen, um die Reise zu vertuschen. Meine Einwände stießen wieder einmal auf taube Ohren. Zu allem Übel sollte ich auch noch eine dienstliche Kreditkarte benutzen. Aber da wurde ein Thema berührt, das mich schnurgerade auf die Palme brachte.

Hier war Schluss und aus, das kam nicht in Frage. »Sage bitte dem Chef, dass es nicht in die Tüte kommt, auf gar keinen Fall! Ihr spinnt ja wohl total!«, musste sich die arme Heike von mir anhören. Sie wusste nicht, wie ihr geschah. Allein das Wort »Kreditkarte« in Verbindung mit dem Dienst ließ Wut in mir hochsteigen. Ich wollte meine Kollegin aber nicht im Unklaren lassen, woher das rührte.

Kreditkarteneinsatz

Die Begründung dafür war schnell erzählt. Anfang bis Mitte der 1990er-Jahre wurden auch beim BND immer öfter Kreditkarten eingesetzt. Das erleichterte zuweilen die

Abrechnung, diente aber in Wirklichkeit mehr der Kontrolle der eigenen Mitarbeiter. Aus nachrichtendienstlichen Überlegungen und der damit verbundenen Eigensicherheit war es aber der pure Schwachsinn gewesen. Immerhin ließ sich der Kreditkarteneinsatz im Nachhinein noch über Jahre hinweg nachvollziehen. Er verursachte Spuren, die jeder professionellen Agententätigkeit widersprachen. Bereits das Ministerium für Staatssicherheit der DDR hatte sich dieser Erkenntnisse bedient und mit leichter Hand alle Bewegungen der gegnerischen Spionage ausgewertet. Akribisch wurden die Reisen derjenigen BND-Mitarbeiter, die mit diesen Karten bezahlt hatten, nachvollzogen. Ob Mietwageneinsatz, Hotelreservierung, Flugticket- oder Bahnfahrkartenkauf, die Agententätigkeit aus dem Isartal präsentierte sich zunehmend offen wie ein Scheunentor. Dass über den Karteneinsatz sogar Bargeld abgehoben wurde, um vor Ort Quellen zu bezahlen, setzte dem Treiben nur noch die Krone auf.

Dadurch liefen unzählige, mit Steuergeldern finanzierte Aktionen ins Leere oder konnten nur mit der operativen Duldung der Staatssicherheit der DDR abgewickelt werden. Allein damit setzte die Stasi ganze Referate und Unterabteilungen des BND förmlich außer Kraft, ohne dass dieser es freilich merkte. Warum der Bundesnachrichtendienst den Karteneinsatz nach der Wende, und nachdem er die Risiken in allen Einzelheiten erfahren hatte, Anfang der 1990er-Jahre auch noch forcierte, bleibt wohl ein Geheimnis.

Aber Nachrichtendienste leben ja bekanntlich von Geheimnissen. Nur weshalb man in Pullach so naiv war, anzunehmen, andere Dienste würden sich dieser Möglichkeit der gegnerischen Aufklärung nicht bedienen, wirft einen weiteren großen Schatten auf diesen Apparat. Und zwar einen Schatten in Form eines riesigen Fragezeichens. War es wirklich nur Dummheit oder Gedankenlosigkeit der Verantwortlichen? Eventuell sogar die Absicht bestimmter Führungspersonen?

Die gängige Entschuldigung jedenfalls, sämtliche dienstlichen Kreditkarten seien über Legendenfirmen abgedeckt worden, ist nur wenig ernst zu nehmen. Erstens konnte man nie kalkulieren, wie lange die Verbindung zwischen dem BND und so einer Firma verborgen blieb, und zweitens waren einzelne Abdeckungen sogar schon in der einschlägigen Literatur transparent gemacht worden.

So kamen mein Partner Freddy, der die Finanzen des Teams bearbeitete, und ich eines Tages in Berührung mit Visa, American Express und Co. Bis dahin hatten wir uns strikt geweigert, Kreditkarten einzusetzen. Das Risiko für die Quellen erschien uns zu hoch. Immerhin sahen wir es als unabdingbar an, Wege, Orte und Zeiten zu verschleiern und nicht auf Kosten unserer Informanten irgendwo aktenkundig zu machen.

Im Sommer 1996 wollten wir eine unserer Topquellen in Den Haag treffen. Dabei sollten wichtige Militärdokumente aus dem Bereich der russischen GRU-Stabschefs an uns übergeben werden. Die Lieferung der streng geheimen Dokumente war schon seit längerem avisiert. In der Auswertungsabteilung warteten die zuständigen Bearbeiter neugierig auf die Materialien. Die Dienstreiseanträge waren gestellt und von den zuständigen Stellen genehmigt worden.

Wie gewohnt ging mein Partner zur Hauptkasse der Zentrale, um den üblichen Reisekostenvorschuss in bar abzuholen. Bei Auslandsdienstreisen war das ein mühseliges Unterfangen. Mehrere Stellen mussten eingeschaltet werden. Eine zeitraubende Prozedur, weil nicht immer alle Personen anzutreffen waren, die man für diesen aufwändigen Verwaltungsakt benötigte. Freddy absolvierte den Spießrutenlauf durch die Verwaltung jeweils mit seiner bekannten stoischen Ruhe und Gelassenheit. Er hatte sich für das dortige Personal auch eine zutreffende Bezeichnung erdacht, auf die ich aber an dieser Stelle verzichten will.

Diesmal kam er aber nicht so ruhig und entspannt zurück wie sonst. »Solche …«, wetterte er, »jetzt schau dir einmal an, was die sich haben einfallen lassen.« Ein silbernes Kärtchen leuchtete zwischen seinem Daumen und Zeigefinger. »Es gibt keinen Reisekostenvorschuss wie üblich. Wir sollen alles mit Plastik bezahlen«, erklärte er mir reichlich angesäuert, »das haben wir unserem sauberen Führungsstellenleiter zu verdanken. Der hat das nämlich angeordnet. Bin ich eigentlich der Depp hier, oder was?« Freddys Ärger teilte ich, weil der damalige Chef genau wusste, was wir von der Sicherheit dieser Kärtchen hielten. Trotzdem hatte er das, ohne es mit uns vorher abzusprechen, bei der Verwaltung angeordnet.

»Da gehen wir jetzt hin. Ich lasse mich doch nicht an der Nase herumführen. Der kann sich gleich was anhören«, schimpfte ich mir den Frust von der Seele. Freddy grinste mich übertrieben an: »Das kannst du getrost vergessen. Das hab ich auch schon vorgehabt. Der Herr hat sich nämlich, nachdem er das losgeworden war, klammheimlich verdrückt. Der is wech. WECH! Heute nicht mehr zu erreichen! Jetzt kommst du!«

Ach, was sollte ich mich aufregen. Die Beschränktheit einiger Führungspersonen war uns ja hinlänglich bekannt. Offenen und ehrlichen Umgang erlebten wir selten. Wenn Negatives passierte, merkten wir immer häufiger, dass es hinter unserem Rücken geschah oder angeordnet worden war. Ich war auf dem besten Weg, mich diesem Apparat genauso arglos zu unterwerfen, wie es die meisten taten. Wenn der Alte es so wollte, überlegte ich unkritisch, dann soll es wohl so sein. Freddy, dem offensichtlich gerade dieselben Gedanken kamen, sagte tröstend: »Weißt du, Norbert, hierfür, für diesen Schwachsinn«, er hielt das Kärtchen in die Höhe, »fehlt uns beiden die höher besoldete Einsicht.«

So machten wir uns mit begrenztem Bargeld und der neuen dienstlichen Plastikwährung auf den Weg zu einer längeren Dienstreise. Fest gewillt, auf die Karte so lange als möglich zu verzichten und so weit es ging mit privaten Finanzen die Kosten der Reise zu verauslagen. So waren wir fast eine Woche unterwegs. Die Reise führte uns durch mehrere Länder und sollte ihren krönenden Abschluss mit dem Den-Haag-Treff finden. Unsere Eigenmittel waren in der Zwischenzeit aber so stark geschrumpft, dass wir die Hotelkosten am letzten Ort unserer Reise gezwungenermaßen mit dem dienstlichen Plastik bezahlen mussten.

Wie üblich waren wir nach einem kurzen Frühstück nochmals in unsere Zimmer verschwunden, um die Koffer zu holen. Entsprechend alter Angewohnheit, saß ich wenige Minuten später in einer Ecke der Nobelherberge und bewachte unser beider Gepäck. Freddy stand in einer langen Schlange von Tagungsteilnehmern, die ebenfalls auschecken wollten, um unsere Rechnungen zu begleichen. Ich sah, wie er an die Reihe kam und danach der gesamte Ablauf vor der Hotelkasse ins Stocken geriet. Was war los? Er warf mir fragende Blicke zu. Gemurmel bei den Gutbetuchten hinter ihm. Dann wurde die Reihe an ihm vorbeigeschleust. Er diskutierte mit einem Bediensteten des Hotels. Kurz darauf kam er wutschnaubend und mit hochrotem Kopf auf mich zu: »Irgendwas stimmt mit dieser Scheißkarte nicht. Was machen wir denn jetzt?« Ich war genauso ratlos.

Da kam der Herr von der Kasse auch schon hinter ihm her. Laut und für alle Anwesenden unüberhörbar rief er uns auf halbem Weg entgegen: »Ich habe nun bei Ihrem Kreditkartenunternehmen nachgefragt. Sie können damit nicht bezahlen, Ihr Limit ist überschritten.«

In uns kam ein Gefühl hoch, als habe das halbe Hotel feixend mitgehört. Wie zwei Zechpreller ließen wir unsere Koffer an der Rezeption als Pfand zurück, um irgendwo Bargeld zu organisieren. Mit der eigenen Kreditkarte konnten wir hier auch nicht mehr bezahlen, weil wir natürlich unsere Deckpapiere bei der Anmeldung eingesetzt hatten.

Stinksauer schlenderten wir durch die Stadt und zogen an verschiedenen Geldautomaten das notwendige Bargeld. Nachdem Freddy im Hotel die Rechnung beglichen hatte, traten wir schließlich den Heimweg an. Zu Hause stellten wir später fest, dass dem Verwaltungskollegen ein Fehler unterlaufen war. Mit dem eingetragenen Kartenlimit hätten wir zwei nicht einmal eine Monatskarte für den Münchner Verkehrsverbund erwerben können. Es war halt wie immer und nach Art des Hauses.

Nur Freddy gab sich nicht mehr wie immer, und schon gar nicht nach seiner Art. Mir fiel auf, dass er sehr schweigsam wurde, je mehr wir uns der Zentrale näherten. Auch hatte er die Ausführungen des Verwaltungsbeamten wortlos zur Kenntnis genommen. Nur woher kam dieses Lächeln, das aus seinem betont schräg nach vorne gestellten Kopf leuchtete? Es wirkte so gekünstelt. Den Fußweg zu unseren Büros legten wir fast im Laufschritt zurück. »Du hast ja ein Tempo drauf«, keuchte ich. »Warte nur«, war seine Antwort. Dabei knirschte es förmlich zwischen seinen Zähnen.

Freddy kochte innerlich. Er hetzte die Treppen hinauf, ich hinterher. Als er den Weg zum langen Gang Richtung

Chefbüro einschlug, wurde mir klar, wohin er wollte. Oh, oh, dachte ich bei mir. So hatte ich meinen Kollegen noch nie erlebt. Ich sollte Recht behalten. Ohne anzuklopfen stürmte er das Heiligtum des Referats. Der Chef saß an seinem Schreibtisch. Ein kurzer Versuch, freundlich zu lächeln, entglitt ihm sofort wieder, als er unsere Mienen sah. Freddy schnaubte: »Was glauben Sie, was das hier ist, hä?« Er hielt die vermaledeite Karte in die Höhe.

Unser Vorgesetzter rollte mit seinem Stuhl ein wenig zurück, als wolle er aus der Schusslinie gehen. Freddy fuhr fort, ohne seine Antwort abzuwarten: »Sie halten das hier für eine Kreditkarte? Ja? Ein Scheißdreck ist das.« Dabei knallte er das Plastik auf den Schreibtisch. Aber er war noch lange nicht fertig: »Will uns dieser Saftladen hier verarschen? Ich habe versucht, im Hotel damit zu bezahlen. Aber nicht einmal das bekommt ihr hier geregelt.«

Freddy hob das Kärtchen wieder auf: »Wissen Sie, was ich damit mache?« Er knickte die Geldkarte so lange hin und her, bis sie durchgebrochen war. »Sie schicken uns in die Welt raus! Da dürfen wir uns krumm legen, und dann so was. Ist das hier 'ne Baufirma? Wenn euch hier alles so völlig egal ist, dann gilt das ab sofort auch für mich«, redete er sich derart in Rage, dass unser Vorgesetzter langsam hektische Flecken im Gesicht bekam. Dabei pfefferte Freddy immer wieder das Plastikteil auf den Tisch.

Zum Schluss hatte er die Karte derart zerlegt, das sie nur noch aus kleinen Bröseln bestand, die er vor den Augen unseres Vorgesetzten zwischen den Handflächen zerrieb und genüsslich auf dessen Akten rieseln ließ. Mit den Worten: »So – ich habe gesprochen! Das machen Sie mit mir nie wieder. Nie wieder!«, marschierte er wie ein Torero, der soeben einen Stier bezwungen hatte, aus dem hochheiligen Referatsleiter-Dienstzimmer.

Der Auftritt meines Partners fand niemals in irgendeiner Form Erwähnung. Es gab weder eine direkte Reaktion des damaligen Chefs, noch wurde auch nur der Begriff »Dienstliche Kreditkarte« in unserem Beisein jemals wieder angeschnitten. Bis jetzt jedenfalls, im Rahmen der Vorbereitungen für Wien.

Ein Abend mit Heike

Die hübsche Heike zeigte sich kollegial, verständnisvoll: »Vergiss das mit der VISA-Karte! Ich werde es Olly [Olgauer war gemeint] erklären.«

Für denselben Abend verabredeten wir uns nochmals. Da ich am nächsten Morgen mit dem Zug nach Hause fahren wollte, war ich bereits in eine Herberge in der Münchner Innenstadt umgezogen. Heike holte mich von meinem Hotel ab. Wir kannten uns seit 1995 und arbeiteten schon mehrere Monate zusammen. Ich wusste nicht viel über sie, nur, dass die emsige junge Frau in einer Wohnung im Süden der Landeshauptstadt lebte.

Sie war, wie viele Mitarbeiter, geprägt vom Dilettantismus der Schlapphutfirma. Die »Showmänner«, wie sie sie manchmal nannte, aus den höheren Gehaltsstufen waren ihr ein Gräuel. Nur wenige respektierte sie wirklich. Als attraktive Frau hatte sie es dadurch besonders schwer. Außerdem kam zu ihren Lasten hinzu, dass sie mit Kritik nie hinterm Berg hielt. Kurz gesagt, sie war nicht auf den Mund gefallen.

Da musste es zu ihren Gunsten durchaus als Glücksfall gewertet werden, dass sie einem erfahrenen und in gewissem Grad leidensfähigen Chef wie Ulbauer unterstellt war. Der konnte mit ihrer direkten Art und Weise gut umgehen, ohne irgendwelche Hintergedanken zu hegen. Er selbst war ja auch ziemlich offen und gehörte nicht zu diesen Prahlhanseln, die im Camp ihr Unwesen trieben. Die Zusammenarbeit mit Frank Offenbach gestaltete sich ebenfalls positiv. Die beiden verstanden sich prächtig und hatten eine gute Arbeitsebene gefunden. Alles in allem präsentierten sie sich als eine gut harmonierende Troika.

Als Heike im Hotel eintraf, wartete ich bereits im Foyer. »Wo gehen wir hin?«, begrüßte sie mich. »Nicht weit, schlage ich vor. Kennst du etwas in der Nähe? Etwas, wo man gemütlich sitzen kann?«, fragte ich sie.

Sie kannte hier nichts, lediglich die altbekannten Touristenmagneten. Also marschierten wir in Richtung Isartor, wo wir ein italienisches Restaurant fanden. Dort ließen wir uns nieder. Eine lange und angenehme Unterhaltung begann.

Heike, der meine privaten Lebensverhältnisse aufgrund ihrer Arbeit im Dienst ja bestens bekannt waren, erzählte erstaunlich viel über sich selbst und ihr bisheriges Dasein. Dabei spielte der BND selbstverständlich eine zentrale Rolle. Trotz vieler dienstlicher Enttäuschungen war sie aber immer noch hoch motiviert. Ich bewunderte schon seit längerem ihre Energie, mit der sie zu Werke ging. Für sie schien der Alltag in Pullach eine Art intellektuelles Überlebenstraining zu sein. Sie erkannte die kleinen und großen Systemfehler, war aber in der Lage, sich davon innerlich so weit zu distanzieren, dass es sie nicht überbeanspruchte. Trotzdem wirkte sie nicht wie eine Mitläuferin.

Sie war so ganz anders als diese vielen Kollegen, die stets dienstbeflissen lächelten, in Wahrheit aber schon seit langem mit ihrem Beruf geistig abgeschlossen hatten. Es tat mir gut, zu sehen, wie sie nach wie vor Biss und Motivation zeigte, weil die aktuellen Verratsfälle nach ihrer Überzeugung unbedingt gelöst werden mussten. Ihre Offenheit verblüffte mich. Eine solche klare Haltung gab es unter Kollegen recht selten. Das war Balsam für meine geschundene Seele.

Dass diese couragierte Frau sich eines Tages vom Apparat BND genauso vereinnahmen lassen würde wie all die anderen auch, konnte ich zu diesem Zeitpunkt niemals annehmen. Ich verüble ihr nichts, denn in Wahrheit hatte sie gar keine Chance.

Einen Tag vor meinem Geburtstag schrieb sie mir einen Brief. Es war zu spüren, dass die Zermürbungstaktik der neuen Chefs langsam Wirkung zeigte. Als einzige und letzte Mitarbeiterin des alten Sachgebiets 52DB saß sie noch an ihrem alten Platz. Dort versuchte sie krampfhaft, gegen die Anfeindungen einer neuen Führungsclique ihre Stellung zu halten und trotzdem die Beherrschung zu bewahren. Alles, was in den vergangenen Monaten um die »Affäre Foertsch« passiert war, hatte sie miterlebt. Als Einzige von denen, die nunmehr über Richtig und Falsch zu befinden hatten, kämpfte sie einen einsamen, aber aussichtslosen Kampf, um das, was gelaufen war, zu verteidigen. Ich glaube, wer in solch einer Situation keinen seelischen Schaden nimmt, ist nicht normal.

Die Rücksichtslosigkeit des ganzen Apparates wurde offensichtlich. Nach außen hin, wo ja die eigentlichen Fähigkeiten dieser Behörde liegen sollten, bewies der BND seit Jahrzehnten regelmäßig Unvermögen. Mich beschlich immer wieder der Eindruck, dass diese Impotenz durch besondere Unredlichkeit und Bosheit nach innen kompensiert wird. Selten war es so deutlich wie hier.

Danach sollten noch viele Monate vergehen, bis sie sich völlig verändert hatte. Als sie im Januar 2003 bei dem Prozess, der gegen mich geführt wurde, am Münchner Landgericht als Zeugin auftrat, hatte sie sich innerlich von den

Wirren der Jahre 1997/98 gelöst. Ich glaube, es war so etwas wie Selbstschutz. Sie musste ja in diesem Laden weiterleben und arbeiten. So war ihr Kontakt zu mir und meinem Partner seit langem abgebrochen. Vielleicht auch, weil die neue Riege ihr immer Berichte abverlangte, wenn sie von uns hörte oder uns traf. Zu Ulbauer, unserem damaligen Chef, war das Verhältnis deutlich abgekühlt.

Das letzte Mal sprach ich sie im Gerichtssaal des Landgerichts in der Münchner Nymphenburger Straße, kurz vor ihrer Zeugenvernehmung. Sie schaute zu mir herüber und sagte: »Hätten wir uns das nicht alles ersparen können?« Sie war nett geschminkt, so wie ich es von ihr kannte, und trotzdem wirkte sie grau und traurig. Aber ihre Augen, die hatten das, was sie immer hatten. Das schlaue hellwache Blitzen. Genauso wie an jenem Abend beim Italiener am Isartorplatz.

Davon blieb uns nur die Erinnerung: Zu fortgeschrittener Stunde waren wir beide entspannt, gut gelaunt und sahen die Welt um uns herum nicht mehr ganz so düster. Kurz vor zwölf trennten wir uns am Isartor. Der Abschied hatte etwas Melancholisches, als ahnten wir, was uns bald erwarten würde. Jedenfalls sollten wir nie wieder so unbeschwert zusammenkommen.

Wiener Walzer

Zu Hause ging alles seinen gewohnten Gang. Meine Frau trug sämtliche Belastungen mit einer bewundernswerten Toleranz. Kaum eine andere hätte dieses Leben ihres Mannes so mitgemacht. Aber was blieb uns übrig? Und unsere dienstlich verordneten Schutzengel? Die liefen Streife. Ich war überzeugt davon, dass die Aktionen bei mir zu Hause lediglich Feigenblattcharakter hatten. Aufgrund der Situation musste der Dienst reagieren, aber keiner wusste so richtig, was zu tun war. So beruhigte man sich durch diese besondere Art der Personalbetreuung eher selbst. Ich jedenfalls gab auf die Effizienz meiner Bewacher keinen Pfifferling. Nur in diesem Punkt sollte ich mich am Ende grundlegend täuschen.

Kurz vor meiner Abreise nach Wien taten sich seltsame Dinge in meinem Umfeld. Die bei mir eingeteilten Leute stellten mehrfach fremde Personen fest, die ganz offensichtlich mein Haus und das Umfeld observierten. So entschloss sich Offenbach, meine Abreise nach Wien ebenfalls beobachten zu lassen.

Und siehe da, die Schutzobservanten von QB 30 wurden fündig. Sie stellten gleich mehrere Personen fest, die mich am Flughafen Hannover-Langenhagen beobachteten. Ganz offensichtlich gab es von der anderen Seite ein großes Interesse an mir oder mindestens an meinen Reisemodalitäten. Jedenfalls konnten mehrere Personen osteuropäischer Abstammung dokumentiert werden. Leider habe ich von deren Aufklärungsbemühungen nur durch die Indiskretion einiger Kollegen erfahren. Offiziell wurde ich nie informiert. Auch gab es keinerlei Handlungsanweisungen für den Fall des Falles.

Diese Art der Geheimniskrämerei war im BND eigentlich der ganz normale Alltag. Anstatt den Mitarbeiter zu informieren, wurde in diesen und vergleichbaren Fällen lieber geschwiegen. Vertrauensbildende Maßnahmen waren das definitiv nicht. Getreu der Devise, nur ein verunsicherter, ängstlicher Beamter ist ein guter Beamter, handelten die Dienstoberen systematisch verantwortungslos. Dank einiger Getreuer bei 52 war ich aber im Bilde. Zwar inoffiziell und gegen die Weisungen, aber immerhin. Das bedeutete für mich, höllisch aufzupassen. Wie Freddy immer sagte: »Ganz vorsichtig! Schritt für Schritt! Wie in einem Minenfeld!« Dieser BND war nichts anderes.

In Österreich liefen die Vorbereitungen indes auf Hochtouren. Entgegen der Vorgehensweise in Prag waren hier die Offiziellen der Alpenrepublik informiert. Der Kontaktmann zum österreichischen Geheimdienst, er nannte sich Franz, hatte die QB-30-Truppen begleitet. Frank und sein österreichischer Verbindungsreferent kannten sich schon seit Jahren. Sie unterstützten sich hin und wieder gegenseitig. Wer nun aber geglaubt hatte, alles würde so rund und geschmeidig ablaufen wie bei einem Wiener Walzer, der sah sich getäuscht. Es sollte sich herausstellen, dass der BND im übertragenen Sinne in den Grundkurs einer Tanzschule gehörte. Irgendetwas stimmte nicht mit der Schrittfolge.

Frank hatte mich während meines letzten Besuches in München gebeten, bei der Ankunft in Wien besonders aufmerksam zu sein. Er wollte bereits am Flughafen einige seiner Leute postieren, um meinen Weg ins Hotel zu überwachen. Bei der Gelegenheit sollte ich überprüfen, wie sich seine Mannen anstellten. Nach meiner Rückkehr wollten wir alle Fehler und Auffälligkeiten, die ich bemerkt hätte, erörtern. Ein eigenartiger Zusatzauftrag, der mir gar nicht behagte. Besonders nicht in dieser Lage. Wenn es nicht Offenbach gewesen wäre, der die Bitte an mich gerichtet hatte, ich hätte dankend abgelehnt. Ihm konnte ich den Gefallen aber nicht abschlagen.

Mit leichtem Handgepäck bestückt und voller Argwohn bestieg ich am Vormittag des 30. Januar 1998 die Lufthansamaschine Richtung Wien. Gut neunzig Minuten später schlenderte ich durch das Flughafengebäude von Wien-Schwechat in Richtung Hauptausgang. Nichts Ungewöhnliches fiel mir auf, alles schien normal. Mit dem Taxi ließ ich mich durch die Stadt chauffieren, bis unsere Fahrt in der Johannesgasse 28 endete. Ich stand vor dem riesigen Gebäude und schaute einmal ganz nach oben. Der zwölfstöckige Hotelklotz beherbergte das »Intercontinental Wien«.

Von der äußeren Grazie her erinnerte mich das Bauwerk eher an die Plattenbauten in Berlin-Marzahn. Nichts von Wiener Charme oder Atmosphäre. Ich kannte das Hotel bereits von früheren Reisen in die Donaumetropole. Freddy und ich waren mehrmals hier gewesen. Und – wir waren gerne hierher gekommen. War der äußere Anblick eher abstoßend, so zeigte das Innere das Gegenteil davon: Man betrat ein Businesshotel mit allen Annehmlichkeiten, die man sich denken konnte. Mit den überdimensionierten Wandteppichen, den edlen Teakvertäfelungen und dem fein abgestimmten gediegenen Interieur kam sogar ein wenig Kaffeehausatmosphäre auf.

Ich trat durch die wuchtige Glasdrehtür ins Foyer, stellte meinen grauen Lufthansakoffer kurz ab und schaute mich um. »So, da samma olso wiada in Wean, Herr Professor«, dachte ich im Stillen. Für einen kurzen Augenblick fühlte ich mich wohl. Aber der verging schneller, als mir lieb war. Denn schon ereilte mich das Chaos, das die eigene BND-Vorhut angerichtet hatte. Einer der QBler kam auf mich zu und bat mich zur Rezeption. Man würde dort bereits auf mich warten.

Eine Frau mittleren Alters stand in einem dunkelblauen Kostüm hinter dem Tresen und schaute mürrisch. Hatte ich was angestellt? »Griaß Gott, Sie sind also der Herr, auf den wir noch gewartet haben?«, begrüßte sie mich zwar freundlich, aber sichtbar angespannt. Der niederösterreichische Dialekt war unverkennbar und wirkte in diesem Augenblick irgendwie oberlehrerhaft: »Wissen S'«, versuchte sie

zu erklären, »des geht so nett. Sie müssen schon erst einchecken, bevor das Zimmer genutzt werden soll. Ich hab da
ganz klare Anweisungen.« Ich verstand nur Bahnhof und
mein Herr Kollege von Horch und Guck schaute weg, als
würde er gar nicht dazugehören. Wenn der jetzt auch noch
anfängt zu pfeifen, dachte ich, raste ich aus.

Was war denn jetzt wieder los? Sie schob mir einen Mel-
dezettel zu und bat mich, ihn auszufüllen. »Gab es Probleme?«, fragte ich nach, während ich schrieb. Ich wollte irgendwie die Stimmung verbessern, und in diesem Moment
fiel mir halt nichts anderes ein. »Probleme weniger ...«,
entgegnete sie. Ich schaute zu ihr auf: »Aber?« – »Ihre Kollegen wollten in das Zimmer, das für Sie reserviert war. Sie
wussten aber weder, wie Sie heißen, noch konnten sie mir
sagen, wann Sie kommen. Da kann ich doch nicht schon im
Vorhinein den Schlüssel aus der Hand geben. Das war mir
alles sehr eigenartig.« Mir fiel nichts Gescheites ein und so
erwiderte ich einfach: »Na ja, ist ja kein Problem, jetzt bin
ich ja da!« Mein Versuch, mit einem dazugehörigen freundlichen Lächeln die Situation zu entkrampfen, scheiterte jedoch kläglich.

»Ihr habt ja wieder gute Vorarbeit geleistet!«, flüsterte
ich dem Kollegen zu, als ich Richtung Fahrstuhl ging. Wie
sich hinterher herausstellte, hatten die Offenbach-Leute
versucht, alle Zimmer, also auch meines, en bloc zu mieten.
Wie bereits in Prag geschehen, wollten sie wiederum die alt-
bekannte Technik einsetzen. Außerdem war da noch mein
blaues Sakko, das nach Plan in meinem Zimmer auf mich
warten sollte. Das Hotelpersonal wollte sich aber nicht an
dieser Aktion beteiligen, sondern verlangte für jedes einzelne Zimmer einen Personennachweis.

Aber, anstatt sich dem zu fügen und Ruhe zu bewahren,
verwickelten zwei Angehörige des Observationskomman-

dos das Personal an der Rezeption in eine umfangreiche Diskussion. Auffälliger ging es nicht, doch warum sollte ich mich jetzt noch aufregen? So waren sie halt, die geheimen Spezialisten vom BND.

Nachdem ich den Koffer endlich in meinem Zimmer deponiert hatte, gönnte ich mir einen Kaffee in der Lobby. Kurze Zeit später flanierte Heike vorbei, um mir mit einem kleinen Zeichen zu bedeuten, dass wir uns treffen sollten. Nach einem kurzen Meeting in meinem Zimmer kam der harte Kern bei Olgauer zusammen. Der gab Anweisung, dass niemand mehr das Hotel verlassen sollte. Die Technik übergab mir endlich meine Jacke und begann damit, in meinem Zimmer Kameras zu montieren. Von nun an hieß es warten.

Olgauer war wieder sichtlich in seinem Element. Er hatte mehrere Jahre auch hier in Wien für den BND gearbeitet und kannte das Terrain. Alle waren gespannt, ob sich »Wolfgang«, wie angekündigt, kurz vor dem Treff per Handy melden würde. Mir war richtig unwohl bei dem Gedanken, wie sich jetzt alles weiterentwickeln könnte. Für mein Gespür hatten die Pullacher schon viel zu auffällig agiert.

Nicht nur der Trouble im Hotel, sondern auch die Tatsache, dass der Partnerdienst eingewiesen war. Hier in Wien, wo die internationalen Dienste sich tummelten, bestimmt kein guter Schachzug. Zudem waren alle Dienstfahrzeuge auf dem Parkplatz einer nahe gelegenen Polizeiwache abgestellt worden, was dort zu erheblicher Konfusion und Fragerei geführt hatte. Zu allem Übel wurde ich dann auch noch dem österreichischen Verbindungsmann Franz vorgestellt. Dies war hilfreich wie ein Kropf gewesen. Das Gefühl sagte mir ein weiteres Mal, dass hier von der eigenen Firma schon zu viele Duftmarken gesetzt worden waren.

Olgauer, der zumindest diesmal auf eine Stadtführung verzichtete und auch das gemeinsame Abendessen ausfallen ließ, gab letzte Anweisungen: »Wir bleiben auf alle Fälle hier im Hotel. Verfahren Sie so wie in Prag. Wenn es zu einem Gespräch kommt, treiben Sie den Preis hoch. Verlangen Sie viel Geld und erbitten Sie nochmalige Bedenkzeit.« Es war schon absurd. Wohin wollte er eigentlich mit der ganzen Aktion? Die Russen ärgern? Spontan kamen mir Ulbauer und dessen Bedenken wieder in den Sinn.

Die Anweisungen des Leiters im Untersuchungsreferat selbst hörten sich wenig präzise an. Ob es zu der ganzen Aktion einen Operationsplan mit irgendwelchen Zielvorgaben gab, wagte ich stark zu bezweifeln. Ich sah oder hörte jedenfalls nichts davon. Weder vor der Aktion noch danach. Was bedeutete Preis hochtreiben? Was ist viel Geld? Was hieß, wie in Prag verfahren? Wenn das Gespräch sich hier nicht weiterentwickeln würde, könnte man es doch gleich lassen. Fragen über Fragen. Ich konfrontierte meinen Einsatzleiter damit.

Er wurde nicht konkret. Ich hatte den schwarzen Peter und sollte ihn auch schön behalten. Falls etwas danebengehen sollte, hätten die ND-Jongleure aus Pullach den Fehler zuerst bei mir gesucht. Aus diesem Grunde war seine knappe Antwort für mich wertlos. Sie erinnerte mich an Franz Beckenbauer: »Schaun ma mal.«

Ich wechselte in mein Zimmer. Nun war ich wieder allein. Aufgeregt ging ich im Raum hin und her. Immer wieder schaute ich auf mein Handy, um zu sehen, ob es funktionierte. Das Netz war gut, der Akku voll. Die Zeit wollte nicht vergehen. Wenige Minuten nach 18 Uhr klingelte das Handy. Mein Herz raste vor Aufregung.

Nur jetzt nichts falsch machen. Ausgesucht freundlich meldete ich mich: »Ja, hallo, wer ist da?« Dann ging alles ganz schnell. Mein erwarteter Gesprächspartner war unverwechselbar zu hören: »Ja, mein Lieber, ich bin das! Hörst du, du wirst überwacht. Da gibt's ein paar Leute, verstehst du? Am besten, du verschwindest gleich und sei schön vorsichtig. Ich melde mich wieder!« Dann war Stille im Funk. Verdattert stand ich einen Moment lang da.

»So, Leute, das war es wohl! ›Wolfgang‹ hat eben abgesagt«, sprach ich zu meinem dunkelblauen Sakko. Einen Augenblick später waren der Chef, Frank und Heike in meinem Zimmer. Allgemeine Verlegenheit beherrschte die Situation. Olgauer sah man seine Verstimmung an, obwohl er sie zu überspielen versuchte. Die andern beiden schauten nur betreten drein.

Was war passiert? Die allgemeine Ratlosigkeit ließ nur den geordneten Rückzug zu. Das hieß Deinstallation der Technik und möglichst unauffällige Abreise. Den Rest des Abends verbrachte ich allein. Zuerst im Zimmer, dann an der Hotelbar. Ein Trio musizierte mit Flügel, Geige und Harmonika und trug Wiener Walzer vor. Hier in der etwas höher gelegenen Intermezzo-Bar hatte ich schon mehrfach gesessen. Nur mit deutlich mehr Erfolgen als an diesem Tag. Mein Partner Freddy und ich hatten das »Intercontinental« in Wien schon Jahre zuvor erkundet und als Treffhotel für sehr geeignet befunden. Es besaß neben dem Haupteingang noch andere Möglichkeiten, in das Gebäude zu gelangen. Besonders der Zugang durch die Tiefgarage, von dem man die Zimmer an der Lobby und dem Hoteltrubel vorbei weitestgehend unbemerkt erreichen konnte, war uns schon häufig von großem Nutzen gewesen.

Denn in diesem Haus hatten geheimste Dokumente aus den Ländern der ehemaligen Sowjetunion die Seiten gewechselt. So mancher Informant und die eine oder andere Quelle waren hier von uns intensiv interviewt worden. Ich hatte das Haus bislang immer in positivster Erinnerung behalten. Und heute? Da saß ich nun in meinem Elend. Außer Spesen nichts gewesen, dachte ich. Freddy war nicht dabei. Nun fehlte er mir besonders, weil ein Gespräch mit ihm jetzt wohltuend gewesen wäre. An meine Situation dachte natürlich niemand. Die glorreiche Truppe von Frank war ebenfalls verschwunden und leckte womöglich ihre Wunden.

Was wäre eigentlich gewesen, wenn es sich dieser »Wolfgang« doch noch überlegt hätte und nun versuchen würde, mich zu kontaktieren? Es interessierte keinen mehr. Das Kommando war mit sich selbst beschäftigt.

Am nächsten Tag musste ich beizeiten aus dem Bett. Mein Flugzeug startete schon sehr früh und so fand ich mich an diesem Samstagmorgen ganz allein in dem traditionsbeladenen Frühstücksraum des »Intercontinental« wieder. Ich bekam gerade meinen Kaffee serviert, da betraten drei weitere Personen den Saal. Die beiden Männer mittleren Alters kamen in Begleitung einer jüngeren Frau. Sie schienen Osteuropäer zu sein, vermutlich Russen oder Weißrussen. Als sie sich gesetzt hatten, schauten sie einen längeren Augenblick zu mir herüber. Während die Frau und einer der beiden Männer mich regungslos fixierten, neigte der andere Mann seinen Kopf in übertriebener Art und Weise. Es ähnelte fast einer Verneigung. Dann, wie auf Kommando, würdigten sie mich keines Blickes mehr. Ein seltsamer Vorgang, sinnierte ich.

Hatte der Herr im grauen Nadelstreifenanzug mir ein Zeichen gegeben? Litt ich an Verfolgungswahn? Oder war der eine nur freundlich gewesen und die anderen beiden waren es eben nicht? Wie musste ich das einordnen, was sich da so theatralisch abgespielt hatte? Ich bin mir sicher gewesen, dass das nicht normal sein konnte. Und meine

Truppen, wo waren die gerade? Ich ärgerte mich über diesen Haufen. Die lagen mit Sicherheit noch in ihren Betten oder bereiteten die Rückreise nach München vor. Gerade jetzt hätte ich sie gebrauchen können. Ich entschloss mich, den Kaffee schnell auszutrinken und meine Kollegen irgendwie zu kontaktieren. Das halbe Croissant ließ ich liegen und eilte ins Foyer. Keiner war erreichbar. Fehlanzeige!

Neugierig schlenderte ich noch mal in Richtung Frühstücksraum. Ich wollte nachsehen, ob irgendeiner unserer Leute möglicherweise inzwischen beim Frühstück war. Keine Menschenseele! Und wo steckten jetzt die drei Fremden? Der Tisch war leer. Alles stand noch da, als würden sie jeden Moment zurückkommen. Gefüllte Teetassen, belegte Brötchen, Gläser mit Orangensaft. Gespenstisch.

Frustriert und dennoch irgendwie erleichtert, weil der ganze Spuk nun offenbar sein Ende gefunden hatte, machte ich mich auf den Heimweg. Dass »Wolfgang« sich noch einmal melden wollte, verdrängte ich schlicht und einfach.

Stille Post

Jeder normal denkende Mensch hätte mit Recht angenommen, dass es eine Nachbereitung der ganzen Aktion geben würde. Auf der einen Seite drückte mich natürlich die Neugier, zu erfahren, welche Panne in Wien passiert war. Zumindest, so dachte ich, würden entsprechende Analysen angestellt. Schließlich und endlich musste doch alles untersucht werden. Auf der anderen Seite gab es für mich keinerlei Strategie für den Fall der erneuten Kontaktaufnahme durch »Wolfgang«. Geschehen ist jedoch nichts dergleichen. Keine Nachbesprechung, keine Handlungsanweisungen. Abwarten, hieß die Devise. Die Verantwortlichen steckten wieder einmal ihren Kopf in den Sand. Ich war fassungslos. Auch auf mehrere Nachfragen bekam ich ausweichende Antworten und lediglich fragmentartige Versatzstücke, die aus den üblichen Klüngelrunden der Abteilung 5 stammten. Mit Professionalität hatte das alles rein gar nichts zu tun.

Allerdings gaben die Gerüchte und Fakten, die mich erreichten, ein einigermaßen vollständiges Lagebild darüber ab, wie die Chefs offensichtlich das Problem sahen. Bei den Intimbesprechungen der Verantwortlichen gab es nur eine Devise. Die Panne musste heruntergespielt werden. Je weniger nach außen drang, desto besser. Dabei unterschätzten sie einen Umstand, der ihnen aber eigentlich geläufig sein musste – die stille Post im Dienst. Nirgendwo wurde so viel, unter dem Siegel der absoluten Vertraulichkeit, verbreitet wie im BND.

Die Kantine, in der sich mittags viele trafen, war eine echte Nachrichtenbörse. Manchmal beschlich mich der Eindruck, dass die Informationsdichte in diesem Spionagekasino größer war als bei der Auswertung. Der Handel mit Informationen blühte regelrecht. Selbstverständlich partizipierten dabei nur die uneingeschränkt Vertrauenswürdigen, von denen es aber zumeist viele gab. Derlei Informationen wurden stets mit dem Zusatz der totalen Exklusivität garniert. Irgendwer hatte diesen innerbetrieblichen Zustand einmal folgendermaßen beschrieben:

Wenn du im BND jemandem etwas mitteilen willst, dann sage es ihm nicht direkt, sondern einem Dritten. Weil – dann erfährt er es schneller.

Und so kam mir zu Ohren, wenn auch auf dem Obergefreitendienstweg, wie mein Einsatzleiter und sein Stab die

Wienreise beurteilten. Dass den eigenen Leuten hier möglicherweise Fehler unterlaufen waren, schlossen die Sicherheitschefs kategorisch aus. Weil nicht sein kann, was nicht sein darf. Nein, es war alles tadellos gewesen. Als sie später erfuhren, dass die österreichische Drogenfahndung am Treffabend im Umfeld des Hotels einen verdeckten Einsatz abwickelte, hatten sie den Schuldigen schnell ausgemacht.

Angeblich sollen mehrere Polizeikommandos unterwegs gewesen sein. Das musste ja dem nachrichtendienstlichen Gegner auffallen, so die Kurzbewertung der Sicherheit. Allerdings frage ich mich heute, was dann eigentlich der Verbindungsmann Franz für eine Aufgabe hatte. Denn genau dieses wilde Durcheinander sollte ja durch ihn verhindert werden. Oder waren es am Ende gar keine Drogenleute? Möglicherweise wollten die Österreicher nur einen genauen Blick auf die Aktivitäten des BND werfen? Aber darüber machten sich die Herren keine Gedanken. Und falls sie es doch taten, dann fanden sie sich damit ab. Aber warum sollten sie sich Gedanken machen?

So staatstragend und schwerwiegend die Wienaktion begonnen hatte, so leichtfertig und unwichtig legte man sie ad acta. Aus und vorbei, so lautete offensichtlich die vorherrschende Meinung. Aber hier irrten die ND-Spezis einmal mehr. Sie hatten die Rechnung ohne den Gegner gemacht.

Universaldilettanten und Vielseitigkeitsamateure

Während andere Nachrichtendienste dem Bereich Ausbildung und Spezialisierung den höchsten Stellenwert beimessen, spielen Sondertraining und Professionalisierung beim BND eine eher untergeordnete Rolle. Die Leitung der Behörde legt zwar schon seit vielen Jahren einen Schwerpunkt auf die Verbesserung der fachlichen Kompetenz ihrer Mitarbeiter. Jedoch stellte in der Hauptsache die innere Struktur, aber natürlich auch die sich schnell ändernden Anforderungsprofile an die Mitarbeiter den Intentionen des Amtes zur Korrektur der erkannten Mängel immer wieder ein Bein.

So hat die selbst organisierte BND-Schule in Haar bei München bei den eigenen Mitarbeitern ein schlechtes Image. Ausbildungsziele erscheinen fraglich, Methoden sind veraltet und die didaktische Ausrichtung ist schon lange nicht mehr zeitgemäß. Nicht von ungefähr gilt ein Posten als Lehrer an der Schule als Abschiebegleis für so genannte Auslaufmodelle. Das liegt unter anderem daran, dass die fachliche Neuorientierung dieser Einrichtung nie umgesetzt wurde. Natürlich gibt es dort allgemeine Weiterbildungsseminare und Kurse, in denen die Mitarbeiter im technischen Betrieb geschult werden.

In Sachen Aktualität und Brisanz stehen die Lehrer jedoch mit ihren Lehrstoffen auf Kriegsfuß. Die Ausnahme bildet wohl die sprachliche Weiterbildung, die fachlich nicht schlecht organisiert ist, aber für einen Auslandsnachrichtendienst bei weitem nicht ausreicht. Der eigentliche Unterricht vegetiert mehr oder weniger vor sich hin. In mehrjährigen Verwaltungslehrgängen liegt der Ausbildungsschwerpunkt eher beim Ausfüllen der Reisekostenabrechnungen als bei sach- und fachspezifischen Methoden der Nachrichtengewinnung.

Kurz – die Einstellung zur betriebseigenen Weiter-; Fortund Ausbildungsstätte setzt sich aus einer Mischung von Abneigung, Unbeliebtheit und geringer Wertschätzung zusammen. Hat ein junger Mitarbeiter seinen Einführungslehrgang in welcher Form auch immer absolviert – dienstintern flapsig als »Spionageabitur« bezeichnet –, beginnt die eigentliche Arbeit in der Behörde. Und genau hier liegt der Grundstein für einen weiteren eklatanten Systemfehler. Es ist ein ernster Trugschluss, dass der BND sein organisatorisches Handeln den gängigen Verwaltungsbestimmungen zu unterwerfen hat, und keineswegs umgekehrt. Das führt seit Jahren in unterschiedlichen Ebenen der Behörde zu einer Lähmung der operativen Aktivitäten. Die Verwaltungsabteilung, im BND-Jargon kurz »die ›Verhinderer‹ von 4« genannt, spielt dabei eine gnadenlos selbstzerstörerische Rolle. Am Beispiel eines jungen Bundeswehroffiziers, der zum Bundesnachrichtendienst wechselt, wird das Problem deutlich.

Eines Tages steht der junge Offizier – nehmen wir einmal an, er ist bereits Oberleutnant – vor der Frage, welche Tätigkeit er im Amt übernehmen könnte. Aufgrund bestimmter Verwaltungsbestimmungen kommen natürlich auch nur Funktionen, die mit der Einstufung und dem Stellenplan korrespondieren müssen, in Frage. Er landet also, seinen eigenen Fach- und Sprachkompetenzen zum Trotz, in einer Auswertekomponente, um zum Beispiel Presseauswertung zu betreiben. Nach zwei Jahren, die Tätigkeit ist für ihn eine Unterforderung und macht ihn unzufrieden, wird er als stellvertretender Verbindungsführer im Bereich Südafrika eingesetzt. Ein dreiviertel Jahr später folgt, völlig überraschend, seine Beförderung zum Hauptmann. Das gibt aber seine derzeitige Planstelle nicht her. Also erneute Versetzung, diesmal in den Bereich organisierter Waffenhandel. Möglicherweise als Meldungsbearbeiter in diesem Referat. Parallel dazu bewirbt er sich für einen Platz beim Generalstabslehrgang der Bundeswehr in Hamburg. Dadurch kann später einmal der Laufbahnwechsel zum Stabsoffizier oder Generalstabsoffizier erfolgen.

213

Nach einem knappen Jahr, er ist gerade eingearbeitet, geht er für ein halbes Jahr nach Hamburg an die Bundeswehrakademie. Als er zurückkehrt, sitzt auf seinem Posten ein anderer und er wechselt auf eine Stelle, von der er auch zum Major befördert werden kann. Jetzt landet er bei dem Referat, das Erkenntnisse aus der internationalen Drogenszene sammelt. Auf einen Schlag ist er zum Drogenspezialisten mutiert. Gerd Fröbe würde sagen: »Ein deutscher Offizier kann alles!« Mit ein wenig Glück bleibt er dort zwei bis drei Jahre. Dann wechselt er erneut, denn er soll Dienststellenleiter eines Sachgebiets werden.

Nun wird vielleicht einer seiner Träume wahr, er landet in der Abteilung 3 und hat sich mit der militärischen Auswertung zu befassen. Endlich ein Bereich, den er von der Pieke auf gelernt hat. Ereilt ihn nun das Pech und er wird erneut befördert, so kann er sich unversehens als Referatsleiter der Spionageabwehr wiederfinden. Sollte er dort allzu fleißig sein, denn Aktivitäten gerade in diesem sensiblen Bereich werden bei der Führung der Behörde nicht gerade mit Wohlwollen begleitet, taucht er eines Tages wieder als Chef der Presseauswerter auf.

Ein unsäglicher Kreis hat sich geschlossen. Verwaltungstechnisch war diese Odyssee durch den Dienst absolut korrekt und richtig. Aber fachlich eine Katastrophe. So dümpeln viele Mitarbeiter durch die Abteilungen, ohne irgendwo richtig Fuß zu fassen oder sich eine substanzielle Fachkompetenz anzueignen. Mit Recht entstehen dann Begriffe wie Universaldilettanten und Vielseitigkeitsamateure.

Obwohl man den Mitarbeitern durchweg hohe Intelligenz und im Normalfall ein überdurchschnittliches Engagement unterstellen kann, tötet diese betriebsinterne Struktur jegliche Effizienz und verhindert die Entwicklung von

Fachkompetenz, zumindest in weiten Teilen der Behörde. Dadurch wird ein großes Potenzial an Arbeitsmoral und Diensteifer vernichtet.

Ein echtes Déjà vu

Spione und Agenten im Fernsehen sind Schauspieler. Nachrichtendienstler des BND, die sich für Topagenten halten, sind Komiker. Beide Genres sind auf ihre eigene Weise faszinierend. Lassen Typen wie James Bond und Co. mich bis heute eher kalt und interessieren mich in Wirklichkeit nicht, so geht von den Hofnarren im Bundesnachrichtendienst immer wieder eine große Faszination aus. Niemand beherrscht die Flausenmacherei so gekonnt wie die Geheimtruppe aus dem Isartal, die mittlerweile immer stärker in Richtung Spree abwandert. Selbstredend findet man unter ihnen auch viele bescheidene und zurückhaltende Akteure. Aber einer von ihnen, der eher zu den Vorlauten zu zählen war, hat es ohne Zweifel zu besonderem Ruhm und Ansehen gebracht, wenn auch in sehr fragwürdiger Art und Weise. Von ihm will ich erzählen. Er hat es verdient. Es handelt sich bei ihm um den schon erwähnten Nachfolger Olgauers, dem Chef des U-Referats ab Sommer 1998. Dieser selbst ernannte »kritische Bewunderer« von Foertsch war seinem Herrn nicht nur treu ergeben, sondern ging mit der fast zirzensisch anmutenden Selbsteinschätzung, er hätte die »hohe Schule des ND betrieben«, in die Annalen der Geheimbehörde ein. Damit hätte er sich um jeden Karnevalsorden bewerben können.

Am 27. Mai 1999, gegen halb elf Uhr vormittags, erreichte mich auf meinem Handy ein unerwarteter Anruf: »Hallo,

Werner, wie geht es dir?« Ich konnte den Anrufer nicht zuordnen. Aus diesem Grund fragte ich nach: »Wer ist da, bitte?« – »Hier ist Wolfgang, erinnerst du dich?«, antwortete er. Nun erkannte ich auch seine Stimme. Natürlich erinnerte ich mich. Seit unserem Telefonat bei dem fehlgeschlagenen Treffen in Wien hatte ich nichts mehr von ihm gehört. Und das war nun schon fast eineinhalb Jahre her.

Ich war erstaunt und erschrocken zugleich. Trotzdem wollte ich cool wirken und stellte lediglich fest, lange nichts mehr von ihm gehört zu haben. Darauf antwortete er: »Na ja, weißt du, es gab da so ein paar Problemchen.« – »Und was willst du?«, fragte ich ihn. »Ich würde dich gern Ende Juni treffen! Geht das?«, wollte er wissen. Ein ungutes Gefühl kroch in mir hoch. Hektische Gedanken schossen mir plötzlich durch den Kopf. Deshalb reagierte ich zunächst gar nicht. Er formulierte das Angebot: »Treffen wir uns wie beim ersten Mal. Das Land, verstehst du?«

Ich war von dem Anruf völlig überrumpelt und fragte: »Wie stellst du dir das vor?« – »Na ja, ich denke so 22./23./24. Juni – geht das?« Ich wusste nicht, wie ich reagieren sollte, und wollte mich auch nicht gleich festlegen. So muss es einigermaßen fahrig gewirkt haben, als ich ihm entgegnete: »Da müssen wir noch mal drüber sprechen. Und wo genau?« Er wiederholte in ruhigem und freundlichem Ton: »Na, in dem Land, wo wir uns das erste Mal getroffen haben. Ich rufe in exakt einer Woche wieder an. Also überleg es dir, bis dann.« Noch ehe ich etwas sagen konnte, war die Telefonleitung tot und das Gespräch beendet.

Wenn ich ehrlich bin, war ich heilfroh darüber, dass es so abrupt geendet hatte. Denn was wäre richtig gewesen? Ihn sofort abwimmeln? Darauf eingehen? Oder etwas anderes? Ich wusste es gelinde gesagt nicht. Ohne dass ich mich bei dem Telefonat irgendwie bewegt hatte, war ich jetzt außer Atem. Ich ging auf die Terrasse meines Hauses zum Durchatmen. Was nun? Was tun? Nach dem Fehltreff Anfang 1998 hatte ich keine Anweisungen meiner Dienstoberen erhalten.

Ohne Verhaltensregeln und mit keinerlei Tipps wurde ich damals nach Hause entlassen. Nur, dass ich es unverzüglich wieder melden sollte, sobald die andere Seite mit mir wieder in Kontakt treten würde, war mir mit auf den Weg gegeben worden. Nachfragen stellte später niemand mehr. Allerdings waren in der Zwischenzeit viele Monate vergangen. Die alten Chefs waren irgendwo hinter den Mauern des Camps von der Bildfläche verschwunden, andere Beteiligte in Pension geschickt und der Rest anderweitig mundtot gemacht worden.

Die gesamte Sicherheitsabteilung hatte neue Strukturen bekommen, ohne dass es die organisatorischen Grundfeste der Behörde irgendwie verändert hätte. Den Politikern konnte man Vollzug melden. Es sei nun alles anders. In Wirklichkeit lief jedoch alles genauso weiter wie vorher, nur unter einer neuen Bezeichnung. In Kurzfassung hieß das, streiche Fünf (für die Abteilung) setze Neun und schon haben wir einen völlig anderen Dienst als bisher.

Alle Präsidenten, die daraufhin folgten, glauben heute noch daran. Aber vielleicht sagen sie das ja auch nur, um sich und alle anderen zu beruhigen. Das Unvermögen des Dienstes und der Politik versuchte man, wie üblich, auf den kleinsten Schultern abzuladen. In diesem Fall nämlich bei Freddy und mir. Die Nachfolger im U-Referat entpuppten sich als Clique, die nur dazu da war, uns den Garaus zu machen. Andere Führungskräfte aus der Abteilung 1, die in den Jahren zuvor eine schlechte Figur gemacht hatten – was nicht zuletzt durch unsere Aktivitäten für die eigene BND-

Sicherheit ans Tageslicht gefördert worden war –, entpuppten sich gern als willige Helfer bei der Hatz. Es waren eben doch noch alte Rechnungen offen.

Was sollte ich also tun? Mich genau an diese Treiber wenden, die nur darauf warteten, mir einen Fehler nachzuweisen? Das schloss ich aus. Keinem dieser Leute hätte ich auch nur im Geringsten vertraut. Die Kehrseite der Medaille war aber auch nicht ohne. Immerhin gehörte ich offiziell noch dem BND an, selbst wenn ich seit eineinhalb Jahren keinen Dienst mehr tat, und war auch weiterhin Bundeswehroffizier. Das brachte die besondere Verpflichtung mit sich, derlei Vorkommnisse wie den neuerlichen Anruf zu melden.

Aber was dann? Ich war hin- und hergerissen. Hinzu kam, dass ich nicht wissen konnte, wie der Anrufer und besonders dessen Auftraggeber weiter vorgehen würden. Ich konnte mir schwer vorstellen, dass die begeistert auf die wahren Ereignisse von Prag und Wien reagiert hatten. Schließlich hatte ich sie ja in gewisser Weise vorgeführt, wenn auch auf Weisung meines Dienstherren. Aber genau von dort mussten ja die Indiskretionen gekommen sein, die dazu geführt hatten, dass später einiges von den Treffen in der Zeitung zu lesen war. Zu meiner allgemeinen Beruhigung trug das keineswegs bei. Was sollte ich nur machen? Wen anrufen?

Zu Frank, dem QB-30-Chef, war der Kontakt seit längerem abgebrochen. Würde ich Heike anrufen, konnte ich nicht mehr garantieren, wen meine Infos dann zusätzlich noch erreichen würden. Denn ich wollte ja zunächst nur einen Rat haben, was eventuell zu tun sei. Aber war Telefonieren überhaupt der richtige Weg? Der BND fingerte immer wieder in den unterschiedlichsten Telefonaten herum. Der Neugier der Münchner Seher und Ahner waren und sind ja bis heute keine Grenzen gesetzt. Zudem erinnerte ich mich an den guten Wissensstand dieses »Wolfgangs«, was mich ebenfalls beunruhigte. Wer weiß, was diese Leute so alles trieben.

Es dauerte wirklich ein paar Zigaretten, bis ich mein Telefon wieder unverrichteter Dinge aus der Hand legte und den beabsichtigten Anruf, egal, bei wem auch immer, endgültig aufgab. Plötzlich wusste ich aber, was zu tun war. Das Einfachste war mir erst nach einer Weile eingefallen. Das konnte zwar nur ein erster Schritt sein, aber immerhin. Dann würde ich weiter sehen. Zum Leidwesen meiner Frau verabschiedete ich mich bereits kurz nach dreizehn Uhr von meiner Familie. Einen Grund nannte ich ihr nicht, weil ich sie nicht wieder beunruhigen wollte. »Wohin geht denn diesmal deine plötzliche Reise? Oder anders gefragt, wie heißt denn die Schöne?«, frotzelte sie. »Sie heißt Freddéline«, antwortete ich geziert und mit leicht französischem Akzent.

»Na, dann grüß Freddy von mir«, gab sie mir mit auf den Weg. Die Fahrt in den Süden verging wie im Flug. Begleitet von Gedanken und Spekulationen und von Ängsten verfolgt, passierte ich das Ortsschild am Wohnort meines Freundes Freddy. Es war das erste Mal, dass ich ihn unangemeldet besuchte. Hoffentlich war er auch daheim und hatte Zeit für mich. Die neue Lage musste sorgsam besprochen und beurteilt werden.

Doch ich hatte Glück. Als ich vor seinem Haus bremste, stand er bereits auf der obersten Stufe der Treppe vor dem Eingang. Die Zigarette in der einen und die andere Hand auf Höhe der Augenlider, wie ein Indianer, der in die Ferne späht und sich dabei vor der Sonne schützt, schaute er mich an, als ich ausstieg. »Au weh!«, war seine etwas spartanische, ahnungsvolle Begrüßung.

»Wie, au weh?«, wollte ich wissen. Ich stand noch an der Fahrertür und schaute über das Autodach zum Haus. »Ich hab dich schon erwartet, mon Général«, witzelte er. »Wie? – Erwartet?«, fragte ich. »Ich hatte heute Nachmittag bei dir angerufen. Deine Frau sagte mir, du seiest auf dem Weg zu mir. Da du dich vorher aber nicht bei mir gemeldet hast, war mir klar, dass irgendwas im Busch ist«, antwortete er. Während ich die Wagentür abschloss, fing ich bereits zu erklären an. »Es ist wirklich etwas im Busch. Aber, wo soll ich anfangen?« Mit einem erneuten: »Au weh, au weh«, klappte er seine Hand vor die Augen.

Es dauerte einige Minuten, bis ich ihm alles erzählt und meine Bedenken vorgetragen hatte. Freddy freute sich, mich wiederzusehen. Gesundheitlich war er gewaltig angeschlagen. Der BND hatte auch ihm derartig hart zugesetzt, dass er schwer zu kämpfen hatte. Er litt nicht nur psychisch. Seit Wochen laborierte er an einer komplizierten Schulteroperation. Die tiefe Wunde wollte irgendwie nicht heilen und bereitete ihm große Schmerzen. Aber er war der Einzige, dem ich vertraute und mit dem ich diese dienstlichen Probleme besprechen konnte.

Mein Erscheinen sah er deshalb eher als willkommene Abwechslung und weniger als Belastung. Wir beschlossen selbstverständlich, den Abend in einem nahen Wirtshaus zu verbringen. Bei einem gepflegten Weißbier wollten wir in aller Ruhe die Lage erörtern, eine Lösung suchen. Nach schon eingefahrenem Brauch orderten wir als Abendmahlzeit zu unserem Bier »Gehäckbrote«. Diese fränkische Spezialität wurde nirgends so schmackhaft und deftig zubereitet wie hier. Am Ende, wir hatten vergleichsweise wenig getrunken, aber mehr gegessen als gesund war, spazierten wir noch durch die historische Altstadt.

Wieder und wieder diskutierten wir den Anruf hin und her. Freddy sah die Situation drastisch: »Mit diesen Dilettanten da unten kannst du nichts anfangen. Meldest du es, bist du wieder in derselben Mühle wie beim letzten Mal. Dann beweihräuchern sich die hohen Herren, und wenn etwas danebenläuft, bist du sowieso derjenige, der die Schuld trägt. Meldest du es aber nicht und die Sache fliegt irgendwie auf oder es passiert etwas Unvorhergesehenes, dann bist du auch wieder der Gelackmeierte, denn du hättest es ja melden müssen. Deshalb geht es jetzt nicht darum, keine A...karte zu ziehen, sondern nur darum, eine möglichst kleine A...karte zu ziehen.« Dann schob er noch einen seiner Standardsätze nach: »Hätten wir doch etwas Gescheites gelernt! Dann wäre uns diese ätzende Südfruchtfirma erspart geblieben!«

Wir waren so in unser Gespräch vertieft, dass wir gar nicht bemerkten, wie es zu regnen begann. Eine ganze Stunde lang schlenderten wir immer wieder den Marktplatz rauf und runter. Dabei wurde uns klar, dass wir in Wahrheit keine Alternative hatten. Wir konnten den Anruf von Wolfgang unmöglich verschweigen. Wer weiß, was noch passieren würde. Auf einen derartigen Fehler warteten womöglich nur einige in Pullach. Aber unser Vertrauen in sie war gleich null. Mit wem könnten wir also reden?

Das Kölner Bundesamt für Verfassungsschutz war für uns nicht zuständig und deshalb würden sie den Vorgang ohnehin sofort an den BND weiterleiten. Das würde unverzüglich doppelten Ärger bedeuten. Deshalb schlossen wir diese Möglichkeit aus. Aber wir waren ja noch aktive Soldaten. Das heißt, der Militärische Abschirmdienst könnte ein denkbarer Ansprechpartner sein. Aber, um den Kundschaftern der Bundeswehr den komplizierten Fall zu vermitteln, müssten wir ja die ganze Entstehungsgeschichte erzählen. Auch das wäre ein Verstoß gegen sämtliche Vorschriften und Regeln.

»Es gibt dort unten eben niemanden mehr, dem ich noch vertraue. Frank ist in der Versenkung verschwunden und Heike wird alles weitermelden müssen, was sie erfährt. Also, was soll ich tun?«, jammerte ich Freddy die Ohren voll. Der griff in die Hosentasche und zückte einen kleinen Zettel: »Hier, den können wir anrufen. Das ist der Einzige!«

Ich griff nach der Notiz und fragte gleichzeitig: »Wen?« – »Ulbauer!«, diese Antwort kam schnörkellos, aber nicht ganz überraschend. Daran hatte ich auch schon gedacht. Aber was sollte es uns bringen: »Der ist dort unten doch auch in Ungnade gefallen und seit über einem Jahr nicht mehr für uns zuständig. Machen kann der nichts.« Freddy konterte: »Natürlich kann er nichts machen. Aber wir bekommen von ihm einen anständigen Rat. Mehr brauchst du doch jetzt nicht. Auf jeden Fall hat er uns immer fair behandelt. Im Übrigen fällt mir sonst niemand ein!«

Ich nahm wortlos mein Handy und wählte die Nummer. Der Chef, wir nannten ihn weiter so, war am Telefon. In kurzen, verschlüsselten Worten erklärte ich den Grund meines Anrufs. Ich bat ihn, sich mit uns am nächsten Morgen zu treffen. Aber das war nicht möglich. Er saß bereits auf gepackten Koffern und war auf dem Weg zur Hochzeitsfeier seines Sohnes. Man könnte verrückt werden! Nun hatte ich mich endlich durchgerungen, mit jemandem aus der Firma zu sprechen, und dann war gerade er unabkömmlich. Es war wie verhext. Ulbauer gab mir aber einen Rat. Er riet dringend dazu, sofort Heike und Frank, den Observationschef, zu verständigen.

Egal, was auch passieren sollte, ich würde mich massiv ins Unrecht setzen, wenn ich die Information nicht weitergäbe. Diese Warnung war deutlich und kam an. Außerdem hatte ich mich mit dem Telefonat selbst in Zugzwang gebracht. Immerhin war nicht auszuschließen, dass Ulbauer nach seiner Rückkehr in der nächsten Woche in der Zentrale nachfragen würde, ob ich den Anruf von »Wolfgang« gemeldet hätte. Also gab es gar keine Alternative mehr für mich, als dem Dienst reinen Wein einzuschenken.

Der Dialog, der sich nach diesem Telefongespräch mit meinem Partner Freddy entwickelte, war, wenn ich es heute bedenke, auf das Sparsamste reduziert. Er gibt aber deutlich die Stimmungslage wieder, in der wir uns befanden. Freddy begann: »Und?« – »Hat keine Zeit!« – »Mist – und nun?« – »Ich soll Heike anrufen!« – »Mist! – Weiß schon, was dann passiert!« – »Ich auch – Mist!« Schweigend trotteten wir zurück.

Nun war ich also wieder genau dort, wo ich nicht hinwollte. Die Mühle BND ließ uns einfach nicht los. Am Freitag, 28. Mai, fuhren Freddy und ich bereits am frühen Morgen nach München. Heike war über unser Kommen informiert und versprach, Frank mitzubringen. Im Stadtteil Nymphenburg wollten wir uns treffen. Den Ort wählten wir deshalb, weil Freddy in einer Klinik einen Nachsorgetermin wegen seiner lädierten Schulter wahrnehmen musste. Außerdem hatten wir uns geschworen, die heiligen Hallen des Camps niemals mehr zu betreten. Ein Treffen außerhalb der Firma war zwangsläufig die einzige Lösung.

Wir genossen es, wieder einmal gemeinsam unterwegs zu sein. Freddy freute sich zusätzlich darüber, dass er in seinem angeknacksten Gesundheitszustand nicht alleine fahren musste. Auch ich war guter Dinge. Immerhin würde ich meiner Verpflichtung nachkommen und den Vorfall melden. Das weitere Vorgehen war mir zunächst egal. Durch diese erste Maßnahme fühlte ich mich schon irgendwie erleichtert. Hinzu kam, dass das Wetter an diesem Tag herr-

lich war. Einer jener prächtigen Frühlingstage, die zwangsläufig gute Stimmung erzeugen. Heike und Frank würden
wir heute nach langer Zeit wiedersehen. Darauf freuten wir
uns ebenso. In bester Laune durchquerten wir also das Alt-
mühltal und die schöne Holledau.

Gegen halb elf waren wir vor Ort. Heike kam bereits wie
ein Kamikazeflieger angerauscht. Es war ein altbekanntes
und gewohntes Bild. Man konnte ihren Tatendrang förmlich spüren. Hinter ihrer etwas sorgenvollen Miene blitzte
eine deutlich erkennbare Wiedersehensfreude auf, als sie
uns umarmte. Wir setzten uns in ein kleines Eckcafé in unmittelbarer Nähe des Schlossparks Nymphenburg. Kurz
danach rollte Frank heran. Wir beobachteten, wie er seinen
nagelneuen BMW einparkte.

Heike konnte sich eine spitze Bemerkung nicht verkneifen: »Hat sich wieder etwas Edles gegönnt, der Herr
Dienststellenleiter.« Wir begannen zu ahnen, dass sich das
gute kameradschaftliche Verhältnis der beiden deutlich
abgekühlt haben musste. Das wurde auch offensichtlich,
als Frank unseren Tisch erreicht hatte. Die beiden begrüßten
sich höflich, aber mit einer gewissen innerlichen Distanz.
Franks Freude, Freddy und mich zu sehen, war hingegen
überschwänglich.

Nicht nur wir, sondern auch Frank und sein Observationsteam waren schwer in die Schusslinie gekommen. Nachdem die alte Führung des Referats 52 abgelöst und durch
neues, aber altes Personal mit dem frischen Etikett 94 ersetzt worden war, hatten die Foertsch-Getreuen gerade
Frank Offenbach schwer zugesetzt. Immerhin war seine
Truppe monatelang unter großer Geheimhaltung auf den
mächtigen Chef angesetzt gewesen. Und das nicht gerade
auf die charmante Art und Weise. Sollte Foertsch selbst vor
seinem Ausscheiden noch für den entsprechenden Druck

gegen alle Beteiligten gesorgt haben, wäre das für viele beim Dienst keine große Überraschung gewesen.

Da saß er nun wieder bei uns, freundlich und gelöst. Für einen Moment vergaßen wir den BND, die immer absurdere Arbeit und vor allem die Vergangenheit. Eine kurze Weile fühlten wir uns wie früher, doch die Gegenwart holte uns rasch wieder ein. Ernst und schweigsam hörte sich die ehemalige Fallführerin in Sachen Foertsch und dessen ehemaliger Vertrauter an, was ich Neues zu berichten hatte. Ohne große Debatte trennten wir uns wieder.

Freddy eilte zu seiner Nachuntersuchung. Heike nach Pullach ins Camp. Sie wollte sich telefonisch bei mir melden. Frank kehrte in seine Münchner Außenstelle zurück. Im Weggehen raunte mir der alte Fuchs noch etwas zu, was mich leider nicht beruhigen konnte: »Pass auf, was du tust. Hier ist nichts mehr, wie es war. Kannst keinem mehr vertrauen. Damit meine ich auch Heike.« Schöne Aussichten, dachte ich. Dieser gewaltige Bürokratenapparat BND war so verkorkst, wie es schlimmer gar nicht mehr ging.

Nachdem Freddy mit neuem Schulterverband wieder aus der Klinik erschien, fuhren wir nach Buchenhain in unser Stammdomizil. Die Sonne hatte an diesem Maitag das Thermometer steigen lassen und den Biergarten der Familie Kastner gut gefüllt. Wir waren Stammgäste des Waldgasthauses, aber lange Zeit nicht dort gewesen. Umso freundlicher fiel die Begrüßung aus, als man uns sah. Der Chef des Hauses, er dirigierte gerade in weißem T-Shirt und Kochhose seine Brigade durch die Küche, winkte freundlich aus dem Fenster.

Der Moment hatte etwas Behagliches, wurde aber jäh durch das Klingeln meines Handys unterbrochen. Bevor ich drangehen konnte, prophezeite Freddy: »Das ist Heike. Wetten? Der Chef will, das du reinfährst, dass du ins Camp kommst!« Dann griente er erwartungsvoll. Ich tippte mit dem Finger gegen meine Stirn. Dann meldete ich mich am Telefon. Es war Heike – und sie ließ mir vom Leiter 94 B, so nannte der sich jetzt, ausrichten, dass ich im Büro zu erscheinen hätte. Ich erklärte ihr knapp und doch detailliert genug, was ich davon hielt.

Freddy lachte und schlug mit der Hand auf den Tisch: »Hab ich es nicht gesagt? Ein Wahnsinniger! Auch so einer, der noch nichts begriffen hat.« Ganz offenkundig hatte ihr neuer Boss hinter ihr gestanden, als sie mit mir sprach. Jedenfalls soufflierte ständig irgendwer im Hintergrund. Wut stieg in mir hoch: »Sag deinem Chef, ich sitze hier im Hotel Buchenhain. Entweder er kommt und sagt mir, was nun zu tun ist, oder ich fahre sofort wieder nach Hause!« Heike tat mir wirklich Leid. Wieder einmal saß sie zwischen allen Stühlen. Keine fünf Minuten waren vergangen, da meldete sie sich erneut: »Er kommt zu euch. Wartet bitte auf ihn!«

Doch zunächst erschien Frank im Biergarten. Mit ihm besprach ich noch einmal die gesamte Situation. Er wirkte irgendwie grau und erschöpft. Die vergangenen Monate hatten ihre tiefen Spuren in seinem Gesicht hinterlassen. Als ich ihm von Heikes Anruf und dem Ansinnen des neuen Chefs im Untersuchungsreferat berichtete, musste er laut lachen. Dass er selbst seit vielen Wochen die Zentrale mied und sich strikt weigerte, seinen direkten Vorgesetzten zu treffen, erfuhr ich erst viel später. An diesem Tag schwieg er noch darüber.

Als Heike mit ihrem roten Dienstwagen auf dem Park-platz vor dem Hotel ausrollte, stand Frank auf und verab-schiedete sich blitzartig: »Jungs, macht es gut! Ich haue ab. Den da«, der Referatschef war wohl gemeint, »brauche ich mir heute nicht mehr anzutun.« Dann verschwand er, ohne weiter von den beiden Ankömmlingen Notiz zu nehmen.

Freddy stand ebenfalls auf und ging mit der sarkastischen Bemerkung: »Na, dann viel Spaß!«, in das Gebäude.

Da saß ich nun wieder in meinem Elend. Der neue Chef im U-Referat gab sich gespielt freundlich. Er wolle unbedingt an der Sache dranbleiben. Dass gerade er mich in diesem Zusammenhang besonders lobte, empfand ich schon mehr als heuchlerisch. Er hatte nämlich in den letzten Monaten nichts unversucht gelassen, mir im Nachhinein zu schaden. Ganze Heerscharen hatte er ausgesandt, die Belastendes gegen mich zusammentragen sollten.

Genau dieser Mann saß nun vor mir und tat so, als sei er mein bester Freund. Ihm sollte ich vertrauen. Eine mehr als bizarre Situation. Heike fühlte sich erkennbar unwohl. Nachdem ich keine Wahl hatte, ließ ich den Redeschwall des »ND-Profis«, wie er sich selbst nannte, über mich ergehen. Er bedrängte mich regelrecht dahin, noch einmal auf das Angebot von »Wolfgang« einzugehen. Dabei appellierte er mit vielen Argumenten an meine Diensttreue. Er wollte lediglich, dass ich das nächste Telefonat mit besagtem »Wolfgang« aufzeichne, mehr nicht. Danach würde er weiter entscheiden, was zu tun sei.

Am Ende blieb mir keine andere Wahl, als dem Ablauf zuzustimmen. Unwohl war mir allemal. Wieder hatte mich diese Tretmühle eingeholt. Grübelnd verbrachte ich den Abend mit Freddy, um mich am folgenden Morgen in Richtung Heimat aufzumachen.

Die hohe Schule des ND (Erster Aufzug)

Am Dienstag darauf erreichte mich ein Brief von Heike. Darin fanden sich die Verhaltensregeln für einen neuerlichen Anruf. Der neue Stil im Untersuchungsreferat wurde sofort deutlich. In dem Schreiben gab es keinen Absender und unterzeichnet war er wohl mit Heike, was aber nur schwer zu erkennen war. Die Nachricht hatte keinen Briefkopf, war nicht eingestuft oder klassifiziert und ließ sogar das Datum vermissen. War es das, was der Neue als professionell angekündigt hatte? Zumindest fanden sich einige Verhaltensregeln, die ich beachten sollte.

Lieber Norbert,
...

Bei Anruf am Donnerstag Ort (bitte eine größere Stadt) übermitteln lassen, aber versuchen zu handeln. Ideal wäre DEU (worauf die sich nicht einlassen werden), TSR oder OES sind aber auch okay. Terminlich dringend auf Anfang Juli schieben.

Bezüglich der Übermittlung am Donnerstag:
Bitte Anruf mitschneiden und kurzen Vermerk schreiben (Anruf ... von ... bis ...). Zwecks Übergabe deines Päckchens (Kassette und Vermerk) werde ich vor Ort sein und auf Signal von dir warten (Nummer gebe ich dir noch durch). Eine Stunde nach deinem Anruf bitte unverfänglich zum E-NEUKAUF zum Einkaufen gehen. Ich werde dir dort auf den Fersen bleiben und in meinen Einkaufswagen einen Korb stellen, in den du dein Päckchen reinfallen lassen könntest.

...

Danach bin ich wieder weg und habe dich nie gesehen.

Bis hierhin war das Schreiben mit den so genannten konkreten Anweisungen, auf die ich eigentlich wartete, inhaltlich genauso unverbindlich wie der äußere Eindruck der Denkschrift.

Dass der Russe den Treff nicht in Deutschland machen würde, verstand sich ja wohl von selbst. Auf diese Bemerkung hätte man getrost verzichten können. Nur dann wäre dieses seltsame Memorandum noch dünner ausgefallen. Was war nun eine »größere Stadt« in den Augen der Profis aus dem Süden? Anscheinend konnte ich das selbst entscheiden? Was dachten die sich überhaupt?

Ich sollte also die Stadt festlegen, dann die Zeit nach meinem Gusto bestimmen, damit alle ihren geplanten Sommerurlaub noch ungestört nehmen konnten. Und gleichzeitig sollte ich so tun, als würde ich auf das Spiel eingehen. Dabei wusste die russische Seite längst, dass die ersten Treffen mit Wissen und in Begleitung meiner Dienstoberen erfolgt waren. Das wirkte völlig unauffällig und würde auf der anderen Seite sicher keine Irritationen auslösen, dachte ich sarkastisch.

Warum luden wir nicht gleich alle nach Grünwald oder Großhesselohe ein und erörterten gemeinsam sämtliche anstehenden Fragen? Dann könnten wir doch auf allen Ebenen, von den beiderseitigen Observationskommandos bis hin zu den Führungsleuten, einen intensiven Erfahrungsaustausch führen. Mein Galgenhumor war nicht mehr zu bremsen.

Aber was hieß denn nun »Anruf mitschneiden«? Ich wusste weder, auf welcher Leitung er sich beim nächsten Mal melden würde, noch gaben die Pullacher mir irgendwelche technischen Hilfsmittel zum Aufzeichnen an die Hand. Es war schon kurios. Der Gipfel der Frechheit steckte im Schlusssatz des Nonpapers. Dort übertrugen sie mir kurzerhand die komplette Verantwortung.

Wenn dir das ganze Spielchen unter den eingangs geschilderten Voraussetzungen zuwider ist, musst du deinen neuen

Freund am Donnerstag abwimmeln, lass mich das aber bis
Mittwoch wissen.
  Über die Vorgehensweise am Tage X müssen wir dann
noch einmal sprechen.

Gruß
Heike

Ich war regelrecht geplättet. Was hatte ich eigentlich ver-
brochen, dass diese Verdrussfirma mir so auf die Nerven
ging? Also gut, dachte ich, ich werde das Gespräch abwarten und dann entscheiden, wie es weitergehen soll. Nur, wie
sollte ich das Gespräch aufzeichnen? Ich musste eine technische Lösung finden!
  Am nächsten Tag, es war der 3. Juni, tigerte ich mit dem
bunten Benjamin-Blümchen-Kassettenrekorder meines Sohnes, das Gerät verfügte über ein eingebautes Mikrofon,
durch unser Haus. Damit wollte ich versuchen, den Anruf
mitzuschneiden. Da ich aber nicht wusste, auf welcher Leitung ich dieses Mal den Anruf erwarten musste, blieb mir
nichts anderes übrig, als die farbige Leihgabe meines Filius
immer mit mir herumzuschleppen. Unwillkürlich kroch in
mir ein Gedanke hoch: Das muss sie sein – die hohe Schule
des ND. Ich kam mir mehr als nur dämlich vor, und die
spöttische Bemerkung meiner Frau verstärkte alles noch:
»Na, 007 – mal wieder im Einsatz? Heute Abhörmaßnah-
men geplant?«
  Pünktlich um 10.30 Uhr klingelte das Telefon. Ich hob
ab: »Ja, bitte?«
  »Grüß Gott! Hallo!«
  »Hallo? Wolfgang?«
  »Ja. Grüß Gott! Hallo! Gibt's was Neues?«
  »Nein, und bei dir?«

»Na, wie sieht es aus? Können wir uns treffen?«

»Ja, pass mal auf! Hm, Folgendes! Du hattest mir doch einen Termin genannt. Jetzt!«

»Ja – ja!«

»Das – den Termin werd ich nicht einhalten können.«

»Wolfgang« reagierte nachdenklich und sagte leise: »Aha?! Aha?!«

»Guck mal – weil, das ist ja mitten in der Woche! Für mich ist natürlich Wochenende besser.«

»Wochenende besser! Ja?«

»Ja, ideal wäre für mich jetzt der 2., 3. und 4. Das wäre eine Woche später. Also Freitag, Samstag, Sonntag.«

»Na ja, für mich schon ein bisschen schwer. Äh, machen wir Folgendes. Und, äh, Moment mal – ich gucke gleich mal in Kalender. 27. und 28. – Wochenende nicht?«

Ich zögerte und eierte herum: »Ja – äh, gut.«

»Das ist schwer, ja?«

»Es ist ein bisschen schwierig. Also – es geht ja, aber dann habe ich nicht viel Zeit! Das Wochenende 2./3./4. wäre für mich ideal.«

»Werner, machen wir Folgendes! Äh – heute in zwei Wochen rufe ich dich wieder an! Ja?«

»Ja, das ist der 17.«

»Wenn es bei mir nicht klappt, dann kann ich nur in Anfang August. Weißt du?«

»Na, okay! Ich hab ja kein Problem damit.«

»Und im August. Übrigens ist für mich ganz egal, wann!«

»Ach so?!«

»Ja«

»Wochenende oder Mitte der Woche!«

»Na gut, dann planen wir das so! Gleich!«

»Planen wir so, ja?«

»Ja.«

»Aber trotzdem rufe ich dich in zwei Wochen an.«

»Genau – am 17. noch mal so um die Zeit?«

»Ja! Es geht? Klappt bei dir? Geht es?«

»Das geht, ja, das geht!«

»Aha!«

»Jetzt ist noch die andere Frage. Sag mal, hast du jetzt gesagt, das gleiche Land wie das erste Mal oder die gleiche Stadt?«

»Äh – gleiche Stadt! Äh! Es könnte auch so sein, dass wir ein bisschen südlicher zusammenkommen, wo Mineralwasser gibt, weißt du?«

»Ach so!«

»Das verstehst du, ja?«

»Das weiß ich am 17., ob ich das kann. Wenn ich nicht motorisiert bin, dann ist das für mich schwierig. Aber da können wir am 17. drüber sprechen.«

»Ja, können wir sprechen. Ja! Wir können auch in dieser Stadt, wo wir zum ersten Mal gesehen haben.«

»Gut!«

»Wie ist für dich besser?«

»Also besser ist in der Stadt.«

»Überlegst du dir?«

»In der Stadt, wo wir waren, das ist mir lieber.«

»Ist gut.«

»Ich hab dann verschiedene Möglichkeiten, an- und abzureisen. Ich brauch dann nicht übers flache Land zu fahren.«

»Gut – dann – in zwei Wochen rufe ich dich an.«

»Alles klar.«

»Danke.«

»Dann, mach's jut, denn.«

»Tschüss.«

»Tschüss.«

Ich spulte das Band zurück und hörte mir das soeben geführte Telefonat noch einmal an. Es war zwar ein deutliches Rauschen und Rumpeln zu hören, aber mit etwas Konzentration war alles zu verstehen. Nun machte ich mich also mit meinem Päckchen auf den Weg in den nahe gelegenen Supermarkt. Heike war pünktlich vor Ort. Ohne ein Sterbenswort und ohne Blickkontakt aufzunehmen, legte ich meine Lieferung in ihren Einkaufswagen. Danach kaufte ich einige Lebensmittel und verschwand wieder. Heike tat dasselbe.

Jetzt herrschte wieder Funkstille. Keine Anrufe, keine Anweisungen, einfach nichts. Die »Südfruchtfirma« stellte sich tot. Mir war das inzwischen gleichgültig. Wenn ich nicht bald etwas hören würde, wollte ich sowieso alles abblasen. Das nahm ich mir fest vor. Inzwischen waren fast vierzehn Tage vergangen und der nächste Anruf von »Wolfgang« rückte näher und näher. Langsam wurde ich unruhig, weil sich überhaupt niemand vom BND rührte.

Plötzlich, am 16. Juni, traf ein neues Nonpaper im Stil des Hauses 94 per Post ein:

Hallo Norbert,
das war eine schwere Geburt, aber gut Ding will Weile haben. Bitte den Anruf am Donnerstag ganz normal entgegennehmen. Wenn er auf den von dir vorgeschlagenen Termin Anfang Juli nicht eingehen kann, dann sei mit dem vorgeschlagenen Termin im August einverstanden. Sollte er jetzt für Ende Juni mit dir verhandeln wollen, abblasen – die Zeit ist uns zu knapp.

Dokumentation wie gehabt, diesmal werde ich aber nicht selbst vor Ort sein, sondern Rolf, einer von Franks Mannen. Du hast ihn schon einige Male gesehen und wirst ihn gleich wiedererkennen. Klein, dunkle, zurückge-

kämmte Haare (meist mit Pomade), immer picobello ange-
zogen.

Ich habe mit ihm für die Übergabe die gleichen Moda-
litäten, wie wir sie für das letzte Mal vereinbart hatten,
abgesprochen – für dich ändert sich diesmal nur das Ge-
sicht und die Telefonnummer, unter der du Bescheid geben
sollst, Tel. 0172/830xxxx. Er weiß, dass nur du es sein
kannst, brauchst also nur eine Zeit durchzugeben.

Du wirst erst am nächsten Tag von uns hören, wenn Rolf
wieder hier ist, also bitte nicht ungeduldig werden.

Gruß
Heike

Obwohl ich mehrmals und eindringlich darum gebeten
hatte, mir doch endlich Technik für einen Telefonmitschnitt
zur Verfügung zu stellen, ließ man mich wieder im Regen
stehen. Nun hatte ich endgültig die Nase voll. Mit dem
Spielzeugrekorder würde ich nichts mehr aufzeichnen. Da
müssten sich die Damen und Herren Spionagespezialisten
schon mit meinen späteren Notizen begnügen. Also führte
ich das nächste Gespräch mit »Wolfgang« ohne ein lästiges
Aufzeichnungsgerät. Er rief pünktlich an und nach kurzem
Palaver einigten wir uns auf ein Treffen am 28. August in
Prag.

Die hohe Schule des ND (Zweiter Aufzug)

Jetzt war es wieder einmal so weit. Ich klemmte mitten in
den Mahlsteinen der Dienste. Obwohl mir dieser Aktionismus zutiefst widerstrebte, konnte ich mich ihm einfach
nicht entziehen. Es war irgendwie vertrackt. Der russische

Dienst ließ nicht locker. Das Interesse an mir war offenbar ungebrochen. Trotz der Tatsache, dass die ersten Treffen sogar in den deutschen Medien nachzulesen waren. Was steckte wohl dahinter? Die einzige mögliche Erklärung war, dass man immer noch nach den Identitäten meiner Quellen suchte. Und was tat der Bundesnachrichtendienst? Der BND spielte irgendein Spiel, dessen Ziel mir niemand nannte. Aber gleichzeitig vermittelten mir die Pullacher das Gefühl, ich müsse aus Loyalität und Pflichtbewusstsein alles mitmachen. Eine unheilvolle Gemengelage. Den Begriff der Einsamkeit definierte ich für mich damals völlig neu.

Aus heutiger Sicht war es unverantwortlich, was die BND-Führung hier betrieb. Schon seit Monaten war ich krank und psychisch schwer angeschlagen. Der Druck und die Drohungen, die vom Dienst ausgingen, waren fast unerträglich geworden. Psychoterror in Reinkultur. Auf der einen Seite jagten Teile des Dienstes Freddy und mich unter Einbeziehung der Münchner Staatsanwaltschaft. Es sollte weiterhin ein geeignetes Bauernopfer für die »Foertsch-Affäre« gefunden werden – und wir beide waren die heißesten Favoriten.

Der Rest hofierte und benutzte mich, als wäre das der Normalfall. Warum ich das alles mitmachte, kann ich mir heute selbst nicht mehr erklären. Welch eine Eselei von mir, auch nur noch einer Menschenseele im Dienst zu trauen. Möglicherweise wollte ich durch mein Mitwirken unbewusst beweisen, dass ich immer noch zu ihnen und vor allem zu den Guten gehörte. Dass ich längst nur noch Mittel zum Zweck war, konnte ich nicht überblicken.

Insofern war es ein Fehler von mir, für den Bundesnachrichtendienst noch einen Finger krumm zu machen. Hätte ich es nicht besser wissen müssen? Ich fühlte mich dem

Dienst hilflos ausgeliefert, als ich mich auf den Weg in den Süden machte. Vom ersten Anruf bis zu diesem Zeitpunkt waren schon wieder fast zwölf Wochen vergangen. Am 26. August setzte sich mein ICE von Hannover pünktlich in Richtung München in Bewegung. Gegen Abend kam ich an und mietete mir ein Zimmer in meinem Buchenhainer Stammhotel.

Von den Oberen des Dienstes ließ sich wieder niemand blicken. Nicht einmal telefonisch meldete sich der Leiter des Referats, der die Verantwortung für die anstehende Aktion trug. Heike kam abends auf ein Glas Wein. Sie hielt sich eigentümlich bedeckt, schaute mir nie richtig in die Augen und schien ein dickes Problem mit sich herumzutragen. Was in Prag genau geplant war, wusste auch sie nicht. Das sagte sie jedenfalls. Ich ließ die Situation auf mich wirken und verhielt mich sehr zurückhaltend.

Was war hier eigentlich los? Sie, als Sachbearbeiterin in der Pragoperation, wusste nicht, was geplant war? Kopfschüttelnd nahm ich das zur Kenntnis. Sie merkte natürlich, dass ich mit dieser neuen Informationspolitik meiner Chefs unzufrieden war. Sie verabschiedete sich mit den Worten: »Sorry! Ich kann halt auch nicht anders. Sie haben mich vergattert. Morgen, vor deiner Abreise, bekommst du noch eine Einweisung.«

Dann war sie weg. Minuten später erschien Frank. Mit einem gequälten Lächeln setzte er sich zu mir: »Na, Sir? Wie ist die Lage?« – »Bescheiden! Ich fühle mich verarscht«, antwortete ich ihm gequält. »Heike ist gerade gefahren. Hast du sie noch gesehen?«, wollte ich wissen. »Ja, hab ich. Sie aber nicht mich. Verstehst du?« Langsam begriff ich gar nichts mehr: »Was ist hier eigentlich los? Kein Mensch sagt mir etwas. Niemand gibt mir Anweisungen. Ich habe Bammel vor diesem Treff und kein Schwein kümmert sich um mich. Verstehst du das?« Versonnen rührte er in seinem Kaffee:»Ich sitze hier zwischen den Stühlen. Eigentlich darf ich dir nichts erzählen. Es darf auch niemand erfahren, dass ich heute hier bin. Meine Leute habe ich für eine Stunde weggeschickt.«

»Du lässt mich observieren?«, fragte ich gereizt. »Frag mich doch nicht so. Nimm es einfach zur Kenntnis. Meinst du, ich merke nicht, wie der neue Chef versucht, dich aufs Kreuz zu legen? Die deckeln diese ganze Affäre. Du bist jetzt der Böse. Eine Riesenschweinerei ist das. Aber sollte ich einmal die Schnauze voll haben, dann packe ich aus. Das verspreche ich dir. Dann fliegen hier die Fetzen. Und dann können einige den Hut nehmen, oder sich besser gleich in der Isar ertränken«, redete er sich in Rage.

So kannte ich ihn gar nicht. Aber irgendwie ging es ihm wie mir. Hin- und hergerissen, was die Loyalität zur Firma betraf, und auf der anderen Seite menschlich zutiefst enttäuscht. Zumindest an diesem Abend waren wir so etwas wie Seelenverwandte. Frank schüttete mir sein Herz aus. Es war zu spüren, dass es ihm zwar gut tat, aber zugleich auch sein Gewissen belastete. Denn ich war aus Sicht seiner Führung wohl der Letzte, dem er seine intimsten Gedanken über den Dienst mitteilen durfte.

Im Grunde seiner Seele war er ein hochanständiger Kerl. Gradlinig, korrekt, loyal und überaus fleißig. Ich hatte ihm viel zu verdanken. Immer wenn es schwierig geworden war, stand er mir zur Seite. Er organisierte den Schutz meiner Familie und gab mir wertvolle Tipps, was die Quellenführung betraf. Trotzdem war er niemals indiskret und ließ keinen Zweifel daran aufkommen, welchem Herrn er ausschließlich diente. Bei aller Freundschaft blieb er verschwiegen und treu seiner Amtsleitung gegenüber. Nun war plötzlich alles anders. Tief enttäuscht von »seinem« BND, dem er über dreißig Jahre gedient hatte, sprach er kritisch und fast feindselig über Führungskräfte des Dienstes und deren Organisation.

Er beendete seinen Kurzvortrag mit den Worten: »Anstatt den Maulwurf im eigenen Dienst zu suchen, vertuschen sie alles. Wenn Foertsch kein Maulwurf war, was ich nach wie vor bezweifle, warum lassen sie uns den Verräter dann nicht suchen? Denn eines ist sicher. Hier im Camp sitzt ein Maulwurf. Für mich ist eine Welt zusammengebrochen!«

Und genauso wirkte Frank Offenbach auch. Grau und kraftlos saß er da. Er hatte, obwohl die Bauernstube gut besucht war, sich nicht einmal Mühe gegeben, leise zu sprechen. Das wollte schon etwas heißen. Mit den Worten: »Ich werde auf dich aufpassen«, hatte er sich verabschiedet. Und als Denksportaufgabe für die Nacht gab er mir noch mit auf den Weg: »Pass gut auf, es wird dort mehr los sein, als man dir sagt.« Dann war er gegangen.

Am nächsten Morgen klingelte es um Punkt neun Uhr. Heike säuselte etwas von Treffen am Hauptbahnhof um elf und Anreise am Mittag. Der Chef würde eine Einweisung machen und mir weitere Instruktionen und Verhaltensregeln geben. Na endlich, dachte ich. Pünktlich stand ich am Münchner Hauptbahnhof vor dem Infostand. Um diese Uhrzeit war das einer der am stärksten frequentierten Plätze in München.

Ein herrlicher konspirativer Treffort, sinnierte ich gerade, da kam Heike wieder angerauscht. Wir gingen gemeinsam in die Bahnhofskneipe. Heute befindet sich an diesem Platz im Hauptbahnhof eine riesige, halb offene Glasfront, hinter der die Reisenden diverse gastronomische Angebote vorfinden. Damals gab es nur diese typische, uralt und kalt wirkende Bahnhofskneipe, aus der heraus man auf die Gleise blicken konnte. Jemand wartete bereits auf uns.

Aber es war zu meinem Erstaunen nicht der Leiter des neuen Referats 94B, sondern Frank Offenbach, der mich freundlich begrüßte: »Lange nicht gesehen!« Dabei schaute er mir intensiv in die Augen. »Ja, Frank – wirklich sehr lange nicht mehr gesehen«, setzte ich noch eins drauf. Heike stutzte, blickte mehrmals auf ihn und wieder auf mich. Nach einer kurzen Schweigepause konnte sie sich schließlich nicht mehr zurückhalten: »Hey, Jungs, hab ich hier was nicht mitgekriegt?« Und wie aus einem Munde antworteten wir kurz: »Nein!«

Der Chef war nicht gekommen. Er ließ sich auch nicht entschuldigen. Mein Nachfragen beantwortete Heike nur mit einem: »Kein Kommentar!« Durch ihre Mimik zeigte sie mir, dass auch sie mit dem ganzen Prozedere unzufrieden war. Sodann übernahm sie die Einweisung. Es war geplant, so sagte sie, mich in Prag mit einem Handy auszustatten, das ich im ausgeschalteten Zustand einfach mitführen sollte. Dieses Telefon würde alle Gespräche aufzeichnen. Ich sollte es bloß in die Innentasche meiner Jacke stecken. Weiter nichts.

Dann sollte ich den besagten Kontaktmann treffen, wo immer er zur Verfügung stand. Ich wäre frei in meiner Bewegung. Vor Ort würden lediglich der Leiter teilnehmen, Frank und noch ein Helfer von QB. Sonst niemand. Man wollte die Operation nicht durch allzu viel Personal gefährden. Auch sie selbst würde wahrscheinlich nicht mitreisen. Frank Offenbach rollte dabei mit den Augen, ohne zu versuchen, es vor unserer Kollegin zu verbergen.

Als sie das bemerkte, erwiderte sie schnippisch und eher im Ton der Entschuldigung: »Das ist der Auftrag, den ich weitergeben sollte. Nicht mehr und nicht weniger. Ich mache hier nur, was mir angeschafft wird. Habe ich jetzt das gesagt, was ich sagen sollte?« Frank nickte artig: »Hast du!« – »Norbert, mehr kann oder darf ich dir nicht sagen«, ergänzte sie. Das klang so, als wollte sie bereits im Vorfeld um Verzeihung bitten.

Mit Schulterklopfen verabschiedeten sich die beiden von mir. Mir war plötzlich mulmig zumute. Nun fasste ich den Operationsplan der Topagenten im Stillen für mich nochmals zusammen. Erstens, fahren Sie nach Prag. Zweitens, nehmen Sie dort ein Handy in Empfang. Wo und von wem, wird sich finden. Drittens, treffen Sie Ihren Kontaktmann und reden Sie irgendetwas mit ihm. Und viertens, machen Sie, was Sie wollen. Alles Weitere sehen wir später. War sie das? Die hohe Schule des ND?

Ich beschloss zunächst, alles exakt nach der Vorgabe zu machen. Der Handlungsspielraum war ja großzügig bemessen. Dabei wurde mir natürlich auch klar, dass die Möglichkeit, einen Fehler zu begehen, in erster Linie bei mir lag. Deshalb, sagte ich mir weiter, egal, was passiert, ab sofort entscheide ich selbst, was wann und wo geschehen wird. Um mich wird sich bei einer Panne schließlich und endlich niemand kümmern. Im Gegenteil, alle werden froh sein, wenn mir ein unvorhersehbarer Zwischenfall widerfährt. Mein erster Schritt war deshalb der Kauf eines Flugtickets. Da ich noch Zeit hatte bis zur Abfahrt des Zuges, besorgte ich mir für die Rückreise am Sonntag, zusätzlich zu meiner Bahnfahrkarte, einen Flugschein der Lufthansa für die Strecke Prag–Frankfurt/Main.

Die hohe Schule des ND (Dritter Aufzug)

Um 14.09 Uhr verließ der Eurocity 167 den Münchner Hauptbahnhof. Ich saß im Großraumwagen/Raucher Nummer 303 auf Platz 82. Das spielte eigentlich keine Rolle, weil ich ohnehin der einzige Fahrgast war. Also spazierte ich gelegentlich auf und ab, sinnierend, was mich wohl dieses Mal in der Goldenen Stadt erwarten würde. Bis auf den Zugchef zwecks Fahrkartenkontrolle, zwei Zollbeamten beim Grenzübergang in die Tschechische Republik und einen rollenden Kaffeeverkäufer störte mich niemand.

Je weiter ich vorankam, desto klarer wurde mir, dass allein ich die Sache beenden konnte. Der eigenen Truppe war nicht mehr zu trauen, weder was die Ziele dieser Exkursion betraf, noch den Umgang mit mir. Die einzige Lösung konnte sein, dem freundlichen »Wolfgang« mit seinem breiten russischen Akzent klar zu machen, dass wir uns zum letzten Mal treffen würden.

Warum sollte er es eigentlich nicht verstehen, wenn ich ihm in eindeutigen Worten erklärte, dass ich meine russischen Quellen niemals preisgeben würde. Niemals! So wollte ich vorgehen und dem Spuk ein für alle Mal ein Ende setzen. Wenn es zusätzlich gelänge, das Gespräch mit ihm auch noch aufzuzeichnen, umso besser. Der BND könnte hinterher jedenfalls nicht sagen, ich wäre meinen Verpflichtungen nicht nachgekommen. So sollte es sein und damit beruhigte ich mich selbst. Exakt um 20.06 Uhr erreichte der Zug seinen Bestimmungsbahnhof. Praha Hlavni Nadrazi! Hallo Prag, da bin ich also wieder, dachte ich.

Mit einem Taxi legte ich die kurze Strecke zum »Hilton« zurück. Der quadratische Bau, eine Art riesiger Glaswürfel, steht in der Pobrezni-Straße am rechten Moldauufer und war hell erleuchtet. Von hier aus konnte ich jedes Ziel gut erreichen. Ich wusste ja noch nicht, wohin ich mich am nächsten Tag bewegen musste. So pompös das Gebäude von außen wirkte, so bombastisch war auch der Innenbereich. Eine riesige Halle, durch eine übergroße Glaskuppel von Licht durchflutet. Zwei gläserne Fahrstühle waren vom Innenraum bis unter das Dach einzusehen.

Nachdem ich eingecheckt hatte, nahm ich im Hotel noch einen Imbiss. Danach schlenderte ich durch die nahe gelegene Altstadt. Nach der langen Reise brauchte ich ein wenig frische Luft. Ich ließ für eine Weile die Atmosphäre dieser fantastischen Stadt auf mich wirken.

Am Pulverturm wechselte ich die Seite des großen Platzes, um das Gemeindehaus zu bewundern. Beide Sehenswürdigkeiten für sich allein wären schon eine Reise wert gewesen. Aber besonders der prunkvolle Jugendstilbau am Platz der Republik hatte es mir angetan. Doch plötzlich, ich hatte meinen eigentlichen Aufenthaltsgrund fast vergessen, sah ich auf einem der Dächer eine übergroße Skulptur. Ein weißer Schwan. Er drehte sich langsam in gleißendem Scheinwerferlicht.

Ich bog in diese Richtung ein. Dabei verlor ich den Riesenvogel aus den Augen. Die Häuserschlucht verwehrte mir den Blick. Nach wenigen Minuten stand ich jedoch vor der Hausnummer 23 in der Na porici. Über der Eingangstür war eine große Tafel angebracht: »Best Western Hotel Bela Labut«. »Der weiße Schwan.« Hier war das also. Erinnerungen kamen in mir hoch und leichtes Herzklopfen holte mich zurück in meine reale Welt, erinnerte mich daran, warum ich in Prag war.

Mein Hotel befand sich nur einen Steinwurf vom »Weißen Schwan« entfernt. Etwas ungläubig über diesen Zufall, kehrte ich zu meiner Bleibe zurück. Es muss gegen halb elf gewesen sein, als ich den Glaspalast namens »Hilton« wieder betrat. Dort war an diesem Abend alles auf Mexiko getrimmt. Der Hotelservice an der Bar trug Ponchos im Stil lateinamerikanischer Gauchos und riesige Sombreros. Entsprechende Getränke und Speisen wurden gereicht.

Die »Zest Bar« war noch gut besucht und so ließ ich mich am Tresen nieder. Nachdem ich mir ein mexikanisches Bier bestellt hatte, setzte sich ein junges Pärchen neben mich. Es waren offensichtlich Engländer oder Amerikaner. Jedenfalls verständigten sie sich in Englisch. Nach meinem Gefühl stammte dieses Idiom eher aus Oxford als aus Boston. Für eine Weile beobachtete ich das Kommen und Gehen in der Halle und den emsigen Service in seiner fremdländischen Verkleidung.

Der Barkeeper stellte mehrere Schälchen mit Tacco Chips auf den Tresen. Darauf griff der junge Engländer herüber, um eines zu sich heranzuziehen. Dabei musste er sich weit nach vorne beugen. Unglücklicherweise berührte er den Cocktail seiner Begleiterin und kippte ihn um. Der Inhalt des Glases ergoss sich über den Tresen und tropfte auf den Boden. Darauf fing der junge Mann zu lamentieren an: »Scheiße! So eine Schweinerei!« Das kam absolut spontan – und in perfektem Hochdeutsch.

Dann verharrte er einen Moment. Seine Begleiterin durchbohrte ihn zunächst mit ihrem Blick, dann schloss sie die Augen und lief puterrot an. Aus und vorbei mit der englischen Konversation. Mit tief bayerischem Akzent bat sie den Kellner um die Rechnung. Laut lachend bestellte ich mir noch ein Bier und sah zu, wie die beiden verschwanden. Von wegen, der Chef ist mit Frank ganz allein hier, dachte ich.

Ich war also vorgewarnt. Außerdem hätte ich es doch wissen müssen. Meine Erfahrungen und Offenbachs Hinweise sprachen für sich. Der alte Spruch, der den Grundwesenszug dieser ND-Leute erklärte, kam mir wieder in den Sinn. Er lautet:

Wenn dir jemand vom BND guten Morgen wünscht, dann hat er bereits das erste Mal gelogen!

Aber was spielte es für eine Rolle? Mir war das inzwischen einerlei, ob die ehemaligen Kollegen aus der Pullacher Heilmannstraße logen oder nicht. Die sollten machen, was sie wollten. Ich würde morgen die Geschichte ein für alle Mal beerdigen.

Am nächsten Morgen klopfte ein kleines Dienstkommando an meine Zimmertür. Und siehe da, außer Frank war der Leiter des Referats höchstpersönlich angereist und anwesend. Auch Heike hatte ihre Pläne offensichtlich geändert und war mitgekommen. Es gab eine Kurzeinweisung, die so allgemein klang, dass man sie sich auch hätte schenken können. Dann verschwand Heike kurz. Sie kehrte mit einem Handy zurück und begann etwas einzustellen. Als sie damit fertig war, sagte sie mir, ich könne es jetzt in meine Jackentasche stecken.

In diesem Augenblick klingelte ihr eigenes Mobiltelefon. Sie sprach ein paar für mich abgehackt wirkende Sätze und sagte dann: »Gib es wieder her. Ich muss damit noch einmal zur Technik.« Als sie zurückkehrte, übergab sie mir das Handy mit den Worten: »So, jetzt müsste es funktionieren.« Ich steckte es in die Innenseite meines Blousons und zog den Reißverschluss der Tasche zu.

Um halb zehn erhielt ich den erwarteten Anruf:

»Hallo, grüß Gott! Alles okay bei dir?«

»Ja, bei mir ist alles okay!«

»Kannst du zum Trojischen Schloss kommen?«

»Ja, das geht!«

»Gut, dann sagen wir 10.00 Uhr oder 10.30 Uhr?«

»Ich fahre gleich los.«

»Gut, dann bis gleich! Wir treffen uns am Eingang vor dem Zoo!«

Ich verabschiedete mich von meiner Geschäftsleitung und ging zum Fahrstuhl. Beim Einsteigen fielen mir noch zwei Fremde auf, die sich in letzter Sekunde in den bereits vollen Lift drängelten. Waren das meine heimlichen Begleiter oder litt ich schon an Verfolgungswahn?

Unten vor dem Gebäude winkte mir der Hotelpage ein Taxi heran. Der Taxifahrer konnte mit dem Trojischen Schloss zunächst nichts anfangen. Nachdem er den Hotelmenschen befragt und ich auf den Zoo hingewiesen hatte, verstand er endlich, wo es hingehen sollte. Trojsky zámek!

Die Fahrt dauerte nicht lange. Zuerst überquerten wir die Moldau und fuhren durch Holesovice, um in den Ortsteil Troja zu gelangen. Die Sechs-Kilometer-Tour verging mir fast zu schnell. Also stand ich erst einmal vor dem Eingang des Prager Zoos und wartete auf meinen Treffpartner. Dann sah ich ihn in Begleitung einer anderen Person die Straße heraufkommen. Er trug eine Sonnenbrille, die er absetzte, als er mich begrüßte. Die zweite Person blieb mit etwas Abstand stehen und wartete.

»Wolfgang« schlug vor, den Ort zu wechseln. Das lehnte ich ab. Was ich ihm zu sagen hatte, das konnte hier passieren. Also einigten wir uns recht schnell, im Zoo ein wenig spazieren zu gehen. Das Wetter war angenehm warm und lud dazu ein. Selbstverständlich fühlte ich mich hier wesentlich sicherer als im Auto zweier Fremder, von denen ich nicht wusste, wo sie mich hinbringen würden. An diesem Samstagmorgen waren nur wenige Besucher gekommen. Also schlenderten wir beinahe alleine durch das schöne, parkartige Gelände. Den Fremden hatte »Wolfgang« schon wieder weggeschickt.

Hin und wieder setzten wir uns auf eine Parkbank. »Wolfgang« kam ohne große Umschweife auf den Punkt. Nach wie vor ginge es um meine Quellen, und hier besonders um die Innenquelle »Rübezahl«. Der russische Offizier hatte die belastenden Informationen gegen Foertsch geliefert und auch sonst emsig für beste Informationen aus dem FSB gesorgt. Für die Russen war das Thema also, wie von mir erwartet, noch nicht passé. »Wolfgang« stellte mir sehr viel Geld in Aussicht, wenn ich ihm die Namen meiner wichtigsten Quellen nennen würde. Einen Teil der Summe sollte ich an Ort und Stelle erhalten.

Nach einer Weile erschien der zweite Mann wieder. »Wolfgang« fragte mich, ob er mir einen Freund vorstellen dürfe. Ich willigte ein. Der Unbekannte kam näher: »Ich bin Peter!« Der Fremde sprach so perfekt Deutsch, dass es mich schon fast beunruhigte. Ohne Zweifel mischte sich da ein schwäbischer Dialekt zwischen die Worte. Man hätte glauben können, einen Stuttgarter Beamten vor sich zu haben. Beiden wurde sehr schnell klar, dass ich nicht reden würde. Es war ihrer Mimik zu entnehmen.

»Peter« verabschiedete sich nach kurzer Zeit. Seine Enttäuschung konnte er nicht verbergen. Als wir in Richtung Ausgang schlenderten, legte »Wolfgang« seinen Arm auf meine Schulter: »Weißt du, ich würde es ja auch nicht tun. Insofern kann ich dich gut verstehen. Aber für uns ist es sehr wichtig, alles zu wissen. Deshalb auch das große Interesse an deinen Quellen. Wenn deine eigenen Leute sie schon nicht kennen, dann wollen wir es wenigstens. Na ja – wir wissen schon sehr viel, aber einige entscheidende Fragen sind noch nicht beantwortet.«

Dann zitierte er aus diversen BND-Schriftstücken, die mit »Rübezahl« und der Affäre um Foertsch in Zusammenhang standen. Er präsentierte das sehr geschickt. Aber seine Absicht, schau mal, wir wissen sowieso schon alles, und deshalb kannst du uns auch noch den Rest erzählen, war leicht zu durchschauen. Einiges von dem, was er zum Besten gab, war mir bekannt. Von anderen Dingen hingegen hatte ich nie gehört. Aber es war schon mehr als erstaunlich, wie gut der Geheimdienstmann informiert war.

Nach etwa einer Stunde erreichten wir wieder den Eingang des Prager Tierparks. Auf der linken Seite, hinter einem mehrstöckigen Gebäude, befand sich ein Biergarten. Rustikale Sitzgarnituren und große Sonnenschirme waren dort aufgestellt. »Na und? Trinken wir ein Bier?«, fragte mein gut präparierter Begleiter. »Warum nicht!«, willigte ich ein. »Magst du überhaupt Budweiser?« – »Es ist mein Lieblingsbier!« Der Biergarten war noch völlig verwaist. Nur eine Bedienung lungerte hinter dem Tresen. Er holte zwei große Plastikbecher mit Bier und gab mir einen davon.

Von meinem Sitzplatz, die Theke im Rücken, konnte ich einen Teil des Parks einsehen. »Wolfgang« ließ sich gegenüber nieder und hob den Budweiserbecher, um mit mir anzustoßen. Meine Jacke lag auf dem Nachbarstuhl. An das Handy in der Innentasche dachte ich in dem Moment gar nicht mehr. Das Wesentliche war ja sowieso längst gesagt. Unser Gespräch lockerte sich immer mehr.

»Wolfgang« begann sogar ein wenig über sich selbst zu erzählen. Vom Urlaub, und wie er im Sommer begonnen hatte, seine kleine Datscha am Rande von Moskau in Stand zu setzen. Es trennten ihn nur noch wenige Monate von seiner Pensionierung. Als er nun locker redete und damit sein permanentes Bohren und Nachfragen endlich aufgegeben hatte, wurde es richtig angenehm mit ihm. Wir ließen uns ausgiebig Zeit, unser Bier auszutrinken.

Ich fragte ihn schließlich, ob er irgendwann einmal Deutschland besuchen würde, wenn er Rentner sei. »Wolfgang« überlegte einen Moment, schaute mir tief in die Augen und zog die eigenen Brauen hoch: »Ah – du meinst, ich könnte Deutschland … Haha. Nee, nee – besser nicht, mein Lieber. Das lassen wir mal!« Er hatte offensichtlich weiter gedacht, als ich selbst.

Noch ehe ich seinen letzten Satz richtig verdaut hatte, hörten wir laute Stimmen. Sie kamen vom Eingang, den wir allerdings in unserer Position nicht direkt sahen. Der Lärmpegel schwoll an, mündete in Gezeter und Gekreische. Irgendetwas war da los, aber was? Plötzlich hastete jemand mit schnellen Schritten um die Ecke und verharrte auf dem kleinen Platz vor dem Biergarten. Er trug eine dunkelgraue Hose, ein weißes Polohemd und eine schwarze Baseball-Kappe. Frank Offenbach! Verfolgt wurde er von einer kleinen, etwas untersetzten Frau in Uniform. Ich erkannte sie als eine der Kassiererinnen vom Eingang. Er schaute sich um und hatte mich gerade erblickt, als ihn die Dame wie eine Furie anschrie. Wild gestikulierend zerrte sie ihn am Handgelenk zurück zum Eingang.

Ich hätte damals nicht gedacht, dass ich ihn in diesem Moment das letzte Mal lebend sehen würde. Dieses Bild wird mir deshalb ewig haften bleiben. »Wolfgang« hatte sich umgedreht und dem Schauspiel ebenfalls zugesehen. Er grinste mich breit an, deutete mit einer Kopfbewegung auf meinen Observantenchef und kommentierte süffisant: »Verliert schon die Nerven. Es wird Zeit, dass wir gehen.«

Wir tranken aus und verabschiedeten uns. Von einem kräftigen Händedruck begleitet, kam die letzte Freundlichkeit: »Ich wünsche dir alles Gute. Bleib gesund und komm gut nach Hause.« Ich habe danach nie wieder etwas von »Wolfgang« gehört.

Vor den Kassenhäuschen befand sich ein kleines Lokal mit großen Fenstern und einer roten Fassade. Im Vorbeigehen sah ich darin zwei von Franks Truppe. Da saßen sie als einsame Gäste. Sie schauten bewusst weg, als sie mich erkannten. Ich war gespannt, wie meine geschätzten Kollegen alles bewerten würden.

Zurück im Hotel, geriet ich wieder mal ins Staunen. Ein Techniker teilte mir lapidar mit, die Apparaturen hätten nicht funktioniert. Es habe keine Aufzeichnungen gegeben. Was die Unruhe gegen Ende des Treffs am Eingang des Zoos zu bedeuten hatte, wusste niemand. Frank war mit seinen Mannen bereits am Packen und für mich nicht erreichbar. Die Einsatzleitung wies mich an, ebenfalls sofort abzureisen. Eine eigenartige Situation.

Heike und ihr Chef warteten in meinem Zimmer, als ich zum Auschecken an die Rezeption ging. Sie vermittelten einen seltsamen Eindruck, als ich wieder in mein Zimmer kam. Die Funkverbindung, erzählten sie mir, sei abgerissen, als ich in den Fahrstuhl gestiegen war. Aber warum hatte mich dann niemand zurückgeholt? Immerhin war dann wieder eine Weile vergangen, bis ich losfuhr. Eigenartig. Als sie weg waren, überkam mich das Gefühl, irgendwer musste meine Sachen durchwühlt haben.

Gar kein Zweifel: Dieser Prager Einsatz war nicht die hohe Schule des ND gewesen. Hier handelte es sich lediglich um ein weiteres Kapitel im Intrigantenstadel BND. Ich fühlte mich leer im Kopf, als ich am frühen Nachmittag das »Hilton« durch die große Drehtür verließ. Eine Stunde später hörte ich, immer noch in Gedanken versunken, die Stimme aus dem Lautsprecher: »Meine sehr verehrten Damen und Herren, im Namen von Kapitän Hagedorn und seiner Crew begrüße ich Sie an Bord des Lufthansa-Fluges 9333 von Prag nach Frankfurt recht herzlich.«

Die sehr speziellen Feinheiten dieser Reise stellten sich erst im Nachhinein heraus, obwohl es nie eine offizielle Nachbereitung gegeben hatte. Ich wurde zu keiner Besprechung geholt, erfuhr von keiner Erklärung oder internen Information. Nur eine Fülle von negativen Gerüchten erreichte mich hin und wieder. Die Art und Weise, wie der BND seine Prager Aktion aufarbeitete, war ein Skandal. Immerhin war ich ja der Betroffene. Aber die Chefs in der Sicherheitsabteilung zogen es vor, mir gegenüber gar nicht zu reagieren. Sie verbreiteten lediglich falsche Infos, Vorwürfe und Legenden.

Der Hauptvorwurf – er erreichte mich auch nur auf Umwegen – lautete, ich hätte in Prag das Telefon außer Betrieb gesetzt. Eine Untersuchung habe ergeben, dass es nur so sein konnte. Aber war das Gerät wirklich ausgefallen? Ich hatte nichts manipuliert. Warum auch? Ich steckte es lediglich ein, und weiter nichts. Mir fiel auf, dass diese Mär der Manipulation von ganz unterschiedlichen Seiten an mich gelangte. Also wurde sie im Dienst breit gestreut. Dagegen konnte ich mich nicht wehren. Nur einer, der alle Hintergründe kennen musste, beteiligte sich nicht an der Verbreitung dieser Geschichte: Frank Offenbach, dessen Techniker wohl versagt hatten.

Ich rief ihn deshalb am 6. Oktober an und stellte ihn zur Rede. Frank Offenbach sagte, ich solle nichts von dem glauben, was da getratscht würde. Er vertraue mir nach wie vor. Mehr könne er aber nicht sagen. Ich spürte, in welchem Zwiespalt er sich befand. Er wusste genau wie ich, dass von mir nichts manipuliert worden war. Das war ihm anzumerken. Er war auch so anständig, den Hinweis zu geben.

Trotzdem traute sich der Observationschef nicht, mir gegenüber die Intrige der Sicherheitsabteilung aufzuklären. Er wusste, dass ich mich sofort massiv wehren würde. Dann käme er seinen Vorgesetzten gegenüber womöglich selbst in Erklärungsnöte. Das wollte und konnte er nicht.

Immerhin: Meine Frage nach dem Tumult im Zoo am Ende des Treffens beantwortete er sofort. Da an diesem Morgen so wenig Publikum im Prager Zoo war, hatte er seinem Observationskommando eingeschärft, draußen zu bleiben. Gegen Ende des Treffens mit »Wolfgang« hatten Offenbachs Leute gesehen, wie ich mit dem FSB-Mann zum Ausgang kam. Dass wir kurz vor dem Tor nach rechts in den Biergarten schwenkten, war ihnen entgangen. Für sie waren wir plötzlich von der Bildfläche verschwunden. Einige vermuteten, ich sei bereits draußen und man habe unseren Abmarsch verpasst. Andere wähnten uns noch im Zoo. Es herrschte Konfusion unter den Beobachtern. Daraufhin wollte sich der Chef selbst einen Überblick verschaffen.

Er berichtete mir: »Ich geh da jetzt rein, hab ich gesagt. Nachher warten wir uns hier einen Wolf und die sind mit Norbert schon über alle Berge. Nun stand aber eine lange Schlange von Besuchern an der Kasse. Und ich wollte ja nicht den Zoo besichtigen. Ich wollte nur ein paar Schritte um die Ecke, um zu schauen, ob du noch irgendwo zu sehen bist, möglicherweise an dem Imbissstand. In diesem Moment konnte ich nicht warten. Wenn ich eine Karte gekauft hätte, wären noch weitere zehn Minuten vergangen. Es lief alles so langsam.

Also – ich – an der Schlange vorbei. Da hockte so ein uniformierter Dragoner. Ich sage zu ihr, mit Händen und Füßen gestikulierend, ich keine Karte kaufen, ich nur zwanzig Meter – bis da und gucken. Dann ich wieder raus. Okay –

eine Minute. Da macht die ein Geschrei, na ja, das hast du ja gehört. Und da war es auch schon egal. Ich also rein und sie im Laufschritt hinterher. Na, ich kann dir sagen, ich war froh, dass sie mich nicht verprügelt hat.« Er lachte, als er mit seiner Erzählung fertig war.

In den Monaten danach telefonierten wir ab und zu. Unser freundschaftliches Verhältnis war ungetrübt. Leider sahen wir uns nie mehr. Er wurde völlig überraschend durch eine schwere Krankheit aus dem Leben gerissen. Am 9. Oktober 2000 erwies ich ihm die letzte Ehre. Mit ihm ging nicht nur ein Freund und Kollege, sondern auch einer derjenigen, der am meisten über den BND wusste. Mit diesem Wissen hätte er Freddy und mich nicht nur bei unserem Prozess entlasten können, sondern wäre für den Dienst eine echte Gefahr gewesen.

Man berichtete mir, er habe in den letzten Monaten mit seinen Chefs nicht mehr gesprochen und sich schon seit längerem geweigert, die Zentrale zu betreten. Seine Enttäuschung über den Geheimdienst muss sehr tief gegangen sein.

Abschied vom Dienst

Zwischen meiner Heimreise von Prag, am letzten Samstag im August, und dem Anruf bei Frank bekam ich gleich mehrfach Post aus München. Meine Entlassung, aus gesundheitlichen Gründen, warf ihre Schatten voraus. Waren es in den letzten Wochen, im wahrsten Sinne des Wortes, kopflose Schreiben gewesen, so artete im Verlauf des Septembers der Schriftverkehr mit dem BND in eine regelrechte »Brieffreundschaft« aus. Das Amt für Militärkunde erschien plötzlich aus der Versenkung, postalisch zumindest.

Die BND-Tarnbehörde für alle Bundeswehrsoldaten im Dienst wurde wieder aktiv. Zunächst gratulierte man mir in einem Brief:

... Sie vollendeten ihre 25-jährige Dienstzeit. Leider muss ich Ihnen mitteilen, dass die vorgesehene Ehrung und Gewährung einer Jubiläumszuwendung wegen laufender disziplinarischer Ermittlungen ... zurückgestellt werden muss ...

Kurz darauf lag ein offener Umschlag in meinem Briefkasten. Das Anschreiben dazu war erfrischend kurz gehalten:

Sehr geehrter Herr Juretzko,
im Rahmen der Versetzung in den Ruhestand, gem. § 44 Abs. 3 SG die Anlage zur Kenntnisnahme und zum Verbleib.

Mit freundlichen Grüßen
Unterschrift

Die besagte Anlage war meine Entlassungsurkunde.

Irgendwann in jenen Tagen flatterte auch mein Dienstzeugnis ins Haus. Die Besonderheit war, dass im Kopf »Amt für Militärkunde« stand, es aber unterschrieben war von einem »Leitenden Regierungsdirektor«. Welch ein Zufall, genau der selbst ernannte Spezialist, der die Prag-Mission beaufsichtigt hatte. Neben vielen Allgemeinplätzen lobte er meine Leistungen im Dienst als »... bis zuletzt *sehr weit* über den an ihn gestellten dienstlichen Anforderungen liegend beurteilt«.

Drei Jahre später trat genau dieser Mann als Kronzeuge des BND gegen mich auf. Auf die Frage, wie er denn den oben zitierten Satz aus meiner Beurteilung mit seiner nunmehr negativen Darstellung der Person Juretzko in Einklang bringen würde, antwortete er: »Ach, wissen Sie, diese Beurteilungen schreiben wir immer so. Verstehen Sie es einfach als wohlwollenden Nachruf!«

Als ein Jahr später, am 10. November 2000, also lange nach meiner Pensionierung, die letzten Reisekosten immer noch nicht erstattet waren, schrieb ich nochmals an die Zentrale und mahnte den Betrag an. Am 28. November erhielt ich die Antwort:

Eine Klärung dieser Angelegenheit zum jetzigen Zeitpunkt ist nicht ‚möglich, da es noch keinen Überblick über finanzielle Ansprüche Ihrerseits und Gegenansprüche seitens des Amtes gibt.

Epilog – Ewgenis Erzählungen

Es war das erste Mal seit einer Stunde, dass er eine Pause eingelegt hatte. Ich meine eine richtige, schöpferische, nachdenkliche Pause. Bisher sprach er ohne Umschweife und ohne Punkt und Komma. Dabei war er nicht diese typische Plaudertasche, die sich stets zu profilieren sucht. Das brauchte er auch nicht, denn seine Intimkenntnisse des russischen Geheimdienstes hätten jeden westlichen Spionageabwehrdienst ins Schwärmen gebracht. Es war gemütlich hier in dieser Hütte. Das unbehandelte, dunkelbraune und massive Holz strahlte eine behagliche Wärme aus. Viele Male waren wir schon hier gewesen. Ewgeni – ich nenne ihn hier so, weil ich aus mehrerer Hinsicht auf seine Sicherheit bedacht bin – fühlte sich in diesen Wänden fast wie zu Hause und mir ging es ebenso. Eine Atmosphäre, bei der er immer zu erzählen begann.

Er schaute mich nachdenklich, eher fragend an und nippte an seinem Bier. Beim Zuprosten achtete er peinlich darauf, dass er mit dem verstärkten Boden seines Weißbierglases anstieß, so wie es vorschriftsmäßig war. Das sagte er immer: »Vorschriftsmäßig!« Wenn er etwas tat, was wichtig war, penibel und gründlich sein musste, kam dieses Lieblingswort: »Vorschriftsmäßig!« Zum einen gefiel ihm dieser Klang des Wortes merklich, zum anderen war es eine gelungene Beschreibung für etwas Exaktes.

Er sprach zwar sehr gut Deutsch, sein Wortschatz war trotz alledem aber merklich eingeschränkt. Ungeachtet dessen, glaubte ich auch ein bisschen Ironie in dem Wort zu hören, immer wenn er es aussprach. Als wäre der Begriff *vorschriftsmäßig* eine übertriebene Charakterisierung einer deutschen Tugend, die es so in Wirklichkeit gar nicht gibt. Wenn er früher seine Mikrofilmrollen ablieferte, auf denen er russische Geheimdienstdokumente abgelichtet hatte, sagte er es schon genau so, und auch mit diesem Zwinkern im Augenwinkel.

»Und, was denkst du?«, wollte er wissen. »Weiß noch nicht. Erzähl erst einmal weiter«, versuchte ich ihn zu ermuntern, mit seinem Bericht fortzufahren.

Er nahm einen großen Schluck und bedeutete der Bedienung durch das Hochheben seines Glases, dass er noch etwas trinken wollte. Seit zwei Stunden saßen wir hier in der gemütlichen Ecke der Hütte. Unsere Sachen hatten wir bereits lange vorher verstaut. Gestern Nachmittag war er angekommen. Pünktlich wie immer. Auf die Minute genau hatte er die kleine Gasse passiert. Mit strahlenden Gesichtern hatten wir uns fest umarmt. Wie so oft in den vergangenen Jahren war ich vorzeitig am Treffort gewesen. Auf der kleinen Bank neben dem Malergeschäft hatte ich gewartet und von meinem erhöhten Punkt die kleine Gasse überblicken können. Es war Sonntag und keine Menschenseele zu sehen. Wer diesen Treff observieren wollte, hätte richtige Probleme bekommen, dachte ich.

»Noch zwei Zirbenschnaps, bitte«, lautete seine Bestellung, als die kleine, freundliche Bedienung das Bier brachte. »Du trinkst doch einen mit, oder?«, vergewisserte er sich bei mir und fügte in Richtung Bedienung an: »Aber für Erwachsene, bitte.« Was so viel hieß wie: ein doppeltes Glas.

Seit wir nicht mehr für den BND arbeiten, das ist viele Jahre her, ich als Hauptamtlicher und er als Informant, treffen wir uns trotzdem noch in unregelmäßigen Abständen. Er war dankbar, dass ich ihn trotz aller Querelen und Belastungen, die ich ertragen musste, nicht enttarnt habe. Allen Anfeindungen, Beleidigungen und Drohungen meines alten Dienstherrn zum Trotz, hielt ich ihn aus den Turbulenzen heraus, die es seit Anfang 1998 gegeben hatte.

Kreideweiß im Gesicht hatte Olgauer mir seinerzeit gedroht: »Das sind nicht Ihre Quellen. Das sind die Quellen des BND. Kapieren Sie das endlich!« Es war einer der letzten Versuche meiner Chefs gewesen, im Sommer 1998 die Quellendaten aus mir herauszupressen. Und es war mein letzter Besuch im Camp. Frustriert und wütend ließ ich damals meine Oberen in Pullach zurück. Die Preisgabe von Quellendaten wäre der höchste Verstoß gewesen. Ganz abgesehen davon, dass diese Herren es nicht verdient hatten, von mir auch nur im Geringsten anständig behandelt zu werden. Für mich stand es fest: Preisgabe von Quellendaten – niemals!

Das rechnete mir mein Informant von damals durch einen stetigen und unaufhaltsam sprudelnden Informationsfluss hoch an. Das half mir bei der Einschätzung der Gesamtsituation, und noch heute sind wir Freunde. Es soll zwar eine Regel geben, wonach einem nach dem Ausscheiden aus dem aktiven Dienst der Kontakt mit ehemaligen Quellen verboten ist. Gesehen habe ich diese Anweisung allerdings nie und unterschrieben schon gar nicht. Sollte es diese Regel geben, müsste ihre Rechtmäßigkeit auch stark angezweifelt werden. Wenn es sich aber um ein ungeschriebenes Gesetz handelt, dann halte ich mich heute genauso daran, wie der BND an die geschriebenen. Nämlich selten.

»Wollen wir ins Hotel zurückgehen?«, fragte ich ihn. »Meinetwegen«, antwortete Ewgeni, »bisschen frische Luft ist jetzt nicht schlecht! Setzen wir uns dort an den Kamin. Dann erzähle ich dir, was beim großen Chef vom FSB passiert ist, als dein Minister in Moskau war. Na, ich sage dir!« – »Welcher Minister?«, erkundigte ich mich neugierig. »Na, ich erzähle es dir gleich«, ließ er mich mit meiner Neugier zappeln. Wir bezahlten, streiften unsere Jacken über und verließen die gemütliche Hütte. Gut zwanzig Minuten dauerte der Fußweg. Wir schnauften beide, denn es ging gehörig bergauf. Wortlos marschierten wir nebeneinander her. Ab und zu mussten wir eine kurze Pause einlegen und nutzten das, um unseren Blick schweifen zu lassen.

Es war eine sternenklare und kühle Nacht. Der Vollmond wirkte in Größe und Leuchtkraft regelrecht kitschig. Da legte Ewgeni mir seine Hand auf die Schulter und sagte: »Sie waren so blöd! Die hätten noch so viel von mir erfahren können – deine Leute. Über den FSB, Struktur, Namen, Quellen und weiter und weiter.« Dann trottete er wieder keuchend bergan. Ich stand einen Augenblick mit weit ausgebreiteten Händen da und hielt ihm entgegen: »He, Mo-

257

ment, das sind nicht mehr meine Leute. Sie wollen nichts von mir, sie wollen nichts von dir ...«

Eine Pause entstand, in der ich versuchte, seinen Vorsprung wieder aufzuholen, doch er beendete meinen Satz selbst: »Weil es richtige Idioten sind. Stimmt das?« Was sollte ich da entgegnen? Stumm gingen wir weiter. Ich sinnierte vor mich hin. Seit wir uns kannten, und das ist mehr als zehn Jahre, hatte ich mir immer wieder dieselbe Frage gestellt. Wäre es möglich, dass dieser Kerl mich an der Nase herumführt? In stundenlangen Debatten erörterten mein Partner Freddy und ich andauernd diese Thematik.

Über die Jahre hinweg gab es nie eine Veranlassung, Derartiges zu glauben. Im Gegenteil, alle Argumente sprachen gegen eine »Feindsteuerung«, wie es im Fachjargon heißt. Die Informationen waren herausragend. Ihre Richtigkeit wurde früher oder später immer bewiesen. Wenn man die Brisanz, den Sicherheitsgrad sowie die Aktualität seiner Informationen bewertete, konnte es sich nicht um Spielmaterial handeln. Auch versuchte er niemals, die Preise ins Unermessliche zu schrauben, was sonst eher für eine Fremdbeeinflussung gesprochen hätte.

Wäre Ewgeni ein vom FSB umgedrehter Agent gewesen, hätte man sich den ganzen Anbahnungsversuch von diesem »Wolfgang« ersparen können. Und ein wichtiges Argument sprach eindeutig für Ewgeni. Jetzt, wo ich seit Jahren nicht mehr dem BND angehörte, traf er mich trotzdem weiter. Und das Entscheidende daran – er stellte mir in all den Jahren keinerlei Fragen, die den Dienst betrafen. Er umschiffte beharrlich dieses Thema. Ausgenommen allenfalls seine Vorhalte, die er über das amateurhafte Verhalten der deutschen Schnüffelbeamten formulierte. Er hatte natürlich in der Presse das ganze Theater um den »Fall Foertsch« mitbekommen und mit absolutem Unverständnis reagiert.

Bereits in den ersten Jahren unserer Zusammenarbeit hatte ich mich mit der Wahrung des BND-Renommees mehr als schwer getan. Freddy und ich luden eines Tages den Chefauswerter in Sachen »Fremde Dienste« zu einem Treff mit dieser Quelle ein. Der Pullacher Spezialist hatte ein Sammelsurium von Namen und Strukturdetails zum reorganisierten FSB mitgebracht. Aus dieser losen Blattsammlung stellte er nun sichtentzogen einzelne Fragen an Ewgeni. Dem wurde es aber bald zu bunt, weil er nach Fakten befragt wurde, die er bereits vor einiger Zeit beantwortet hatte, und die ganze Fragerei keinerlei Struktur besaß.

Daraufhin griff unser Lieferant, genervt von der offenkundigen Unfähigkeit des Interviewers, den gesamten Packen Papiere, den der auf dem Schoß krampfhaft und sicher verwahrt hatte, und breitete ihn auf einem Tisch aus. Dort sortierte er die Notizen und Dokumente, versah die Zettelwirtschaft mit Nummern, fertigte eine Übersicht an, ergänzte Namen und Diensteinheiten und beendete die Fachbefragung mit dem Satz: »So geht das! Was bekomme ich eigentlich dafür, dass ich Ihre Arbeit mache?« Der BND-Spezialist zog verblüfft und begeistert von dannen, unsere Quelle dagegen enttäuscht und frustriert.

Immer wieder erinnerte er mich an den peinlichen Vorgang. In seinem manchmal etwas holprigen Deutsch drückte er es mit folgenden Worten aus: »O denkst du mal! Was sind das nur für kopflose Menschen dort mit diese Firma? Das ist unmöglich! Kannst du nicht vorstellen.«

Das Kaminzimmer im Hotel war fast leer. Wir orderten zwei Gläser Rotwein und ließen uns am Feuer nieder. Ich legte ein paar Holzscheite nach und Ewgeni verschwand für kurze Zeit, um mit zwei dicken Zigarren zurückzukehren.

Eine davon gab er mir mit der Anmerkung: »Na, ich denke, das ist besser so. Da können wir sitzen, rauchen und ich erzähle dir alles. Die Zigarren habe ich aus Havanna mitgebracht. Sehr gute Qualität!«

Ewgeni schnaufte einmal tief durch, bevor er fortfuhr: »Mein Gewährsmann in Moskau erzählt mir natürlich nicht alles! Trotzdem denke ich, ist es interessant. Er vertraut mir, weil wir schon so lange befreundet sind. Auf der Universität waren wir bereits zusammen. Ich glaube nicht, dass er mir gezielt etwas Falsches mitteilt!«

Dann berichtete Ewgeni weiter.

»Also, die in Moskau glauben, dein Buch *Bedingt dienstbereit* sei nicht allein auf deinem Mist gewachsen, sondern das Ganze sei doch politisch gesteuert. Ganz von oben.

Sie sagen, so etwas dürfte in einem leistungsfähigen Nachrichtendienst gar nicht möglich sein. Dass da mal eben und unerwartet irgendwer so ein Buch veröffentlicht. Sie fragen sich, wer steckt wirklich dahinter? Ihrer Meinung nach gibt es nirgendwo in der Welt einen Nachrichtendienst, der so etwas zulassen würde. Die vom FSB sind der Ansicht, der BND spiele ihnen hier etwas vor, denn keiner von ihnen kann glauben, dass das wirklich solche Dilettanten sind.« Ewgeni schmunzelte: »Also, wenn du mich fragst, ich sage, deine Leute spielen den unseren jedenfalls nichts vor.«

Nach einem Schluck Rotwein fuhr er fort: »Mein Gewährsmann hat mir erzählt, dass ihnen klar gewesen sei, dass die Pullacher bei dem ersten Treff in Prag mit anwesend sein würden. Sie hätten die Situation sehr gut analysiert und mussten von dieser Tatsache ausgehen. Allerdings sei dies die einzige Möglichkeit gewesen, die ihnen noch geblieben wäre, um die wahre Identität von ›Rübezahl‹ zu erfahren. Und sie sind sich sicher, dass damals in Prag die Offenbach-Truppe nicht zu viel mitbekommen habe.

Weißt du eigentlich, wer später dann den Treff im *Bela Labut* an die Presse lanciert hat?«, richtete Ewgeni eine Frage an mich. Doch ohne meine Antwort abzuwarten, fuhr er fort: »Mein Gewährsmann hat mir mitgeteilt, sie haben zwar keine Beweise, aber sie vermuten, es sei Foertsch selbst gewesen«, nuschelte er und ergänzte, »womöglich als Teil seines Rundumschlages, um das gesamte U-Referat und speziell dich zu diskreditieren.« – »Aber warum vermuten sie, dass ausgerechnet er und nicht irgendein anderer indiskret geworden ist, zum Beispiel einer aus dem Observationsteam oder jemand im Dunstkreis Olgauers?«, hakte ich nach.

Ewgeni zog tief an seiner Zigarre. Dann blies er den Rauch zur Decke und sah den Wölkchen nach, bevor er antwortete: »Wer die *Bela Labut*-Geschichte an die Presse gegeben hat, war überzeugt vom Ablauf dieser, seiner Geschichte und Darstellung des Treffs.« – »Na und, warum soll es nicht einer der anderen Teilnehmer gewesen sein? Irgendein anderer?«, entgegnete ich. »Weil alle Beteiligten an dem Treff den genauen Ablauf gekannt hätten. Foertsch aber nicht. Er hatte ja selbst nicht an der Aktion teilgenommen. Und so sei er der Einzige, der angenommen hätte, der Treff habe im *Bela Labut* stattgefunden. Der Treff war aber gar nicht im ›Weißen Schwan‹, doch Foertsch glaubt heute noch an die Version, die ihm damals von Olgauer aufgetischt worden sei.«

Unser Kaminabend war gegen drei Uhr morgens zu Ende gegangen. Trotzdem trafen wir uns schon sehr zeitig zum Frühstück. Ewgeni hatte in der Nacht geredet wie ein Wasserfall. Ein paar Beschreibungen und Hinweise waren aber nur verschwommen in meinem Gedächtnis hängen geblieben. Der Rotwein zeigte eben doch seine Wirkung. Ich nahm mir also vor, heute noch einmal nachzuhaken. Es war alles sehr sonderbar, was er erzählt und beschrieben hatte. Aber nicht jetzt, nicht beim Frühstück. Später während der Wanderung oder am Abend in der Jagdhütte, aber noch vor dem ersten Glas. So jedenfalls meine Absicht.

Ich blickte durch die große Fensterfront weit ins Tal, nippte an meinem Kaffee, als er am Frühstückstisch erschien. »Das war eine gute Idee von dir. Es ist wunderschön hier. Imposant«, entfuhr es ihm leicht nuschelnd. »Das finde ich auch«, entgegnete ich ihm, um noch nachzuschieben, »man sieht es deutlich.« Ich zeigte auf sein Frühstück, das er sich vom Büfett geholt hatte. Es war einmal mehr eine eindrucksvolle Zusammenstellung. Ich kannte seinen Appetit ja schon, aber trotzdem verblüffte es mich immer wieder, was dieser einzelne Mensch zum Frühstück verzehren konnte.

Wie ein Oberkellner hatte er seine Zusammenstellung mit Käse, Wurst, Fisch, Obst und frischen Spiegeleiern vom Frühstücksbüfett bis hierher balanciert. Ich musste unweigerlich lachen, als er so vor mir stand. Mit fünf Tellern auf Händen und Unterarmen sowie einem Brotkörbchen zwischen den Zähnen begann er nun sein kleines Privatbüfett abzuladen. Noch immer den Brotkorb mit den Zähnen haltend, wollte er undeutlich sprechend wissen: »Was ist? Noch nie ein gutes Frühstück gesehen?« Dazu in einem eher entschuldigenden Ton: »Hab doch keine Lust, fünfmal zu laufen!« – »Das brauchst du ja auch jetzt nicht mehr, wie ich sehe«, war meine belustigte Antwort.

Zufrieden ließ er sich nieder, den Blick unaufhörlich ins Tal gerichtet. Er beugte sich über die Fensterbank, um auf der anderen Talseite den Gipfel der Anhöhe sehen zu können: »Und da willst du mit mir rauf?« Ewgeni zeigte auf den sonnenbestrahlten Hang. »Es sieht sehr steil aus«, gab er zu bedenken, »man kann gar keinen Weg erkennen!« – »Es gibt aber einen. Es ist ein Jägersteig. Sehr steil, aber wenn du oben bist, ist alles wunderschön. Die Einheimischen hier sagen, man kann dort beim Aufstieg, während man geht, das Gras fressen«, erklärte ich ihm.

Es dauerte nur wenige Stunden und wir erreichten das Ziel unserer Bergtour. Der Aufstieg auf dem glitschigen Waldpfad kostete mehr Zeit und Kraft, als wir erwartet hatten. Niemand war uns auf dem beschwerlichen Anmarsch begegnet. Dafür wurden wir mit einem herrlichen Ausblick belohnt. Die Bank vor dem Holzhaus stand direkt am Abhang. Diese einsame Jagdhütte gehörte einem Freund, der das urige und gut gepflegte Haus am Berg schon seit Jahren als Wanderziel anbot. Nur der beschwerliche Aufstieg hatte mich bislang davon abgehalten, die Hütte zu besuchen. Dabei war, außer Strom und warmem Wasser, alles vorhanden. Obwohl wir seit Jahren davon sprachen, ergab sich erst jetzt eine Gelegenheit, die Tour zu realisieren.

Wir packten den mitgebrachten Proviant aus. Was es zu essen geben sollte, hatten wir schon bei unserem letzten Treffen vereinbart. Voller Spannung, wie gut die Kochkünste meines Mitwanderers sein würden, entfachte ich das Holzfeuer im Herd. Schon seit Ewigkeiten schwärmte er von seinem Borschtsch-Rezept. Als die Sonne fast untergegangen war, verflog langsam der klamme und feuchte Geruch im Haus und eine angenehme Wärme vom Kamin und Herd machte sich breit.

»Erzähl mir doch bitte noch mal diese Geschichte mit dem großen Chef. Ich glaube, ich habe einige Details gestern nicht mehr so richtig mitbekommen«, forderte ich ihn auf. Er schenkte uns etwas Rotwein in die kleinen Gläser. »Na gut, ich erzähle es noch einmal und nebenbei mache ich mit dem Borschtsch weiter«, entgegnete er mir und erklärte: »Das waren 500 Gramm Rindfleisch, die jetzt fast zwei Stunden gekocht haben. Ich nehme dafür immer ungefähr drei Liter Wasser. Gut gesalzen, versteht sich. Danach das Fleisch würfeln. Aber das Kochwasser auf keinen Fall wegschütten. Das brauchen wir noch.«

Ich saß auf der gemütlichen Eckbank und beobachtete ihn, wie er akribisch das Fleisch mit dem Messer in gleichmäßige mundgerechte Stücke zerteilte. Dabei kam er wieder auf unser eigentliches Thema.

»Weißt du, an dieser ganzen Geschichte kannst du nach Ansicht meines Gewährmannes die Feinheiten und die wesentlichen Unterschiede zwischen unseren beiden Geheimdiensten erkennen. Er sagt, der Bundesnachrichtendienst oder irgendwer sonst im BND, vielleicht das Referat für interne Ermittlungen oder eine andere Stelle dort hätte sich zu sehr unter Druck gesetzt. Eben typisch deutsch! Sie wollten nicht nur die Besten sein, sondern auch die Schnellsten. Und möglichst noch gut dabei aussehen. Dies wäre ein Kardinalfehler, wenn man dieses Geschäft betreibt. Und das sei ihr Glück gewesen, hätte mein Studienfreund gemeint, diese großdeutsche Selbstüberschätzung. Ihr hättet euch dadurch eigenhändig enteiert. Für diesen Job bräuchte man jedoch einen langen Atem. Geduld, Ausdauer und starke Nerven. Und dein Dienst hätte nichts davon. Die hätten nur ein bisschen ›Indianer‹ gespielt, und als sie bemerkten, es läuft ihnen aus dem Ruder, hätten sie alles auf der schwächsten Stelle abgeladen – nämlich auf dich, Norbert. Aber weißt du auch, was sie von dir sagen?« Ohne eine Antwort von mir abzuwarten, fuhr Ewgeni fort: »Du seist genauso ein Idiot wie alle anderen. Du hättest reich werden können. Steinreich! Aber jetzt müsstest du eben den Preis für deine eigene Sentimentalität bezahlen. Der BND hätte einen kleinen Beweis gehabt und gleich die ganze Justiz in Bewegung gesetzt. Dadurch hätten deine Leute sich nur selbst die Daumenschrauben angelegt.«

Unterdessen war Ewgeni aufgestanden und hatte begonnen, das Gemüse zu putzen. Er unterbrach seinen Bericht, um das Rezept weiter zu erklären: »Das sind etwa 500 Gramm Rote Bete. Ohne Rote Bete kein Borschtsch. Dazu kommen normalerweise noch 150 Gramm Petersilienwurzel und 150 Gramm Pastinaken. Pastinaken konnte ich unten im Supermarkt aber nicht bekommen. Deshalb nehmen wir die doppelte Menge Petersilienwurzel. Zu Hause rasple ich das alles. Da wir hier aber keine Raspel haben, werden wir es fein würfeln. Genauso wie die beiden Zwiebeln und Knoblauchzehen.«

Er schob mir ein Brett und ein Messer herüber und setzte sich wieder auf seinen Schemel am Tisch und damit mir gegenüber. Während wir begannen, das Gemüse zu zerkleinern, setzte er seine Erzählung fort.

»Du seist zwar nicht auf ihr Angebot angesprungen, aber sie hätten doch eine Menge gesehen und gelernt, wie mir mein Gewährsmann berichtete. Sie seien der Meinung, bisher alles richtig gemacht zu haben. Sie wollen das Leck finden, und sie sind sich sicher, es aufzuspüren. Das sei ihre Aufgabe.« Hier machte Ewgeni eine kleine Pause in seiner Erzählung, bevor er fortfuhr: »Der erste Treff ist doch später durch die deutsche Presse gegangen, nicht wahr? Also hätte dein Dienst wissen müssen, dass unsere Leute erfahren haben mussten, dass du nicht allein gekommen warst.

Spätestens dann! Für diese Erkenntnis hätten die Pullacher keine Quelle gebraucht! Keinen Informanten! Sie hätten nur lesen können müssen. Zeitung lesen! Und was hätten sie stattdessen getan? Sie seien wieder mit großem Bahnhof erschienen. Und weißt du, was mein Studienfreund mir gesagt hat, sie wären dankbar dafür gewesen, denn dieses Mal wärt ihr ja mit der anderen Hälfte eurer Truppe erschienen. Doch wenn du nicht gekommen wärst. Verstehen du? Wenn du nicht reagiert hättest! In keiner Weise. Das wäre spannend gewesen. Aber so?!«

Ewgeni unterbrach den Geheimreport und wandte sich wieder seinem Rezept zu: »Dieser alte Eisentopf ist zwar schon ein Relikt, aber er eignet sich hervorragend zum Anschwitzen der Zwiebeln und des Knoblauchs. Zu Hause nehme ich zwar Butter, aber drei Esslöffel Öl tun es auch.« Dann griff er in seinen Rucksack, zog etwas heraus und erklärte: »Eine kleine Dose Tomaten, wenn möglich in Stücken und Weinessig.« Er streckte die Dose Tomaten und die kleine Plastikflasche mit dem Weinessig triumphierend in die Höhe: »Mit den Tomaten lösche ich jetzt die Zwiebel-Knoblauch-Mischung ab und dann kommt das geschnippelte Gemüse dazu. Ich würde sagen, das lassen wir so fünf Minuten mitdünsten.« Er nippte wieder an seinem Glas und fuhr fort.

»Es hätte ja auch sein können, dass du zu dem Treffen kommst, ohne es deinen Chefs zu melden«, gab Ewgeni zu bedenken. »Glaubst du wirklich, ich hätte mit dem Gedanken auch nur gespielt?«, warf ich ein. »Nein, natürlich nicht! Außerdem hat mir mein Freund erzählt, sie hätten von ihren Psychologen eine Prognose über deine wahrscheinliche Reaktion anfertigen lassen.« – »Und, was haben die rausgefunden?«, wollte ich wissen. »Sie tendierten unter fünfundzwanzig Prozent, dass du auf ein Angebot von ihnen eingehst«, war Ewgenis rasche Antwort. »Dabei hätten sie nicht nur die äußeren Umstände einkalkuliert, sondern auch deine ureigenen Wesenszüge. Wenn man den ganzen Zirkus, den mir mein Gewährsmann angedeutet hat, mitrechnen würde, wäre die Tendenz sogar eher gegen Null gegangen. Wobei sie auch nichts anderes von dir angenommen hätten. Es sei genauso gekommen, wie sie es vermutet hätten. Außerdem hätten sie von vornherein gewusst, dass du nicht allein kommen würdest. ›Aus sicherer Quelle!‹, wie mein Freund mir sagte.« Damit wandte sich Ewgeni wieder seinem Rezept zu.

»Aber nun machen wir erst einmal weiter. Salzen, ungefähr einen Teelöffel Zucker und vier Esslöffel Essig. Ohne Essig kein Borschtsch. Sonst ist das nicht vorschriftsmäßig. Wenn du verstehst, was ich meine«, dozierte Ewgeni. Dann erklärte er kategorischer: »Einen halben Liter von der Brühe geben wir jetzt dazu und lassen das Ganze eine knappe Dreiviertelstunde köcheln.« Er griff zu den Kartoffeln und zum kleinen Weißkohl, den wir mitgebracht hatten.

Die Erdäpfel schob er zu mir herüber: »Das sind fünfhundert Gramm. Einmal schälen und grob würfeln, bitte. Ich mache mich über den Kohl her. Wirsing wäre auch gegangen. Aber Weißkohl ist vorschriftsmäßig. Nach Rezept sollen es auch fünfhundert Gramm sein. Den schneide ich derweil in feine Streifen.« Während er den Kohl zerkleinerte, erzählte er weiter.

»Also, Norbert, jetzt komme ich noch einmal auf die Geschichte von gestern Nacht mit dem großen Chef zurück, so wie mein Gewährsmann sie mir mitgeteilt hat. Pass jetzt aber gut auf, damit ich sie dir nicht noch einmal erzählen muss. Eine kleine Delegation aus dem deutschen Kanzleramt hat damals den Leiter des FSB besucht. Der BND hatte einen geheimen Bericht für das Bundeskanzleramt über die Foertsch-Affäre und in diesem Zusammenhang auch über die Aktivitäten in Prag und Wien verfasst. Eure Delegation hätte nun unserem Boss diesen Bericht auf den Tisch gelegt. Und ihn gefragt, was das solle. Doch dieser hätte sich den Bericht gar nicht erst angesehen. Warum sollte er auch, er hätte ihn ja bereits gekannt.« Ewgeni schmunzelte: »Er hätte damals die Mappe nur kurz auf- und gleich wieder zugeschlagen. Mehr aus Höflichkeit seinen Gästen gegenüber als aus Neugier. Wie gesagt, den Inhalt hätte er ja bereits gekannt. Dann hätte er darauf verwiesen, dass unser Dienst so etwas nicht tun würde. Prag und Wien und Foertsch und so weiter. Wie mir mein Studienfreund berichtete, hätten daraufhin die Deutschen wissen wollen, ob Foertsch Agent für den FSB war.« – »Und? Was hat er geantwortet?«, wollte ich mehr fordernd als fragend wissen. »Nur Geduld, es ist schnell erzählt. Also, die Deutschen hätten unseren Geheimdienstchef tatsächlich direkt und unverblümt gefragt, ob Foertsch ein Verräter sei. Stell dir das bitte einmal vor! Daraufhin hätte der schmunzelnd geantwortet, dass es nunmehr an der Zeit sei, doch die alten Geschichten ruhen zu lassen. Dann hätte er den verdutzten Deutschen ihren Geheimvorgang wieder zurückgegeben. Wie naiv sind deine Leute eigentlich? Was glaubst du, dass sie erwartet hätten? Dass der Leiter vom FSB sagt, Foertsch sei Agent? Dass er sagt, er sei es nicht? Das Ganze sei unglaublich gewesen und hätte bei unserem Dienst im Nachhinein einiges Gelächter verursacht. Vor allem, wenn man bedenkt, dass die Deutschen unserem obersten Chef mit der Überreichung des Geheimdossiers quasi ganz offiziell mit-

268

geteilt hatten, dass sie das Treffen in Prag überwacht hätten. Ob das wohl deinen Operateuren in München bekannt ist?« Als Ewgeni das losgeworden war, erläuterte er mir das Finish seines Rezeptes.

»Nun kochen wir die Kartoffeln und den Weißkohl noch fünfundzwanzig Minuten in ungefähr zwei Litern unserer aufgefangenen Brühe. Dann geben wir das Fleisch und die Gemüsemischung dazu«, erklärte er mir, bevor er mit seinem Geheimbericht fortfuhr.

»Also, so ganz nebenbei habe ich meinen Studienfreund danach gefragt, ob unser Dienst tatsächlich eine Quelle im BND hat. Weißt du, was er mir darauf geantwortet hat? Kannst du nicht, wart, ich erzähl's dir gleich. Er hat gesagt: ›Das brauchen wir doch gar nicht zu wissen, es ist sogar gut, dass wir es nicht wissen. So können wir uns einfach auf unseren Auftrag konzentrieren und müssen nicht noch auf irgendwelchen Quellenschutz Rücksicht nehmen.‹ Die Fakten seien doch einleuchtend, hätte mein Freund gemeint. Aber jetzt, glaube ich, hat unser Essen lange genug gekocht.« Mit diesen Worten wandte sich Ewgeni wieder unserem Borschtsch zu.

»So, nun noch mit Salz und Pfeffer würzen. Bei einem richtigen Borschtsch wird dann am Schluss auf jeden gefüllten Teller etwas Petersilie gestreut«, vollendete Ewgeni sein Rezept.

Es roch fantastisch. Ewgeni servierte noch Bauernbrot und den besagten Rotwein. Doch ehe ich meinen Löffel in den duftenden Eintopf tauchen konnte, rief er: »Stopp! Eigentlich fehlt auf jedem Teller ja noch ein Klecks saure Sahne!« – »… die wir auf zweitausend Metern über dem

Meeresspiegel nicht haben können«, unterbrach ich ihn und fügte mehr entschuldigend als erklärend hinzu, »einen kleinen Tribut an die Wildnis müssen wir hier oben eben doch zahlen.« – »Ja, da hast du schon Recht«, sagte er zögernd und griff nach unten, wo sein Rucksack stand, »aber mal ehrlich – man kann doch Borschtsch nicht so einfach ohne einen Klecks saure Sahne essen.«

Mit einer schnellen Bewegung, die wie ein Zaubertrick aussah, stellte er den kleinen Plastikbecher mit dem Schmand auf den Tisch: »Borschtsch ohne saure Sahne, das wäre doch der reinste …«, gekonnt zog er den Aludeckel von dem Gefäß und verteilt auf jeden Teller einen Esslöffel voll, »… Kulturbolschewismus.« Lauthals lachend begannen wir unsere Mahlzeit.

»Ich habe alles gelesen. Für mich sehe ich keine Probleme. Aber du machst dir damit dein Leben nicht einfacher«, sagte mein Gewährsmann leise, fast seufzerartig. Es waren gerade einmal zwei Tage vergangen, seit wir uns in den Bergen getroffen hatten. Das Manuskript, genauer gesagt, das Rohmaterial, lag in einem grauen Aktenordner auf seinem Schoß. »Das reicht aber nicht für ein Buch«, belehrte er mich und klappte seine Lektüre zu. »Das stimmt, das sind auch nur die Kapitel, die für dich interessant oder gefährlich sein könnten. Ein Teil davon wird sogar noch wegfallen«, erklärte ich. »Was ist mit den anderen Geschichten? Zeigst du sie mir?«, fragte er neugierig.

Meine Antwort war simpel: »Nö! Außerdem habe ich nur diesen Teil dabei.« Er scherzte: »Du bist und bleibst ein unverbesserlicher Agentenführer. Ja nichts preisgeben. Aber das, was ich jetzt gelesen habe, darfst du meinetwegen ohne weiteres so schreiben. Ich habe keine Probleme damit. Außerdem kommt ja bald das Buch, dann lese ich eben etwas später den Rest.« – »Ich schreibe dir auch eine Widmung rein, wenn du willst«, flachste ich. Er tippte sich mit allen Fingerspitzen beider Hände heftig gegen die Stirn: »Genau! Und dann stelle ich es mir in meinem Büro in das Regal! Super Idee! Du bist eben ein echter Freund.«

Er war der Letzte in der Reihe von ehemaligen Quellen, die Teile des Manuskripts lasen. Und der Wichtigste! Ich wollte sichergehen, nichts übersehen zu haben, was ihn oder die anderen im Nachhinein gefährden könnte. Außerdem wollte ich von ihnen die Bestätigung dafür, dass der Kanon meiner Darstellungen stimmte. Auf der einen Seite eine Art Selbstkontrolle, auf der anderen Quellenschutz, was sich bereits bewährt und unter anderem dazu geführt hatte, dass die Betroffenen mich zum Teil auf wichtige Hinweise und Ergänzungen aufmerksam machten, die ich zwischenzeitlich vergessen oder verdrängt hatte.

Einer dieser ehemaligen Kundschafter, den ich lange nicht mehr getroffen hatte, war mir nach der Lektüre des Manuskripts regelrecht um den Hals gefallen. Er hatte von all den Angriffen meines einstigen Arbeitgebers gegen mich nichts mitbekommen und war sichtlich erleichtert, dass ich ihn aus den Querelen herausgehalten hatte. Aus anfänglicher Dankbarkeit entwickelte sich im Laufe der Jahre eine Art gegenseitiges Urvertrauen, das keiner aufs Spiel setzen würde. Ich schon gar nicht.

Ein anderer Zuträger hatte durch diese Lektüre erst die großen Zusammenhänge erfahren, die ihm zuvor verborgen geblieben waren. Damit konnte ich zumindest den Beweis antreten, dass mir der Schutz meiner Quellen über alles ging. Mit Tränen in den Augen versicherte er mir: »Ich will nicht, dass es anmaßend wirkt, was ich dir zu sagen habe: Aber, ich bin sehr stolz auf dich.«

Mit meinem aktuellen Gesprächspartner traf ich mich hin und wieder aus mehreren Gründen. Hauptsächlich wollte ich mit ihm natürlich bestimmte Textpassagen erörtern. Außerdem planten wir schon seit längerem ein Stelldichein am Meer. Als passionierter Angler wollte er auch einmal auf hoher See seine Leine ins Wasser versenken. Aber noch wichtiger war mir, die letzten Neuigkeiten aus Moskau zu erfahren. Zu viele Fragen waren offen geblieben. Nur er konnte zumindest teilweise Licht in die Dinge bringen.

Was hatte die andere Seite mit den Treffen wirklich erreichen wollen? Was hatte mein eigener Ex-Arbeitgeber in Wahrheit getrieben? War die Technik in Prag tatsächlich ausgefallen? Log man mich an? Wollten sie mich nur testen? Arbeiteten die Dienste mittlerweile vielleicht sogar zusammen? Was machte »Wolfgang« mit seinem »schwäbischen« Partner? Warum spielten hinterher alle, hüben wie drüben, »Toter Mann« und verschwanden lautlos in der Versenkung? Fragen über Fragen.

Der einzige Informant, der mir bei diesen Rätseln weiterhelfen konnte, saß nun wieder vor mir. Gespannt wartete ich darauf, dass mein Freund zu erzählen begann. Seit er angekommen war, hatte ich ihn nur einmal vorsichtig befragt. »Da gibt's Neues. Verstehst du, richtig Neues«, waren seine Worte. Mehr nicht. Aber als er das sagte, machte er ein finsteres, ernstes und wissendes Gesicht. Also wartete ich neugierig ab, bis er selbst zu reden beginnen würde. Seit Jahren arbeitete ich an diesem Puzzle.

Nur wenige Meter von unserem Haus entfernt hatte ein Fischer sein Boot an Land gezogen. Wir kamen gerade von unserem morgendlichen Fitness-Lauf zurück und begutachteten den Fang, der vor ihm lag: »Was hältst du von Fisch? Hier die frischen Schollen?«, fragte ich ihn. Er nickte zustimmend und streckte einen Daumen in die Höhe: »Das ist gut! Gibt es nichts Besseres. Ich liebe das!« Am Abend, wir verbrachten den ganzen Tag mit Sightseeing, bereiteten wir gemeinsam unsere Schollen zu. Es war eine herrliche Mahlzeit und der Fisch wurde nachträglich in Bier und Aquavit gebadet. Nun konnte ich meine Neugier und meine unnatürliche Zurückhaltung nicht mehr bändigen: »Jetzt red doch schon. Was gibt es Neues von deinem Studien-freund?«

Mein Gewährsmann hielt in beiden Händen ein kleines Schnapsglas, drehte es langsam und stetig: »O ja – das ist alles sehr kompliziert. Ich erzähle dir alles, aber ohne meine Analyse. Da musst du selbst erst mal überlegen. Dann sag ich dir, was ich denke. Sprechen wir über Prag! Prag 1999! Das ist das Wichtigste!

Ihr Auftrag, so hat mir mein Moskauer Gewährsmann mit-geteilt, hätte darin bestanden, unter allen nur erdenklichen Umständen den Kontakt zu dir zu suchen. Das hätte aber auch bedeutet, sehenden Auges in die Observation deiner Leute zu laufen«, begann mein Freund seinen Bericht. »Der zweite Pragtreff wäre ja auch viel einfacher gewesen als der erste. Denn wie mir mein Studienkollege gesagt hat, sei der grundlegende Unterschied zwischen der ersten und der zweiten Reise darin gelegen, dass der BND bei der ersten Pragtour noch auf der Jagd nach einem eigenen Maulwurf gewesen sei. Insofern hätten meine Leute zwar einige Vor-gaben gehabt, die ganze Sache sei aber für sie nicht völlig zu berechnen gewesen. Sie mussten sich fragen, was würde passieren? Die Grundvoraussetzungen seien für alle iden-tisch gewesen. Beide Seiten hätten nach ihrem Leck ge-sucht.

Beim zweiten Treff in Prag jedoch wären die Intentionen der Dienste bereits völlig unterschiedlich gewesen. Denn, wie mir mein Freund aus Moskau gesagt hat: ›Wir suchten weiterhin unseren Verräter, die Deutschen aber nicht.‹ Und er begründete es damit, dass alle, die in Pullach nach der undichten Stelle ihrer Organisation gefahndet hätten, plötzlich in die Wüste geschickt worden wären. Jeder auf seine spezielle Art und Weise. Auf einmal wären andere Figuren damit beauftragt worden, die Nachsorge des Skandals zu erledigen. Und zwar so, dass sie etwas finden müssten, das dich weiter belastete.

Da wäre diesen Typen aus Pullach unser neuerlicher Ansatz auf dich gerade recht gekommen. Denn würde sich nämlich herausstellen, dass ihr beide, du und Wolfgang, euch kennen würdet und ihr euch nicht beim ersten Pragtreff zum ersten Mal gesehen hättet, der Treff also ein Schauspiel darstellte, dann wäre das Bauernopfer besiegelt. Aber nach Ansicht meines Studienkollegen gäbe es bei der ganzen Geschichte noch ein anderes, schwerwiegendes Problem, das auf dem BND lasten würde.« Mein Gesprächspartner machte eine schöpferische Pause.

»Die in Moskau können überhaupt nicht verstehen, weshalb die Deutschen, obwohl sie gewusst hätten, dass es einen Maulwurf bei ihnen geben musste, nicht weitergesucht, sondern alles getan hätten, es zu vertuschen«, jammerte mein Freund frustriert. »Sie können es sich nur so erklären, dass die Ursache dafür politische Gründe gewesen seien. Mein Gewährsmann sagte mir wörtlich: ›Alle bei uns im Dienst jedenfalls hatten damals den Eindruck, als wäre man sich im Bundeskanzleramt sicher gewesen, dass Foertsch der Maulwurf war. Man suchte nur noch eine offizielle Bestätigung dafür. Aber einen politischen Skandal wollte man deshalb nicht riskieren. Das hätte wohl zu viel Schaden angerichtet.‹ Außerdem, so beurteilte man in Moskau die Sache weiter, sei der vermeintliche Pannenfall ja ebenfalls durch vorzeitigen Ruhestand entsorgt worden. Nun ginge es aus deutscher Sicht nur noch darum, die Spuren zu verwischen. Und ein fragwürdiger Juretzko käme deinen Leuten da natürlich recht. Doch die operativen Fehler, die du bis dahin gemacht hattest, würden aber dazu längst nicht ausreichen.

Das große Problem, das die Nachlassverwalter der Affäre Foertsch hätten, wäre nach Ansicht meines Gewährsmannes in Moskau Folgendes: Was wäre, wenn du die Wahrheit gesagt hättest und ihr beide, du und Wolfgang, euch tatsächlich gar nicht kennen würdet?«

Mein Freund nippte an seinem Aquavit. Er stürzte Hochprozentiges niemals in einem Schluck runter, wie ich es von anderen Russen her kannte. Tröpfchenweise genoss er seinen Verdauungsschnaps. »Na und? Was denkst du?«, fragte er nach. »Ich verstehe gar nichts. Das Ganze eröffnet mir noch mehr Fragen, als ich vorher schon hatte«, gab ich desillusioniert und wahrheitsgemäß an.

»Dann werd ich dir mal einiges erklären«, sagte er altklug, »deine eigenen Leute haben dich ganz schön beschissen. Du gehst hin, meldest vorschriftsmäßig, was passiert, und sie verarschen dich in Prag.« Während er das sagte, fingerte er an seinem Herrenhandtäschchen herum und holte eine Mini-CD hervor. »Tu das mal in deinen PC. Dann hörst du mal!« Er setzte sich wieder und schlug entspannt ein Bein über das andere.

Ich klappte mein Laptop auf und startete es. Dann legte ich die Scheibe in das Fach. Etwas zögerlich und neugierig öffnete ich den Ordner. Eine Tondatei befand sich darauf. Die ganze Zeit hatte ich meinen Gesprächspartner aus den Augenwinkeln beobachtet. Nun ermunterte er mich: »Na, hörst du mal!« Er grinste.

Ich hörte plötzlich so etwas wie Kies knirschen. Als ginge da jemand. »Mach lauter«, wurde ich aufgefordert, »es kommt gleich. Vielleicht kommt es dir ja bekannt vor?«

Plötzlich hörte ich zwei für mich unverwechselbare Stimmen:

»Das ist ein herrliches Wetter heute. Was ist mit deinem Kollegen Peter, kommt er noch mal wieder?«

»Nein – ich denke nicht.«

»Ich hoffe, du bist nicht enttäuscht. Aber es gibt Dinge, da kann ich nicht über meinen Schatten springen.«

»Weißt du, ich würde es ja auch nicht tun. Insofern kann ich dich gut verstehen. Aber für uns ist es sehr wichtig, alles zu wissen. Deshalb auch das große Interesse an deinen Quellen. Wenn deine eigenen Leute sie schon nicht kennen, dann wollen wir es wenigstens. Na ja – wir wissen schon sehr viel, aber einige entscheidende Fragen sind noch nicht beantwortet.« Und dann konnte man hören, wie aus diversen BND-Schriftstücken zitiert wurde.

»Aber da kann ich dir leider nicht helfen.«

»Und, trinken wir ein Bier?«

»Warum nicht?«

»Magst du überhaupt Budweiser?«

»Es ist mein Lieblingsbier!«

Ich war geplättet: »Woher hast du das?« – »Ich dachte, das ist interessant«, beantwortete dieser Schlauberger meine Frage und setzte nach, »glaube ja nicht, unsere Leute hätten das Gespräch aufgezeichnet. Es kommt von euch. Definitiv!«

Es entwickelte sich anschließend eine Diskussion, die den ganzen Abend hinweg dauerte und seitdem bei jedem unserer Treffen immer wieder die zentrale Rolle spielte. Dabei wurde Folgendes offensichtlich: Das Treffen in Prag war doch akustisch aufgezeichnet worden. Für den Ablauf der Dinge hatte der russische Dienst eigene Erklärungen, so mein Gewährsmann. Dazu muss ich vorausschicken, dass er sich gut informiert zeigte, obwohl er von mir nicht ein Sterbenswörtchen erfahren hatte. Jedenfalls schilderte er mir den Ablauf des Treffens aus russischer Sicht und als wäre er selbst dabei gewesen.

Einige Einflussreiche im BND, ich kann nur mutmaßen, wer, versuchten den Pragtreff vom August 1999 negativ gegen mich zu verwenden und mich damit zu diskreditieren. Wäre das gesamte Gespräch aufgezeichnet worden, hätte der Inhalt mich mit Sicherheit entlastet. Das wollte man vermutlich von vornherein verhindern, weil es nicht in das Konzept passte. Auch beschäftigte anscheinend die Vordenker und Planer der Operation ein weiteres Problem. Das war nämlich die Tatsache, dass ich nicht nur zu Frank und Heike ein gutes Verhältnis unterhielt, sondern auch zu einigen anderen Mitarbeitern von QB. Alles, was beim Pragtreff positiv für mich gewesen wäre, hätten die Strippenzieher aus Pullach nicht vertuschen können. Kaum einer dieser Leute hätte es mitgemacht, trotz besseren Wissens negativ über mich zu sprechen oder auszusagen.

Also mussten die Drahtzieher zunächst dafür sorgen, dass niemand vom Inhalt des Gesprächs erfuhr, bis es ausgewertet war. QB konnte und durfte dabei aber nicht umgangen werden, denn das Referat war ja für derlei Aktivitäten zuständig. Also war es wichtig, dafür Sorge zu tragen, dass sich zunächst alle Teilnehmer der Reise ganz sicher sein würden, dass es keine Aufzeichnung gab.

Dazu waren nach der späteren Analyse zwei Versionen möglich. Entweder, der Techniker war neben dem Leiter der Operation als Einziger eingeweiht und spielte im Sinne der Führung falsch. Oder, von QB wusste wirklich niemand von dem Kunstgriff der Oberen und ein zweites Team war vor Ort gewesen, das den Empfang von QB manipuliert und das Gespräch selbst aufgezeichnet hatte. Die letztere Variante favorisierte der russische Dienst, denn es waren Aktivitäten und Personen geortet worden, die gut in das Szenario passten. So jedenfalls mein Informant.

Für diese Darstellung sprach, dass ich nicht an dem Handy manipuliert hatte. Dazu kam, dass der Leiter 94B weder Heike noch Frank und seiner Truppe vertraute. Alle standen unter dem Generalverdacht, mit mir unter einer Decke zu stecken. So wurde es jedenfalls von den Gängen im Haus 109 überliefert.

Für diese Darstellung sprach auch das absonderliche Verhalten von Offenbach. Hatte er etwas herausbekommen, was sein Verhältnis zum BND derart gravierend trübte? War er möglicherweise genauso hintergangen worden wie ich?

Nachdem das Gespräch mit »Wolfgang« ausgewertet worden war, wurde allen Beteiligten deutlich, dass daraus kein Kapital gegen mich entstehen konnte. Letztlich gab es aber offiziell keine Aufnahme und so begnügten sich alle mit dem Verbreiten des Märchens von der Manipulation des Handys. Damit schlugen die Verantwortlichen gleich zwei Fliegen mit einer Klappe.

Mein Negativimage wurde weiter zementiert und die letzten Getreuen bekamen selbst langsam Zweifel an meiner Redlichkeit. Der Intrigantenstadel ließ wieder einmal grüßen.

Die Katze beißt sich in den Schwanz

Ich habe in den letzten Jahren mit der Politik auf zwei ganz unterschiedlichen Ebenen kommuniziert. Einmal auf der parlamentarischen Ebene mit verschiedenen Bundespolitikern, vornehmlich von der SPD. Und zusätzlich im kommunalpolitischen Flachland.

Für mich war es am Ende eine mehr als schwierige und gleichzeitig pikante Situation. Bereits Anfang der 1990er-Jahre kam ich zurück in einen Wahlkreis, den ich schon von früher kannte, nach Celle/Uelzen. Damals, es war das Jahr 1980, kandidierte noch ein gewisser Helmut Schmidt für das Amt des Bundeskanzlers und ein junger Nachwuchspolitiker aus Uelzen das erste Mal für einen Sitz im Bundestag. Ich wohnte zu jener Zeit in der Heidestadt, war schon länger als zehn Jahre SPD-Mitglied und engagierte mich deshalb im Wahlkampf für den Neuen.

In seiner Art war er ziemlich gerade und schnörkellos, besaß einen angenehmen trockenen Humor und vermittelte den Eindruck, genau der Richtige zu sein. Am 5. Oktober 1980 wurde er über einen Listenplatz in den Deutschen Bundestag gewählt. Bei diesem flinken Aufsteiger handelte sich um niemand anderen als den heutigen Vorsitzenden der SPD-Bundestagsfraktion und ehemaligen Bundesverteidigungsminister Peter Struck.

Ein Jahr danach wurde ich versetzt und verließ den Wahlkreis. Auf Umwegen, inzwischen war ich beim BND untergekommen, verschlug es mich später wieder in das alte Umfeld. Diesmal in die Nachbarschaft von Celle.

Wen mag es also wundern, dass ich mich an »meinen« Bundestagsabgeordneten Peter Struck wandte, als mir die chaotischen Verhältnisse innerhalb des BND über den Kopf wuchsen. Damals bereiteten mir vor allem der oberflächliche Umgang mit dem Abzug der Westgruppe der sowjetischen Streitkräfte aus der DDR und die fehlende Aufarbeitung der Stasihinterlassenschaft über den BND große Sorgen. Alle meine internen Vorstöße und Bitten waren bereits auf taube Ohren gestoßen.

Eine höhere Führungsebene setzte sich über Beschwerden hinweg und reagierte erschreckend arrogant. Der Dienst befand sich in einem katastrophalen Zustand. Beschwerden oder gar Kritik waren nicht nur verpönt, sondern galten in der Regel als tiefer Vertrauensbruch. Die BND-Führungsriege hatte mit der Wende erkennen müssen, dass sie über Jahrzehnte hinweg von der Auslandsaufklärung der DDR an der Nase herumgeführt worden war. Keine Operation und keine Quelle des Dienstes waren den östlichen Brüdern und Schwestern verborgen geblieben.

So hart es klingt: Die Nadelstreifenagenten aus Pullach hatten den »nachrichtendienstlichen Krieg« mit Pauken und Trompeten verloren. Und der westdeutsche Auslandsdienst BND war am wenigsten an den Umbrüchen und Verwerfungen im Osten beteiligt gewesen. Nicht einmal den bevorstehenden Zusammenbruch des kommunistischen Systems hatte er rechtzeitig erkannt. Trotzdem benahmen sich unsere Führungsleute, als seien sie die wahren Sieger. Herablassend blickten sie auf die Gegner von einst. Die Jagd auf die Ehemaligen der DDR-Aufklärung kam für sie gerade zur rechten Zeit und lenkte von jahrzehntealten eigenen Fehlern ab.

Das wollte ich nicht so einfach und unkommentiert im Raum stehen lassen. Ich war ein Rufer in der Wüste, weil die anderen, die ähnlich dachten, zumeist schwiegen. Die Arroganz der BND-Leitung war für mich unerträglich. Jedes Großunternehmen hätte diese Selbstbeweihräucherer mit Schimpf und Schande zum Teufel gejagt.

Hinzu kam mein Zorn über einen hochrangigen Mitarbeiter im Dienst, der versucht hatte, mich im Zusammenhang mit Ermittlungen gegen BND-Kollegen zu einer Falschaussage bei der Bundesanwaltschaft zu bewegen. Er wollte sein Missmanagement mit allen legalen und illegalen Mitteln vertuschen. Seine sonderbaren Vorstellungen über Loyalität im Allgemeinen und insbesondere gegenüber dem damaligen Präsidenten Konrad Porzner, die er wohl mit manch anderen BND-Mitarbeitern teilte, veranlasste mich im Februar 1996 dazu, das Gespräch mit Struck zu suchen. Immerhin war Porzner auch Sozialdemokrat und hatte schon deshalb den Anspruch, anständig und ehrlich behandelt zu werden. Ich sprach auch mit Bundestagsabgeordneten, unter anderem Vertretern des Parlamentarischen Kontrollgremiums.

Es war hochinteressant zu erleben, dass alle, mit denen ich redete, wissbegierig sämtliche Informationen aufsaugten. Letzten Endes bewirkte es aber gar nichts. Überall traf ich auf »großes Verständnis«. Die Probleme waren häufig sogar schon bekannt. Wenn es ernst wurde, dann entpuppte sich der BND jedoch als »heilige Kuh«, die niemand anzutasten wagte. Keiner mochte den Dienst wirklich, aber niemand wagte die Auseinandersetzung mit ihm. Auf dem Höhepunkt schauten alle mehr oder weniger tatenlos zu, wie Porzner von einigen seiner leitenden Beamten regelrecht vorgeführt wurde.

Treppenwitz der Geschichte: Heute palavern genau dieselben alten Männer über die Notwendigkeit von Reformen, die sie selbst während ihrer aktiven Zeit versäumt haben.

In einer Art Veteranenclub, dem Berliner »Gesprächskreis Nachrichtendienste«. Vorsicht ist geboten! Wer so zielsicher in seinen dienstlichen Belangen versagt hat, dürfte heute wohl kaum ein geeigneter Ratgeber sein.

Nach Seneca: *Philosophia non in verbis, sed in rebus est.* – Die Philosophie lehrt tun, nicht reden.

Woher kam die Angst der Politiker, sich wirklich mit den Geheimen auseinander zu setzen? Ich kann nur spekulieren. Die Tatsache, dass seit vielen Jahren Gerüchte gestreut wurden, in der Behörde gäbe es geheime Dossiers über alle möglichen Politiker, schien diese Kaste irgendwie übervorsichtig zu machen. Hin und wieder tauchte auch als Beleg das eine oder andere »Schmuddelkompendium« auf. Ob gezielt oder rein zufällig ist nicht bekannt. Die Einzelbeispiele dokumentierten aber auf alle Fälle, dass es solche Machwerke gab.

Zum Teil griff man auch auf Informationen aus zwischenzeitlich vagabundierenden Stasiakten zurück. Warum sich der Auslandsnachrichtendienst überhaupt dieser Akten bedienen durfte, bleibt ein Rätsel. Sie fielen in die Zuständigkeit der Verfassungsschutzämter, auch des Militärischen Abschirmdienstes der Bundeswehr (MAD), und der Staatsschutz beim Bundeskriminalamt musste daraus ebenfalls wichtige Erkenntnisse gewinnen. Aber der BND? Die Pullacher ging es eigentlich nur dann etwas an, wenn sie selbst betroffen waren. Ihre Vorgehensweise war fragwürdig, auch wenn daran kein Politiker zu rütteln wagte.

Auf der untersten politischen Ebene wird der Bundesnachrichtendienst fast wie ein Wesen aus einer fernen Welt beäugt. Nach meiner frühzeitigen Pensionierung zum 1. Januar 2000 engagierte ich mich stärker in der Kommunalpolitik. Schon nach kurzer Zeit wählte mich meine Partei in Celle zu ihrem Vorsitzenden. Die Arbeit in der sozialdemokratischen Diaspora bereitete mir viel Freude. Immerhin traf ich auf viele fantastische Menschen, mit denen ich mich prächtig verstand.

Sobald jedoch das Thema Bundesnachrichtendienst angeschnitten wurde, entstand regelmäßig eine gewisse Distanz. Dieser Komplex wirkte wie ein Makel. Wer so etwas Unanständiges gemacht hatte, nämlich beim BND zu arbeiten, konnte eigentlich nicht tugendhaft sein. Eine Minderheitenmeinung, die immer wieder kursierte. In der Öffentlichkeit ging man wie selbstverständlich davon aus, der BND sei ein korrupter, ungesetzlicher Apparat. Als sei dies das Normalste auf der Welt. Niemand wollte mit ihm zu tun haben, und wissen wollte man schon gar nichts.

Dieses eigentümliche Verhältnis der SPD zum Bundesnachrichtendienst war kaum zu erklären. Meine erste Buchveröffentlichung weckte eher die Ängste der Protagonisten als ihre Zustimmung. Manche forderten sogar meinen Rücktritt. Inhaltlich wollten sie sich aber nie mit der Thematik auseinander setzen. Die so genannten »normalen Menschen« wussten ja so wenig darüber, und eigentlich wollen sie ja auch gar nichts wissen.

Als Anfang September 2003 die ersten Ankündigungen in Sachen BND-Buch veröffentlicht wurden, erreichte mich eine Mitteilung aus Berlin. Peter Struck, inzwischen Verteidigungsminister, ließ sie mir über unser Celler Büro ausrichten. Dass er sich dabei einer Terminologie bediente, die ich eher der englischen Aristokratie zugeordnet hätte, erwähne ich nur am Rande. Dennoch beeindruckte es mich. Die lapidare Formulierung lautete: *We are not amused.*

Soso! Nicht begeistert! Warum eigentlich nicht? Immerhin kannte er mich seit vielen Jahren. Ich hatte den Eindruck, dass er mir immer großes Vertrauen entgegengebracht hatte, wenn es um seinen Wahlkreis und speziell die

Celler SPD ging. Hier lebt die größte Wählergruppe seines Wahlkreises. Ich organisierte weite Teile seines Wahlkampfes in der Residenzstadt und unterstützte all seine anderen Wahlkreisaktivitäten. Und das aus echter Überzeugung. Ohne Zweifel halte ich ihn auch heute noch für einen der integersten und fähigsten deutschen Politiker.

Von Günter Grass bis Gerhard Schröder waren viele Prominente bei der Celler SPD zu Gast gewesen. Nahezu jeder Minister hatte uns besucht. Ich sehe dies als fruchtbares Ergebnis mühsamer Parteiarbeit. Und nun war Peter Struck gar nicht begeistert, obwohl er ganz grob die Zusammenhänge kannte. Einfach so! Es störte offensichtlich. Kritik am BND war wohl doch Majestätsbeleidigung. Aber warum? Dass ich inhaltlich Recht haben könnte, interessierte dabei nicht.

Vor den Offizieren der Hamburger Bundeswehr-Führungsakademie hatte das noch anders geklungen. Denen hatte Peter Struck Selbstbewusstsein und Kritikfähigkeit abverlangt. Für mich galt das offensichtlich nicht. Nachfragen seinerseits gab es nie. Jedenfalls nicht bei mir. Ich vermute, die Informationskanäle aus dem BND reichten ihm vollkommen. Was spielte es für eine Rolle, dass sie möglicherweise ihre eigenen Ziele verfolgten und kein Interesse an Reformen hatten?

Eine pikante Situation war entstanden. Ich, der loyale Parteisoldat, erschien nun meinem ehemaligen Dienstherrn gegenüber so illoyal. Dessen wichtigster Repräsentant war wiederum Struck. Ich, der ehemalige Soldat, und er quasi mein höchster Vorgesetzter.

Sensationslüsterne Redakteure versuchten das in den Medien zu thematisieren. Ich musste reagieren und wollte auf keinen Fall an der falschen Stelle Schaden anrichten. In den meisten Fällen gelang es mir auch, die Dinge auseinander zu halten. Auf der einen Seite war ich als Parteifunktionär nahe dran am Politiker Struck, auf der anderen Seite als Kritiker eines wichtigen Staatsorgans auf entsprechender Distanz zu ihm.

Die meisten Journalisten waren intellektuell in der Lage, diese Tatsachen auseinander zu halten, und vermieden es, die Wunden zu vertiefen. Einer allerdings veröffentlichte gleich mehrfach fünfzehn Jahre alte Fotos von mir, die mich ausgelassen feiernd mit einem Sektglas in der Hand zeigten. Daneben das seriöse Konterfei des Ministers, der im Text als »sein Freund Struck« betitelt wurde.

Das Schmuddelkind Juretzko und der Saubermann Struck. Eine dümmliche Provokation, die wohl dazu dienen sollte, den Ärger weiterzuschüren. Folgen hatte es trotzdem. Obwohl ich noch einige Veranstaltungen in seinem Wahlkreis mitorganisierte, ließ ich mich dort selbst nicht mehr blicken. Die Einladung zu Strucks 60. Geburtstag sagte ich ab. Im Frühjahr 2005 legte ich mit Blick auf die anstehende Bundestagswahlen meine Parteiämter und den Vorsitz der Celler SPD nieder und ging dem Parteifreund möglichst aus dem Weg, weil ich das Gefühl hatte, dass Peter Struck meine Anwesenheit als unangenehm empfinden könnte. Darüber hinaus wollte ich seinem Wahlkampf nicht schaden.

Am Ende bleibt nur ein ungutes Gefühl. Ich weiß, dass meine Kritik am BND berechtigt ist. In den Augen der Politik scheint es jedoch unangemessen zu sein, am Goldblatt des Staates zu kratzen. Vielleicht rührt auch daher die Unfähigkeit zu Veränderungen. Nach wie vor gibt es keine wirkliche Diskussion innerhalb der Sozialdemokratie, was Nachrichtendienste betrifft. Viele Zeitungen haben über meine Veröffentlichungen berichtet, mich Dutzende Male befragt. Eine Zeitung hat das Thema nicht behandelt: der »Vorwärts«, die Hauspostille der SPD. Das spricht Bände.

Reformen

Die Berührungsängste unserer Staatsmänner und -frauen sind bemerkenswert. Möglicherweise ist das auch mit ein Grund dafür, dass eine grundlegende Reform des Dienstes nie stattgefunden hat. Es waren immer nur halbseidene Versuche, die letztendlich nichts gebracht haben. Die ewige Diskussion über den Umzug von München nach Berlin kann als Beispiel angeführt werden. Es hat nämlich überhaupt nichts mit Effizienz zu tun, ob diese Behörde an der Isar oder an der Spree ihre Arbeit verrichtet.

Keine Frage, dass in unmittelbarer Regierungsnähe ein Teil des BND stationiert sein sollte. Weshalb gleich die gesamte Behörde verlegt werden muss, ist im Zeitalter immer modernerer Kommunikationstechniken nicht vermittelbar. Schon gar nicht, wenn uns diese horrende Summe für den Umzug fehlt. Dass eine gut bezahlte Elite mit Begeisterung nach Berlin will, hat wohl weniger die Ursache im Glauben an die dadurch wachsende Schlagkraft des Dienstes, als vielmehr an die mutmaßlich zunehmenden Möglichkeiten der persönlichen beruflichen Entwicklung.

Die räumliche Nähe zu Ministerien und anderen staatlichen Einrichtungen bietet eben eher die Chance, gute Kontakte zu pflegen, um vielleicht ressortübergreifend später einmal in andere Bereiche zu wechseln und die Karriereleiter hinaufzuklettern. Insofern wäre es ja vielleicht sogar sinnvoll, diese Führungsauslese komplett von Bayern in die Hauptstadt zu verlagern und die Arbeitsebene weiterhin in der Südmetropole zu belassen.

Eine ganze Reihe von hausgemachten Problemen würden sich dadurch von selbst erledigen. Die Crème de la crème hätte ihre so wichtige Cocktailfront und die Arbeitsbienen könnten unbehelligt das tun, wofür sie bezahlt werden. Das könnte die Pullacher Kreativität nur fördern. Aber Spaß beiseite! Eines ist klar: Der Dienst kann durch einen Komplettumzug nicht besser und schon gar nicht sicherer werden.

Wir brauchen – und dazu benötigen wir mutige und aufrichtige Politiker – eine offene Diskussion über unseren Auslandsnachrichtendienst. Der glaubt zwar, auch die Auseinandersetzung mit der Behörde müsse geheim eingestuft werden, aber das ist natürlich Unsinn. Es wird Zeit, dass endlich wieder eine Trennung von Geheimschutz und Geheimniskrämerei erfolgt.

Zu einer Reform des Auslandsnachrichtendienstes gehört eine klare, nicht zweideutige politische Willenserklärung. Das Festschreiben von rechtsstaatlichen Prinzipien für die Arbeit des BND in Verbindung mit klaren gesetzlichen Regeln. Ein besserer Schutz und eine größere Fürsorge für Mitarbeiter und Quellen. Eine neu zu organisierende Innen- und Außenkontrolle, auf die der Dienst selbst keinerlei Einfluss nehmen kann. Dazu eine neue Struktur mit dem Ziel der personellen Verschlankung des gesamten Apparats, um rationeller zu arbeiten und die Belastung des Steuerzahlers zu senken.